Nongcun Shequhua
Fuwu Tixi Chuangxin Yanjiu
Jiyu Chuanboxue de Shijiao

Nongcun Shequhua
Fuwu Tixi Chuangxin Yanjiu
Jiyu Chuanboxue de Shijiao

农村社区化服务体系创新研究

——基于传播学的视角

蒋旭峰 / 编著

ZHEJIANG UNIVERSITY PRESS
浙江大学出版社

图书在版编目(CIP)数据

农村社区化服务体系创新研究:基于传播学的视角/蒋旭峰编著. —杭州:浙江大学出版社,2017.11
ISBN 978-7-308-17418-3

Ⅰ. ①农… Ⅱ. ①蒋… Ⅲ. ①农村社区－社区服务－研究－中国 Ⅳ. ①D669.3

中国版本图书馆 CIP 数据核字(2017)第 228191 号

农村社区化服务体系创新研究
──基于传播学的视角
蒋旭峰　编著

策划编辑	葛　娟
责任编辑	杨利军
文字编辑	金　蕾
责任校对	沈巧华　陆雅娟
封面设计	春天书装
出版发行	浙江大学出版社
	(杭州市天目山路 148 号　邮政编码 310007)
	(网址:http://www.zjupress.com)
排　版	杭州中大图文设计有限公司
印　刷	杭州日报报业集团盛元印务有限公司
开　本	710mm×1000mm　1/16
印　张	13
字　数	255 千
版 印 次	2017 年 11 月第 1 版　2017 年 11 月第 1 次印刷
书　号	ISBN 978-7-308-17418-3
定　价	45.00 元

目 录

导　言　农村社区化服务体系创新的传播学探索

农村社区是农村居民组成的社会生活共同体,是国家各项惠农政策实施的主要平台。作为农村家庭管理的延伸和国家政策落实的载体,农村社区在结构上承上启下,在功能上整合着农村社会最广泛的力量,因而成为"国"与"家"之间解决农村问题最适当的场域。

农村社区化服务是指在政府支持下,以农村居民需求为中心,以居民广泛参与为核心,以社区为载体,以社区组织为依托,以就近和最大程度满足社区居民的需求为目标,通过社区整合、公共资源配置,对农村公共服务进行决策、生产、监督、评估的活动、过程和模式。农村社区化服务概念的提出,意味着政府不再是农村社区公共服务的唯一提供者和管理者,公共服务的提供将成为农村社区的重要职责。而要切实实现农村社区化服务,完善的服务体系就成为农村社区服务发展的必需项。该体系不仅要能够满足农村社区内居民生产、生活发展的共同需求,还要能够促进社区整体的发展,关照后代的长远利益。

然而,目前我国的农村社区化服务体系还不是很完善,社区服务供给不足、结构失衡、供给效率低等问题的存在,使得当下的社区服务往往难以满足农村居民愈加多样化的需求。调查显示,资金瓶颈、社区基础设施利用率较低是当下农村社区化服务建设存在的首要问题;自上而下的供给需求体制、供给结构及供给方式的不合理是农村社区化服务供给方面存在的主要问题;劳动力迁移、市场主体作用未能发挥、农村居民民主意识薄弱,则是影响农村社区化服务建设持续发展的主要因素[①]。面对以上问题,完善现有农村社区服务、建设农村社区化服务体系,就成为当下新农村建设的题中应有之义。

城乡统筹发展战略和新农村建设战略为农村社区化服务体系建设提供了机遇。在"工业反哺农业,城市支持农村"的重要观点指导下,国家加大了对农村公共服务供给的支持。当巨大的公共服务资源向农村倾斜时,社区理应成为承接国家公共服务的重要平台。2008年1月,中央文件《中共中央国务院关于切实加强农业基础建设进一步促进农业发展农民增收的若干意见》又指出农村社区建设的双

---

① 毕昆艳:《诸城市农村社区公共服务建设研究》,山东大学硕士学位论文,第32—35页。

重目标:完善农村公共服务体系,健全新型的农村社区社会共同体。大量的人、财、物等资源支持新农村建设,为农村公共服务社区化提供了难得的机遇。因此,如何把握机遇,探索以农村社区居民需求为导向的社区化服务模式,真正实现农村社区化服务体系的完善和创新,是亟待我们解决的问题。

目前,我国针对农村社区化服务的研究主要集中在以下几个方面:农村社区服务的作用与意义探讨,主要强调社会转型带来的诸多农村社会问题急需农村社区化服务加以解决①;对于农村社区化服务的相关对策研究,学者分别从经济、权力以及村民需求等方面针对农村社区化服务体系的实现提出了一些对策;对于农村社区服务供给的相关研究,治理、善治、社区组织机制是最为主要的视角。不难看到,社会学、公共管理学视角的研究占了绝大多数,而与农村社区在本质上有着亲缘关系的传播学视角却相对被忽视。

传播(communication)与社区(community)在英文中有着共同的词根,这绝非偶然。社区作为由地缘关系和社会关系构成的共同体,要想产生和传承,就必须有传播的存在,农村社区更是如此。相较于已经步入陌生人社会的城市社区,农村社区对人际传播、群体传播的依赖度更高,大众媒介、新媒体的介入则给农村社区带来了更多复杂的影响因素。邻里互助、日常服务都需要借由不同形式的传播完成,村民对各类服务信息的获取及服务观念的转变也都与传播紧密相关。因此,农村社区化服务要真正落地、社区化服务体系要切实建设,必然要考虑到传播的因素,对农村居民"社区传播"的关注,理应成为农村社区化服务体系建设、研究的重点。

当前从传播学视角出发对农村社区、社区服务进行考察的研究仍然相对较少,已有的研究则局限于对农村社区内的信息传播方式进行描述;并且受制于传播学主流的研究框架,人际传播、群体传播、大众传播是目前研究的主要类目。除此之外,一个更为重要的问题则在于,尚未有研究意识到对于农村社区研究而言传播学视角的真正价值,即以富有生命的动态传播为基础,研究能够将农村社区作为充满"人"的生产性空间进行考察,而不再仅仅是作为物的无机对象。这意味着,传播学视角的研究需要对包括农村社区、农村社区化服务体系等概念进行批判性再审视,进而从活生生的"人"而非作为客观对象的"物"出发,找到农村社区服务化体系发展中的真正矛盾和与现实发展条件及各方利益相关问题的解决之道。

一、"农村社区":基于空间生产理论的再审视

关于"农村社区",学界和政府部门有着不同的认知,总体而言,学界的(农村)社区研究起步更早,理论积累也更加丰富。自滕尼斯提出"社区"的概念后,社区在

---

① 史传林:《村落社区组织提供公共服务的机制与内在逻辑——以粤西北 W 村为例》,《社会科学家》,2008 年第 8 期,第 115—117 页。

学术界一般被界定为与"社会"相对的概念,它基于血缘、亲缘关系而形成,是一种亲密的、秘密的、单纯的共同生活,并且持久而生机勃勃①。之后,涂尔干关于"机械团结"与"有机团结"的区分,韦伯关于"传统性统治"与"合法性统治"的分类,实际上都强调了与滕尼斯相似的内涵——社区是一种与现代社会不同的地域生活共同体,它包含着更强的联系。不过,这种简单的二分法显然不符合社会发展实际,不少学者对之提出了质疑,并强调"传统—现代""乡村—城市""社区—社会"并不是三组对立的概念,而是一个连续统一体,我们研究的关键是"要对这个趋势中的具体过程做出分析"②。

　　农村社区显然更接近"社区"的原始概念,它往往包括一定的礼治秩序和由各种私人联系构成的关系网络,是没有陌生人的社会③。自二十世纪二三十年代始,我国学者已经开始对农村社区进行研究,其中最为著名的即是费孝通的《江村经济》和《乡土中国》。《江村经济》中,费孝通通过对江村消费、生产、分配等内容的考察,力图说明江村这一经济体系和特定地理环境及社区社会结构的关系;《乡土中国》则从乡村社区、文化传承、家族制度等各个方面,对中国农村社会的乡土本色进行了展现,并提出了"差序格局"理论。除费孝通外,吴文藻、梁漱溟、晏阳初等学者也对我国农村社区建设进行了探索性研究,这些研究尽管面对的情境与今日大为不同,但在关于农村问题更为根本性的认知上,仍然对我们的农村社区建设有着积极的意义。

　　改革开放后,陆学艺、于建嵘、项继权等一批学者,从不同理论和实证角度对转型期中国农村社会的各个方面进行了研究。项继权认为目前学界对农村社区的界定主要有四种模式:以自然村为社区边界、以行政建制村为社区边界、以血缘关系界定社区边界和以农民生产、生活范围为界定边界④。而依照对农村社区的不同界定,当下研究对农村社区建设路径也给出了不同的理解,如罗筱玉强调,农村社区建设要重视村党组织和村委会的主导地位,但也要依靠农村社区内部力量和资源⑤;陈百明则认为农村社区建设要根据农村社会可持续发展原则,要体现农业现代化的特点,在此基础上进行农村社区建设的规划和营建⑥;陈克运认为,农村社区服务需要在村委会领导下,以农村社区村落为依托,开展具有社会福利性的公共服务活动⑦。

---

① ［德］斐迪南・滕尼斯著,林荣远译:《共同体与社会》,商务印书馆1999年版,第52—54页。

② 项飚:《跨越边界的社区》,三联书店2000年版,第1—18页。

③ 费孝通:《乡土中国》,上海人民出版社2006年版,第22—23页。

④ 项继权:《当前农村社区建设的共识与分歧》,《中共福建省委党校学报》,2008年第9期。

⑤ 罗筱玉、杨运勇、蔡建武,等:《江西农村社区建设的探索和启示》,《社会工作》,2006年第7期。

⑥ 陈百明:《中国农村社区更新的未来取向》,《中国农业资源与区划》,2000年第6期。

⑦ 陈克运:《农村社区服务中的观念误区及矫正》,《长沙铁道学院学报:社会科学版》,2004年第2期,第25—28页。

我国政府对农村社区的关注始于 2003 年前后,党的十六届三中全会在《关于完善社会主义市场经济体制若干问题的决定》中首次提出"农村社区"的概念,并对农村社区保障、农村社区服务等提出要求。2006 年 10 月,党的十六届六中全会讨论通过的《关于构建社会主义和谐社会若干重大问题的决定》完整地阐述了"农村社区建设"的概念。同年 11 月,国务院召开第十二次全国民政会议,进一步强调要着力建设城市和农村"两个平台","整合社区资源,推进农村志愿服务活动,逐步建立与社会主义市场经济体制相适应的农村基层管理体制、运行机制和服务体系,全面提升农村社区功能,努力建设富裕、文明、民主、和谐的新型农村社区"。

与此同时,民政部则开始了农村社区建设的试点工作,2006 年 7 月民政部下发了《民政部关于做好农村社区建设试点工作推进社会主义新农村建设的通知》(民函〔2006〕288 号),对试点工作进行了部署。2007 年党的十七大召开,十七大报告对城乡社区建设提出新要求,包括以什么样的思想来指导城乡社区建设、为谁建设社区、建设什么样的社区、怎样建设社区、靠谁建设社区等一系列重大问题,并强调要把城乡社区建设成为"服务完善、管理有序、文明祥和的社会生活共同体"。

我国进行农村社区建设是国家为适应农村经济发展提出的一项重大制度创新,是中华人民共和国成立以来农村基层组织与管理体制的第三次变革①。我们认为,农村社区是相对于传统行政村和现代城市社区而言的社会生活共同体,它是一个比自然村落、社队村组体制更具有弹性的制度平台。它由地域、人口、文化、组织等基本要素构成②,因此对农村社区的关照必然不能仅限于农村这一地域空间。

目前无论是学术界还是政府部门提出"地域共同体"或"社会生活共同体",这些观点都暗示着,在多数研究中农村社区首先被视作是对象存在的条件,是一种静态的自然事实,由于有了文化和人的活动,农村社区才变为生机勃勃的场域。这一观点包含着如下问题:一是在这些研究中农村社区成为一个较为固定的实体,从中很难看到社区的能动性。随着我国社会的变化,传统农村社会正逐渐成为开放性、流动性、变化性、异质性的社会③,将农村社区作为静态实体显然并不合适。二是已有研究多将农村社区仅作为权力的对象、生产的结果,作为一种关系的社区空间及社区空间自身的生产力一直被忽视。

从空间生产理论来看,农村社区本身即是生活的对象,它既是社会发展和人为干预形成的产物,也是一种可以影响、限定其成员生活方式的力量;既是其成员生产出的产品,也是消费的对象。列斐伏尔指出,"不同的生产方式都有其特定的生

---

① 项继权:《新社区是新农村的基础——对湖北仙洪新农村建设试验区建设的思考》,《中共福建将委党校学报》2010 年第 10 期,第 8—13 页。

② 徐永祥:《社区发展论》,华中理工大学出版社 2000 年版,第 41 页。

③ 徐勇:《在社会主义新农村建设中推进农村社区建设》,《江汉论坛》,2007 年第 4 期;《农村微观组织再造与社区自我整合——湖北省杨林桥镇农村社区建设的经验与启示》,《河南社会科学》,2006 年第 5 期。

产空间,从一个生产方式到另一个生产方式,其中必然伴随着新空间的产生"。对于我国的农村社区而言,几度变迁和发展使其自身意义不断更新,从最初政治意义上对农村社区的填塞,到如今公共管理技术的逐步引入,农村社区的变化已然成为社会关系发展的重要表征,但更重要且亟待我们关注的是,在这个过程中农村社区本身也在生产着权力和关系。

当农村社区不再被视为只具有工具性和媒介性的空间,而成为一种生产性的事实,对之进行考察就注定不能局限于对物的简单描述和讨论;并且,如果只是对农村社会中由礼治秩序和各种私人联系构成的关系网络进行讨论也是不够的,那将回到社会学研究的经典框架。只有将农村社区及其参与者作为一个整体,透视渗透在社区中的微观权力和日常生活旨趣,才能描摹出农村社区内的政治内容与生产实践,进而真正了解农村社区化服务体系赖以存在的基础和发展创新的基点。

但是,要从理论走向实践、真正对作为整体的农村社区进行考察,在操作上是相对困难的,这也是为何之前的研究大多只侧重一个方面——或对农村社区内存在的客观现象进行调查,或对农村社区参与者进行跟踪访谈。要解决这一难题,唯有对连接人与人、人与物、物与物的"传播"进行追踪,并将之作为线索,才有可能实现整体性研究。换言之,我们所关注的农村社区,是由传播勾连起来的人的场域,个体流动于社区中通过传播赋予社区以意义,社区也根据自身的空间关系争夺个体以传播为基础的社会关系。可见,考察社区传播对农村社区的整体性研究而言,不仅可能,而且必须。

二、"农村社区化服务体系":农村治理模式的创新

自中华人民共和国成立,我国农村基层政府的治理结构经历了村乡政权模式、人民公社模式和乡政村治模式的变迁。改革开放以后,国家的现实负担和国家由计划向市场转轨的不断加速,使得转变政府职能,建立一个灵活、高效、廉洁的政府,成为新时期政府改革的重要目标。当下,由侧重执行政府决策的"政府管理"模式向政府与社会力量结合形成网状管理系统的"多中心治理"模式转变,已经成为政府改革的主要方向。农村社区化服务体系即是在这一政府改革大背景下,针对农村社会现实提出的治理新举措。

从概念上看,农村社区化服务体系是一个多层次的全新复合概念:"农村"是该体系落地的根基,"社区化"是其发挥功能的方式,"服务"意味着该体系关注的核心不再是政府对公共事务自上而下的全权控制,"体系"则说明这是一种内部互相关联、有秩序的系统。农村社区化服务体系将是依靠信息、资源和目标的共同规划,政府与社会力量相互依存、共同行动、执行政策的系统。对于该体系,政府部门的工作将不再是领导和掌舵,而是需要优化各行动单位间的互动环境,减少目标和策略上的冲突,从而促进联合行动顺利实现。从这个意义上看,"农村社区化服务体

系"会是"多中心治理"模式在农村地区落地的有效实践。

不过,从现实层面看,"农村社区化服务体系"实则继承了农村社区公共服务建设面临的许多老问题:农村青壮年向城市流动导致社区空心化、老龄化,农村居民需求多样而资源配置相对有限,以及农村社区资源配置不均等、不合理等,都是农村社区内长久存在、尚未解决并期待能够通过农村社区化服务体系创新解决的问题。因此,分析原有问题、关注现有问题、总结经验并以多中心治理模式为基础进行策略制定,将是农村社区化服务体系创新的必经过程。

当前,农村社区化服务体系建设面临着农村产业发展转向、城镇化进程加速以及城乡一体化发展等几个重要问题。农村产业发展是农村社区建设的根本动力,我国农村产业发展的方向,是由以农业产业为主导向以工业和服务业等第二、三产业为主导转向①。农村工业的发展意味着非农经济活动和农村社区空间将发生重大变化,人口的集中和收入的增加将自然促进农村向小城镇发展。但城镇化进程的加速却面临着城乡二元结构的制约,并且城镇化不仅意味着空间的城镇化,也意味着人的城镇化,如何在城乡一体化进程中让农民真正享受到市民待遇、融入城市生活,是目前农村社区发展、农村社区化服务体系建设面临的主要问题。

一个被认为最符合中国国情的解决途径是,加快发展小城镇,实现农村就地城镇化。而这条途径实际上表明,农村社区需要作为一个有机整体,从人口规模到空间布局、从经济发展到管理服务全面升级。这条路径指向的最后结果将是这样一种面貌的农村社区:乡土仍然保留,自然村落依旧存在,但在劳动方式、衣食住行、人文生活等方面,农村社区将与城市别无二致,而勾连这一切的农村社区化服务体系则将与城市服务接轨。这意味着,农村社区化服务将是实现农村城镇化发展、加快农村社区建设的主要推动力,管理方式的转变不仅将直接促进农村社区空间的变化,还将带来农民生活方式和意识形态的转变,而后者则包含了城市化精神的核心。

从现有研究来看,学术界针对农村公共服务社区化、农村社区公共服务建设的研究主要集中在以下几个方面。

一是将农村社区化服务体系、农村公共服务社区化视为一种全新的服务管理模式。王健、徐睿、陈艺等认为农村公共服务社区化是以农村社区为基础承载单位提供公共服务的模式,是为满足农村居民对服务的多样化需求,利用社区优化配置公共服务资源的模式②。王景新则指出,农村社区服务体系建设已有良好开端,推进农村社区服务体系建设意义重大③。贾先文的博士论文对农村公共服务社区化

---

① 王金荣:《中国农村社区新型管理模式研究》,中国海洋大学博士学位论文2012年,第2页。

② 王健,徐睿,陈艺:《统筹城乡发展视野中的农村公共服务社区化建设探索》,《四川省社会主义学院学报》2009年第1期,第40—42页。

③ 王景新:《农村社区服务体系建设亟须推进》,《乡镇论坛》2008年第14期,第22—23页。

进行了系统研究,并认为农村公共服务社区化研究打破了以往公共服务的"二分法",引入"社区机制"来配置资源,开创了农村公共服务资源配置的新方式。① 该类研究大多较早,主要强调政府引导、社区自治的功能,关注多方如何利用在(农村)社区这一平台上的共同作用,以满足公众对服务的需求。

二是强调中介组织、社会团体在农村社区化服务体系中的作用。郭荣贵指出,公共服务社区化是以公民社会中的各种志愿性团体为主体,承担起生产及提供公共服务的职责,最大程度地满足社会公共服务需求的方式。② 邵峰则将公共服务社区化看作是政府职能的变迁,它将政府过去承担的一些职能剥离出来后交由社会中介组织来承担③。秦永超对农村社区服务体系建设的困境进行了总结,其中提到农村社区志愿服务发展极为缓慢,构建一套较为完备的农村社区志愿服务体系仍然任重道远,有些农村社区即使开展志愿活动,也只是流于"一次性"的活动形式,活动的内容不丰富,质量不高,使志愿活动变得毫无意义④。

三是对已有的农村社区服务体系建设情况进行调查和评估。李琳以苏州市灵峰社区为例,从城乡一体化视角切入,对该社区的服务体系建设状况进行了描述和概括,并从城乡协调发展、监督管理机制、需求驱动机制、多方参与机制、人才队伍建设、资金筹集渠道等方面,在当下农村社区化服务体系建设中对存在的问题提出了解决对策和建议⑤。张远则对济宁市新型农村社区服务体系建设情况进行了研究,同样针对实地调查中出现的问题提出了相应的对策和建议⑥。此外,山东诸城市农村社区化服务的相关研究也对当地社区的实际情况进行了调查和呈现。此类研究大多以问题发现和对策提出为模式,现象呈现重于理论探讨,为同类研究提供了横向比较的对象。

总体而言,除早期的探索性理论研究外,关于农村社区公共服务建设的研究多重视实践,一般都是在社会调查的基础上,针对特定社区提出相应问题和对策,深层次理论关怀较少。这与该类研究的政策导向性有很大关联。在研究视角上,管理学、经济学、社会学及此三者的交叉学科视角研究较多,其他学科视角相对被忽视。尤其是与社区有着亲缘关系的"传播",并未进入到研究者的主要视域。对农村社区化服务体系研究而言,以上问题都制约其创新的实现。

正如在如何理解农村社区中所述,农村社区不应只被视为工具性和媒介性的空间,而应作为生产性整体并以社区传播为线索加以全面理解;同样,尽管从治理

① 贾先文:《农村公共服务的社区化问题研究》,湖南农业大学博士学位论文,2014年版。
② 郭荣贵:《公共服务社区化制度建构探索》,《江汉大学学报:人文科学版》2004年第3期,第13—16页。
③ 邵峰:《公共服务市场化的国际比较及其启示》,《深圳大学学报:人文社会科学版》,2005年第1期,第39—43页。
④ 秦永超:《新型农村社区服务体系建设的困境与出路》,《理论探索》,2013年第2期,第90—92页。
⑤ 李琳:《城乡一体化背景下的农村社区服务体系建设研究》,苏州大学硕士学位论文,2011年。
⑥ 张远:《济宁市新型农村社区服务体系建设研究》,山东师范大学硕士学位论文,2012年。

视角出发,农村社区化服务体系也不能仅作为治理对象进行关注——既然农村社区内的问题由传播勾连并需要通过考察社区传播来实现解决,农村社区化服务体系建设自然也需要对传播本身加以关注。此外,这里还涉及服务体系内部的传播问题:由于"多中心治理"模式的各中心在目标、手段、重点上的差异,如何协调系统内部的不同对象,使其各司其职又各尽其用,将是农村社区化服务体系创新必须要考虑的问题,而传播显然是探讨、应对、解决该问题的核心要素。

"农村社区化服务体系"是政府改革的必然结果,也是新时期解决农村问题的重要平台。之前有研究为该体系的建设和创新提供了诸多参考,而从传播学视角切入对其进行再审视,将有助于呈现一个更加动态的现实。从根本上说,我们关注农村社区、关注农村社区化服务体系的目的是为了农民生活水平的提高。在这个意义上,农村社区化服务体系将不是"治道",而是"人道",所以对人的互动传播进行考察,恰是切合农村社区化服务体系创新的最适宜方式。

三、"社区传播":农村社区化服务体系建设的创新视角

前文已经提到,"传播"对了解农村社区、创新农村社区化服务体系具有重要的现实意义。它不仅是我们理解作为整体的农民与农村社区的线索和框架,也是创新农村社区化服务体系,实现新时期农村社会治理的有力支撑。"社区传播"是以社区为基础的传播,"农村社区传播"自然是以农村社区空间为出发点。但它并不意味着研究对象只局限于农村社区内部,新媒体(尤其是社交媒体)对时空的压缩,使得社区传播早已跨越地域边界,成为一种城市与乡村、线上与线下相互交织嵌套的多维传播空间。

农村社区传播可以说是基于农村生活共同体的信息运行系统,它有着自身的规律,但也同更大的社会传播系统相互关联并受之影响。农村社区建设、农村社区化服务体系创新的过程总是由相关社会主体(即生活于农村社区内的农民)完成的。因此,如何调动相关主体的积极性、如何处理主体间的矛盾都是新农村建设需要关注的焦点问题。社区传播是处理农村社区内主体间关系的重要手段,也是协调配置农村社区内资源的主要方式。没有社区传播勾连的农村社区空间,将只是一个空的区域,所以关注社区传播在农村社区化服务体系建设中的作用实则是实践使然。

然而,当下专门针对农村社区传播的系统研究仍然较少,对新媒体在农村地区渗透与影响的研究更是匮乏。目前关于农村"社区传播"的研究主要集中在农业科技推广、农村合作组织、村内意见领袖、农民大众传媒接触情况以及农民工进城前后的种种表现等方面。近年来,由于农村传播学整体视野的逐步开阔,过去主要集中在大众传播领域、受众调查层面的传播研究,逐渐向人际传播、社群文化扩展;学科视角上,传播学也吸收了包括社会学、人类学、心理学、政治学等不同学科的研究

成果,在跨学科的基础上不断对农村传播问题进行深入挖掘。不过,同农村社区的当下现实相比,社区传播显然仍有着较大的研究空间。

具体而言,当前关于农村社区的传播研究大致围绕以下三个核心议题展开。

其一,聚焦于农村社区内居民的媒介接触使用情况。该类研究以问卷调查为主,部分辅以深度访谈,主要关心某一具体问题下农村社区内居民的媒介使用结构与使用原因,在总体思维上表现出量化的趋势。多数早期的农村社区传播研究均属于此类,如《经济信息在苏南农村的传播现状调查研究》①即是其中的代表,尽管该研究并未强调社区因素,但其调查和分析单位实际上已被设定为农村社区。当下的此类研究则更趋向于将代表性个案囊括其中,王丽萍、徐如明、尹伟先在《基督教在农村社区传播现状的调查与分析》②中,就在研究中对 10 个个案进行了深度分析,并在此基础上提及了农村基督教信徒年轻化与信教实用主义因素弱化间的关系。

其二,聚焦于农村社区内的某一具体问题,关注传播在其间的作用。该类研究往往使用访谈、观察等方法,并不追求研究对象的统计代表性,在总体思维上表现出质化的取向。在《社区传播与乡土社群文化建构》③中,研究以某农村社区内的健身舞活动为个案,从集体记忆、情感说服、精英动员及收编合作等层面,对健身舞的传播情境、过程及效果进行了分析,并探讨了当前乡村社群文化的发展对重塑乡村文化认同所产生的作用与意义。《村庄里的闲话》④则力图透过闲话现象来探究闲话对农村社区内居民的意义,讨论了闲话在其生活世界里履行的功能,闲话中所包含和运作的权力等问题。

其三,关于农村社区传播的综合理论和对策探讨。该类研究一般从某一特定社区出发,关注该社区的方方面面,并试图建构农村社区传播的综合机制。《桂村社会传播网络研究》⑤即采用以传播民族志为主的多种方法对"桂村"个案进行了考察,研究试图对乡村社会的人际传播网络、组织传播网络、大众传播网络和新媒介传播网络予以"全景"展示,并讨论不同类型的乡村传播网络的功能,探究传播与乡村社会发展的关系。类似的研究多出现在硕博论文中,实际上相较于理论建构,该类研究的主要贡献更多的是在于,其试图从传播学视角入手讨论农村社区发展的学术写照。

综合以上,当前关于农村社区的传播研究可以归结为两方面的问题。

---

① 方晓红:《经济信息在苏南农村的传播现状调查研究》,《新闻与传播研究》,2002 年第 4 期,第 47—55 页。

② 王丽萍,徐如明,尹伟先:《基督教在农村社区传播现状的调查与分析——以豫东 Z 县 X 基督教社区为例》,《西北民族大学学报:哲学社会科学版》,2010 年第 4 期,第 30—34 页。

③ 蒋旭峰,袁梦倩:《社区传播与乡土社群文化建构》,《南京社会科学》,2013 年第 1 期,第 54—62 页。

④ 薛亚利:《村庄里的闲话》,上海书店出版社,2009 年。

⑤ 冯广圣:《桂村社会传播网络研究》,广西师范大学出版社,2013 年。

首先，受制于传播学主流研究范式，传播研究框架仍有待突破。目前的农村社区传播研究，在模式上习惯于采用传播传递观的思维，往往只对传播者、受传者、传播渠道、传播内容和传播效果几个方面进行关注。即便是综合性研究，也多以大众传播、组织传播、人际传播这一划分方式，逐一对农村社区内的传播现象进行概括和介绍，而事实上，很多传播现象难以归入某一类。这就使得在研究中，研究对象常常不得不为适应研究框架而改变其原本面貌。

其次，研究的整体面貌仍较为单调，现象描述多，理论贡献少。研究碎片化是当下农村社区传播研究的另一个突出特点，就单个研究而言本身并无太大问题，但不断增多的农村社区个案和详细的社区调查并没有带来真正的中层理论，于是整体的农村社区传播研究就显得没有实质性的进展。与之相关的问题则是，由现象带来的问题，及由问题引起的对策也往往在同一层面同义反复。

值得注意的是，近年来信息技术实践在世界各国的农村社区现代化发展过程中得到了前所未有的重视。农村社区传播包含着农村社区空间、农民和信息技术三方面内容，其中社区空间是传播的出发点，农民是社区传播的根本动力，信息技术则是社区传播的基本保障。如何将信息技术应用到农村社区建设的各个层面，已在美国、韩国、印度等国家的农村地区有了多年的实践。如美国部分地区采用了基于远程医疗系统的数字化重症监护室系统，用来缓解乡村医生短缺的现状[1]；韩国则由政府自治部和地方政府拨款出资，建设"信息化示范村"，从而以信息技术推动农村社区整体发展[2]。

印度受制于发展中国家的国情限制（难以保证一般农民都能购买电脑并支付上网费用），创造了一种叫"e-Choupal"的新型组织。这种农村组织的构成十分简单：一台电脑，一位"协调人"，再加上大约 1000 名农民。协调人负责经营 e-Choupal，普通农民则可以通过协调人实现网络活动的参与。对农民来说，e-Choupal 不仅是一个电子商务中心，更是一个社交聚会的地点。e-Choupal 为印度农村社区传播的现代化建设和农村社区服务的完善做出了无可替代的贡献。不难看到，成功的信息技术实践经验都是有效地将农民、社区与信息技术相结合的产物。

以上这些实践为我们探索社区传播在农村社区化服务体系建设中的作用和功能，提供了可用的思路。我们关注"社区传播"是由于其能勾连起人和物，方便整体地研究、考察农村社区，进而为农村社区化服务体系创新提供帮助。所以，我们对"社区传播"的关注从开始就不能只以传播传递观作为支撑，否则只能走上割裂农村社区整体、碎片化研究现象与问题的老路。

由此，本研究将在对江苏省农村社区进行深入基础调查的基础上，以问题为导

---

① 中国数字医疗网：《美国乡村医院利用远程医疗对 ICU 进行支持》，http://news. hc3i. cn/art/201005/3022. htm.

② 李道亮：《中国农村信息化发展报告 2007》，中国农业科学技术出版社，2007 年，第 264 页。

向,从实际出发,将传播学作为主要学术理论支撑,同时综合社会学、人类学等学科领域的研究贡献和方法,从社区传播的视角讨论江苏省农村社区化服务体系创新的可能对策和模式。在学术理论层面,该研究将尽可能深化农村社区研究、深化传播学理论在农村社区领域的应用和发展;在社会实践层面,该研究将力图为江苏省农村社区化服务体系的优化提供决策,同时也将为解决三农的现实问题提供参考。

四、"传播十服务":农村社区化服务体系的创新空间

实际上,将"传播"与"服务"关联,从动态的传播活动中发现问题、解决问题,从而为服务创新打下基础、提供对策,在当前的农村研究中并不少见。但关键在于,我们并不是重复前有研究或简单考察农村社区中的媒介使用情况,再将之生硬地嫁接于服务体系创新之上;而是以传播为基础,了解并还原富有"人"之气息的农村场域,并由此提出能够协调农村社区主体间关系、促进农村社区化服务体系整体建设的有效理论和方法。具体而言,传播视角的引入能够帮助我们直面被前有研究所忽视的重要问题。

之前的关于农村社区治理的相关研究,习惯于将农村置于"国家—社会"的分析框架中,其结果是农村被视为同质化的整体,国家也被看作是铁板一块。然而国家并不是一个同质性的实体,社会亦非简单相对于国家的一个同质性实体①。于建嵘在《岳村政治》中曾指出该问题,并试图将基层政府与国家分开,同时关注了农村社区内存在的多种利益分化主体②。但即使如此,农村社区与更大社会间的互动仍然没有得到有效关注。

互联网时代的来临,使得农村早已不是过去封闭、内向的小社会,它时刻与更大的社会整体保持着接触,并对之开放。地方性事件的发生随时可能绕过政府寻求社会支援,而商品市场的极大丰富则使农民完全可能在乡土社会中参与全球市场的消费。这意味着农村社区治理的对象已不是过去相对封闭的村庄,农村社区化服务体系发展所面临的挑战也不仅仅是孤立的地方性问题。

农村社区化服务体系建设要应对的,不仅是地域共同体上的农村社区,还是与更大社会相连接的新农村生活共同体。过去研究关注大众传媒在农村地区的作用,实际上也是对与更大社会关联的农村社区传播的关注。然而,这种关注从当下来看仍然是不充分的,这不仅是由于时代变迁已将新媒体推送至农村社区建设发展的重要地位,亟待人们研究关注,更是因为由媒介技术变迁带来的人们生活方式的改变,使得对农村社区的日常考察也需要重新进行。

---

① 邓正来:《国家与社会:中国市民社会研究》,北京大学出版社,2008年,第163—170页。
② 于建嵘:《岳村政治》,商务印书馆,2001年,第24—25页。

传播既是一种过程,也是一种结果;是服务实施的基础,也是与服务对象的切实互动。对作为过程的传播进行调查,有利于我们掌握农村社区的真实面貌;对作为结果的传播进行分析,能够让我们清晰认知权力、技术在农村社区内的有效运行。只有从传播的角度入手,我们才有可能不再仅将农村社区当作一种工具性媒介而是作为一种生产性事加以理解,也只有从传播的视角出发,对农村社区化服务体系进行创新,才有可能真正回归到以人为中心的互动事实。

"社区传播"既是编织农村社区日常生活的重要经纬,也是多中心治理模式落地农村的主要媒介;为村民所建构,也建构着村民们关于村内与村外、农村与城市、线上与线下的不同想象。农村社区化服务体系创新只有把握"社区传播",才有可能找到真正的创新空间,而对以上三对关系的探讨,将是我们探寻当前农村社区化服务体系发展张力的重要基点。

由此,我们的研究将对三个主要问题板块进行考察。

(1)农村社区化服务体系所依赖的村内与村外的传播生态。传播在农村社区内如何实现,是否依然保留着"差序格局"式的传统印记?村民如何建构并传播"我村"与"他村"的认知?乡村精英在农村社区化服务体系建设中扮演了什么角色,如何开展自身的传播?镇村两级政府如何提供服务、如何传播服务?普通村民在享受社区化服务时,又是如何对前两者进行回应?

(2)从传播学视角看,农村社区化服务与城市社区服务存在异同。同城市相比,农村社区传播有着怎样的特点?这些特点给农村社区发展带来了哪些优势和劣势?如何利用这些特点完善当前的农村社区化服务?有哪些城市经验能够为农村社区所利用、如何利用?哪些城市经验又需要在农村社区化服务体系发展时规避?

(3)新媒体与农村社区化服务体系建设的关联。网络、手机等在内的新媒体于农村社区的发展情况如何,有何特点?新媒体给农村社区的传播格局带来了怎样的变化,这些变化意味着什么?农村社区化服务体系建设应该如何应对、利用这些变化?农村社区化服务体系创新是否有可能以新媒体为基础,开拓线上与线下的双重服务?是否可能在吸收城市发展经验的基础上,比城市更快一步地实现社区化服务的全媒体完善?

综上,为了分析和解决上述问题,本研究主要采用了定量研究的调查研究方法和定性研究的实地研究方法,对农村社区进行综合考察。

在社会研究中,调查研究通常是应用最为广泛、最为普遍,也是最为频繁的一种方式。因为调查研究特别适合于以了解和描述总体概况为主要目的的研究问题①。在我们的三个主要研究问题中,前两个研究问题——"江苏省以及国内外其他地区农村社区化服务体系建设与落实的现状"及"农村社区化服务体系所依赖的传播生态"——都包含着对大规模总体的关注,所以以随机抽样为特征、以统一的标准化测量为标志的调查研究,对于我们在特定农村社区调查并将调查结果推广到更大的总体中去显得尤为适用。

但调查研究过于浅显和简单的特征,使它无法处理过于复杂的问题,比如政府、乡村精英和普通村民三方分别在传播中扮演了什么角色,他们如何开展自身的传播等。这就需要我们以实地研究的方法对该方面问题进行关照。艾尔·巴比将参与观察、直接观察和个案研究的所有研究方法都称为实地研究②,纽曼则将实地研究视为研究在事情发生时,以自身的文化背景直接观察和参与一个小规模的社会场景③。总之,实地研究实际上是以研究者本人为研究工具,对较为复杂的社会事实进行理解和说明,它对于我们体会、理解和描述农村社区化服务体系中参与人群的具体活动过程具有重要意义。

具体而言,本研究设计了主题为"江苏省农村社区服务状况"的调查问卷,以了解农村居民的社区生活情况。该问卷除基础信息部分,包含了消费、健康、卫生、法治、金融、养老、教育、文化等涉及农村社区服务体系建设的八个方面的内容。问卷调查采用配额抽样的方式,选择位于江苏省南部的 C 市和江苏省中部的 Y 市,按照两市的人口统计数据,在两市中分别抽取了 2 个镇,共 12 个村进行了问卷的发放。调查期间共发放问卷 620 份,回收有效问卷 592 份,有效问卷回收率为 95.5%。问卷数据统计采用 SPSS18.0 统计分析软件进行分析。

调查统计结果显示,在有效的 592 份问卷中,调查对象中男性占比为 56.7%,女性占比为 43.3%,男性比例略高于女性,但总体上处于较为均衡的可接受范围。年龄方面基本呈正态分布,46～55 周岁人数最多,56～65 周岁、36～45 周岁次之,分别占比 22.9%、21.2% 和 17.7%,三个年龄段合计占比 61.8%。在职业方面,位居前三位的职业身份:打工(33.0%)、务农(22.2%)、个体经营(17.1%),以总比 72.3% 成为调查地农民的主要职业身份。在年收入方面,主要集中于 1 万元～10 万元间,其中 2 万元～5 万元占 36.5%,5 万元～10 万元占 23.5%,1 万元～2 万元占 21.3%,而在收入感知方面,53.1% 的农民认为自己属于中等收入户,另有 23.9% 和 12.5% 的人分别认为自己属于中低等收入户和中高等收入户。

本研究同时对选定的 4 个镇、12 个村的相关领导和负责人进行了访谈。访谈提纲围绕政府在农村社区服务体系建设中实际做了哪些工作,遇到了哪些困难,这些困难是否解决、如何解决,政府如何评价自己在社区服务体系建设中所做的工

① 风笑天:《社会研究:设计与写作》,中国人民大学出版社,2014 年,第 69—71 页。
② 艾尔·巴比:《社会研究方法》,华夏出版社,2009 年,第 354 页。
③ 劳伦斯·纽曼:《社会研究方法:定性与定量的取向》,中国人民大学出版社,2007 年,第 459 页。

作,实际工作中有哪些是政府和其他组织合作开展的以及政府在社区服务体系建设方面有何计划等展开。研究还对部分企业、志愿者、村中能人进行了访谈,主要关心他们在农村社区服务提供与接收方面做了哪些工作、是否以及如何与政府合作、有何需求等。此外,对于普通村民,我们也围绕具体问题和效果反馈进行了直接观察和访谈。

总之,当前我国农村正在经历一场历史性的变革,农村社会整体结构变迁和城乡二元对立造成的深层次问题正日益浮现。农村社区作为农村家庭管理的延伸和国家政策落实的载体,也因此面临着前所未有的复杂局面。农村社区化服务体系的完善是满足农村居民需求、实现资源整合的重要措施,而传播与社区的天然接近性则使得从社区传播视角再观农村社区化服务体系,将提供一种适用并且实用的社区化服务体系创新对策。社会发展、媒介渗透、乡土情怀等各种因素的共同作用造就了当前的农村社区。我们期待着社区化服务体系的创新能够为未来农村社会的发展和善治添砖加瓦。

第一章　社区生活服务：
基于观念引导的消费模式创新

农村社区既是农村社会的有机构成单位，又是农村社会的缩影，具有经济、政治、文化、社会等多重功能，是农民参与各种生活的基本场所。日常的衣、食、住、行、用，也就是农民消费生活资料或接受服务以满足生活需要的行为和过程。这些看似是微不足道的而又与农民的日常生活息息相关的事情，是最基本的民生问题。农民在日常生活中在衣、食、住、行、用方面的消费不仅仅是维持个体、家庭成员生存的必要条件，也是农民开展各种生活的物质保障。因而，农村社区生活消费服务是农村社区化服务的一项重要内容，做好这项工作对农村社区建设具有重大意义。它不仅直接关系着农民的根本利益和生活质量能否得到实质性的保障和提高；且由于农民的生活消费与农民的生活方式有着直接、密切的联系，农村消费市场在国民经济中占有极其重要的地位，提高农村社区生活消费服务水平、改善农村社区消费环境以满足农村消费市场发展的要求对于改变农民生活方式、扩大内需和拉动国民经济增长都有积极的作用。

做好农村社区生活消费服务，除了要在硬件上加强对农村消费的基础设施建设外，还要在软件上引导农民树立正确的消费观念，转变他们的消费习惯，杜绝不良消费行为，培养科学、合理的消费方式。我国是农业大国，农民约占全国人口的70.0%，是最大的消费群体，但农村消费额却只占全国总消费额的40.0%。① 农村消费不足是我国经济发展中的一个突出问题。

农村市场消费不足的原因有很多，农民收入水平低、农村消费基础设施薄弱、消费环境差等都是主要的原因，还有一个关键的原因是农民消费观念、消费行为的落后。要扩大农民消费需求、增加农村市场的消费总额，就必须从提高农民收入水平、加强农村消费基础设施建设、改善农村消费环境、改变农民消费观念及消费行为这几个方面入手。相对而言，基础设施、消费环境比较容易在短时间内得到改善，而消费观念和行为的形成是一个长期的过程，促进农民消费观念和行为的转变也是一个长期、缓慢的过程，不能急于求成。

如今在农村社区里，传统消费文化和现代消费主义文化共同影响着农民的消

---

① 胡雪萍：《优化农村消费环境与扩大农民消费需求》，《农业经济问题》，2003年第7期，第24—27页。

费观念和行为,使农民生活消费呈现出理性与非理性并存的状态。① 一方面农民消费项目增多,消费水平显著提高,服务性消费比例上升,精神文化消费得到重视,农民消费由单一化、雷同化向多层次、多样化、个性化发展,消费中呈现出较强的代际差异和贫富差距;另一方面,农民消费的层次和质量仍有待提高,日常消费的谨慎性与大宗消费的盲目性并存,炫耀性消费愈演愈烈②,很多农民仍十分重视婚丧嫁娶的风俗,讲究排场,相互间进行攀比③。要想改变这一现状,需要从多个方面入手,包括提高农民的收入和文化水平、改善农村的消费环境、健全社会保障制度等。而在促使农民消费观念和行为转变的过程中,现代消费观念的传播、灌输是必不可少的一环,对于引导农民树立新的消费观念,健康、科学、合理地进行消费具有十分重大的意义。农民只有形成符合市场经济要求的现代消费观念和科学的消费习惯,才会重视生活质量的提高,愿意购买更能满足自己需要的商品和服务,他们的消费能力与生活质量自然就会提高,农村的消费领域自然会拓宽,农村消费市场也自然会随之扩大。

因而,做好农村社区生活消费服务既要不断完善社区生活消费配套设施、改善社区消费环境,也要通过传播促使农民消费观念逐步转变。农民是社区生活消费服务的对象,了解他们目前的生活消费情况,对社区消费服务、设施的评价以及他们的需求,是社区化服务创新的基础。

一、农村社区生活消费服务的现状与问题

日常生活消费是农民维系生存、开展其他活动的基础;而农村社区是农民生活、从事经济活动的中心地带。随着我国经济持续快速发展和国家对农村支持力度的加大,特别是近几年来在国家免除农业税、实行粮食直补等支农、惠农政策的有力促进下,农民收入持续稳定增长,农村消费状况得到改善,农民消费水平逐步提高;加之国家对农村社区建设的大力投入,农村消费市场得到快速发展,日益规范,农村社区消费服务也逐步完善,消费设施不断增加,越来越多的农民选择在农村社区内进行日常生活消费。农村社区生活消费服务就是农村社区内能够满足农民消费需求的服务与基础设施。目前农村社区消费主要包括生活购物消费、餐饮消费、娱乐休闲消费、医疗保健消费、维修服务消费等内容。农村社区消费服务创新在农村社区服务体系创新中具有重要的地位和作用,要做好农村社区消费服务创新,首先要全面了解目前农村社区消费服务现状。

---

① 封俊国,秦菊香:《中国农村消费窘境》,《农村金融研究》,2005 年第 3 期,第 40—42 页。

② 赵津晶,朱华乔,黄艳,等:《当前农村居民生活消费变迁研究》,《武汉工程大学学报》,2008 年第 6 期,第 113—116 页。

③ 郭宁,谷春祥:《转变消费观念 带动农村消费需求》,《沧桑》,2011 年第 1 期,第 206—207 页。

1. 农村社区生活消费服务现状

"十五"以来,江苏省经济持续稳定增长,社会事业全面发展,城乡居民生活水平显著提高,在新的形势下,推进农村社区建设逐渐成为江苏省社区建设工作的重中之重。江苏省按照统筹城乡的要求,将城市社区建设的理念和成功经验向广阔的农村扩展,增加对农村社区的投入,开展多种举措促进农村社区物质、精神文明建设。从本次调查结果来看,目前农村社区生活消费服务已经有了一定的提升,农村社区内生活消费服务及设施的种类增加,超市、饭店、卫生室、茶室等设施基本齐全,以上服务和设施为农民的日常生活提供了便利。而随着农村社区生活消费服务和设施的完善,社区已成为农民进行日常生活消费的一个重要场地。

如图 1-1 所示,在回答平时一般在哪购买牙膏、香皂、洗发水等日常生活用品的 591 人中,有 341 人选择了在镇上商店/超市购买日常生活用品,占总体比例的57.7%;选择在村子里的商店/超市购买的有 231 人,占总人数的 39.1%;还有少部分人会在网上或者其他地方购买日常生活用品。相对于村子里的商店/超市而言,镇上的商店/超市提供的商品种类更多、选择范围更大,商品质量也更有保障;且近年来随着村村通工程的推进,由村到镇的路面全程硬化,加之随着农民收入水平的提高,基本上家家户户都买了摩托车、三轮车甚至小汽车等代步工具,在村镇来回十分方便,所以大多数村民会选择到镇上去购买日常生活用品。而考虑到时间、来回成本和便利,也有不少人会采取就近原则,就在村里购买。值得注意的是网购在农村的逐渐兴起,即使是牙膏、香皂这些日用品,也有人从网上购买,不难预见未来随着物流体系在农村的建立,会有越来越多的农民选择在网上消费。

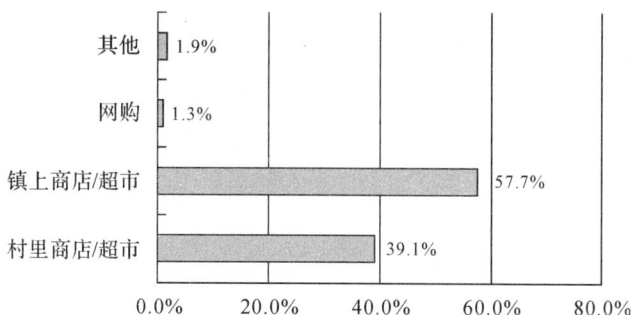

图 1-1　关于农民购买日常生活用品的统计($N=591$)

农民购买日常生活用品的地点与农民的年龄有很大的关系。从图 1-2 可以看出,45 岁以下的农民大多都会选择去镇上商店/超市购买日常生活用品;46 岁以上的农民,随着年龄的增加,行动日渐不便,便利性逐渐成为他们在哪消费的决定性因素,因而他们的年龄越大就越习惯于在村里商店/超市消费。考虑到这一点,农村社区生活消费服务应当更多地关注老年人,特别是行动不便的老年人以及一些特殊人士(残疾人、孕妇等)的需求,并在能力范围内尽量满足他们的特殊需求。

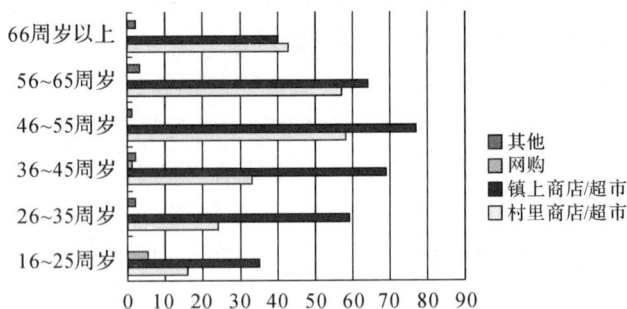

图 1-2　农民购买日常生活用品的方式与年龄的交叉($N=591$)

　　随着传统小农经济的逐步瓦解,农民渐渐脱离土地,不再从事与农业相关的活动,以往能够自给自足的蔬菜、肉类现在都需要到市场上购买。68.5%的农民一般都去镇里买菜,如前所述,这一方面是因为在村里一般只能买些蔬菜,要买肉类、肉制品等只能去镇上,镇上有更多、更好的选择;另一方面也是因为交通的便捷及村镇之间距离较近。而采取就近原则在村里买菜的农民也不在少数,占总人数的25.6%。在一些经济较发达、人口较多且集中的农村社区里面也会有菜市场,比如这次调查的柚山村和五叶村等。在村里有菜市场的情况下,不少农民都会选择在村里买菜。在做问卷调查的过程中,一位五叶村的村民说:"我们村里的人基本都是村里买菜,我们自己有菜市场,想吃什么菜就买什么菜,何必再跑到镇里去买呢?"①对老年人来说,要去镇里买菜费时又费力,因而他们也会优先选择在村里买菜。在没有菜市场的农村社区,也会有一些菜农或者是开着三轮车从农民家门口经过的流动菜贩贩卖餐桌上常见的蔬菜和肉类,虽然种类有限,但胜在方便省时(见图 1-3)。

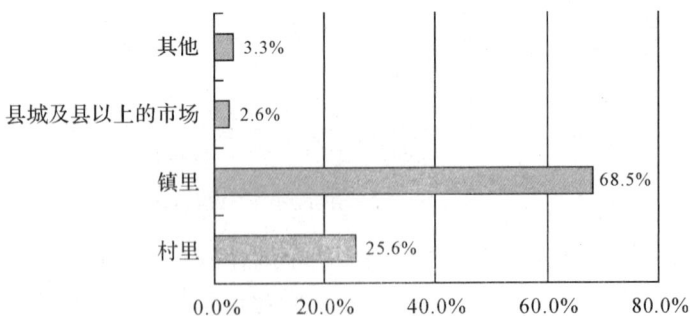

图 1-3　关于农民买菜地点的统计($N=591$)

---

　　① 摘自于访谈资料,2015 年 1 月 14 日,常州市五叶村,受访者是居住在五叶村的村民。

　　尽管大多数时候农民都是自己在家做饭，但偶尔也会去饭店吃饭。在所调查的 12 个村里面，有接近一半的村子里面都有饭店或者小餐馆，比如柚山村、秦巷村、滨河花园。在有饭店、小餐馆的村子里，76.8%的农民都去村里饭店、小餐馆吃过饭（见图 1-4）。有时农民来不及或不想做饭的时候，就会去村里的小饭店打牙祭。在柚山村的小饭店做问卷调查的时候，饭店老板娘说："村子里就我这一个饭店，大家虽然不会天天来吃，但时不时也会来一次。早上来吃早餐的人最多，现在人都变懒了，早上都不爱自己弄，村里很多人早上就是在我这边吃面。"①

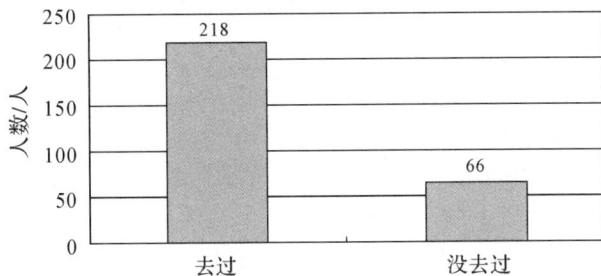

图 1-4　关于是否去过村子里的饭店/小餐馆吃饭的统计（$N=284$）

　　随着农民收入的增加，在家电下乡政策的推动下，电饭煲、电磁炉、洗衣机、热水器甚至空调等电器都已逐渐成为每家每户的生活必需品。在这些电器出现问题之后，大多数农民都会选择专业的维修。从图 1-5 可以看出，36.8%的农民在家电出现问题后一般都会选择去维修店修理，35.4%的人打售后服务电话。还有14.5%的人选择在村里或者镇里找会修的人修，9.8%的人会自己动手进行维修。另外有 3.5%的农民表示他们不会去修理，这一方面与农民家庭收入水平提高有

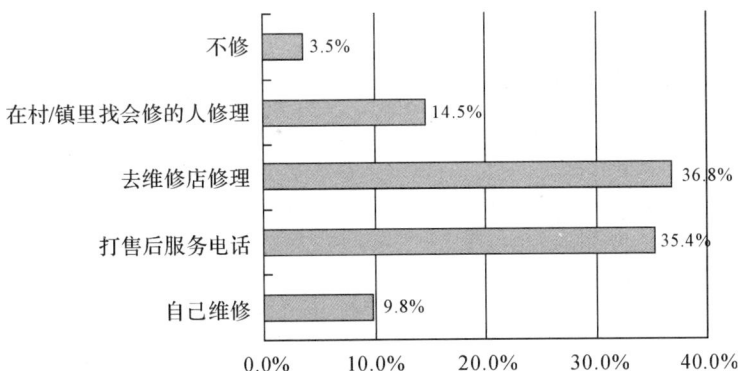

图 1-5　关于农民家电维修方式的统计（$N=591$）

①　摘自于访谈资料，2015 年 1 月 12 日，常州市柚山村，受访者是居住在柚山村的村民。

关;另一方面也是考虑到维修和换新的成本和性价比,在电器维修不是很方便的农村社区,修理一些小家电的成本较高,甚至会超过换新,不如不修理。

总体来看,目前农村社区内的生活消费服务较为单一,集中在"食"和"用"方面,仅能满足农民部分的生活消费需求,服务水平低。且相对于城市社区而言,农村社区里农民居住比较分散,而超市、小卖部、饭店、菜市场等提供生活消费服务的设施一般都在居民较多且集中的地方或者村民委员会(简称"村委会")周边,以求尽可能多地服务居民;同时也使得距离社区中心地带比较远的居民,特别是行动不便的老年人等特殊人群,无法完全享受到社区生活消费服务及设施能给他们带来的诸多便利。

2. 农民对社区生活消费服务的评价

农村社区生活消费服务给农民的日常生活带来了诸多便利,"方便"也成为农民对社区生活消费服务的主要评价。如图1-6,在问到农民对村里日用品商店的评价时,39.3%的人都选择了"方便"这一项,其余选的人数较多的选项依次是便宜、品种齐全、服务态度好、东西质量好、环境好及其他。在市场经济向农村扩展、商品流通便捷的情况下,各类日用品在城市和农村的价格趋于一致,对农民而言,在镇里买或者在村里买的价钱差不多,村里买东西也很便宜。村里的商店虽然比不上镇里、城里的大超市,大多规模不大,装修简单,商品摆放随意,但商品种类比较齐全,牙膏、香皂、洗衣粉这类常见的日常生活用品基本上都能在里面买到。虽然农村社区里的日用品商店在很多方面不及城市里的大超市,但它有得天独厚的地理优势。此外,熟人社会中的商店经营者会更加注重服务态度。在入户访谈过程中,秦巷村一间小卖部的老板娘说:"我这是小本生意,开着就是混日子。平时来买东西的都是村子里的老熟人了,人家来买东西照顾我的生意,那我的态度肯定要好点,不然下次人家就不来这了。"[①]

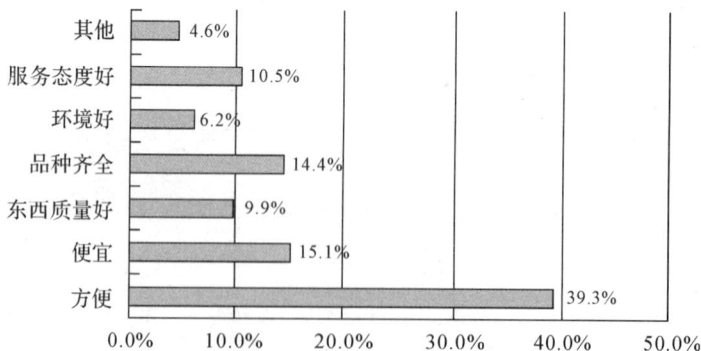

图1-6 关于农民对村里的日用品商店评价的统计(N=587)

---

① 摘自于访谈资料,2015 年 6 月 8 日,常州市秦巷村,受访者是居住在秦巷村的村民。

　　尽管农村社区里的日用品商店给农民的生活带来了诸多便利，但农民还是希望社区在日常生活用品购买方面提供更多服务。最首要的是保证商品质量。目前农村市场还不是很规范，管理也不是很严格，这使得类似"娃恰恰""康帅傅""奥立奥"等山寨商品、过期食品、三无产品等假冒伪劣商品在一些农村商店寻常可见。而随着生活条件的改善和生活质量的提高，农村居民对商品的品质有了更高的要求。其次是开办更大、更多的商店。和镇里的商店或者城市里的大型超市比起来，农村的商店在规模和数量上有较大的差距。有的农村社区里面只有一个商店独家经营，在缺乏竞争的情况下，商店的商品质量、服务等较差，而农民没有更多的选择，只能无奈接受。开办更大、更多的商店，在农村社区里引入市场竞争机制，有利于保障农村消费品市场的商品质量，丰富商品种类，提升整体服务水平。送货上门也是不少农民的期望，尤其是在人口老龄化已进入加速期的江苏省农村。居住在农村的老年人，迫切需要送货上门这一类的服务。柚山村一位八十多岁的老大爷说："我儿子媳妇都去外面养螃蟹了，家里就我们俩在。她行动不方便，基本每天都在家里，也不怎么出来，平时要买点什么都是我去买，每次就买一点点，买多了我也拿不动，他们也不给你送到家里。"[1]也有不少人认为村里在这方面的服务已经做得不错了，他们也不需要更多的服务。另外，值得注意的一点是，有 9.2% 的农民希望能告知折扣信息，这表明还有相当一部分农民对商品价格比较敏感，商品价格仍是他们在消费过程中比较看重的因素（见图 1-7）。

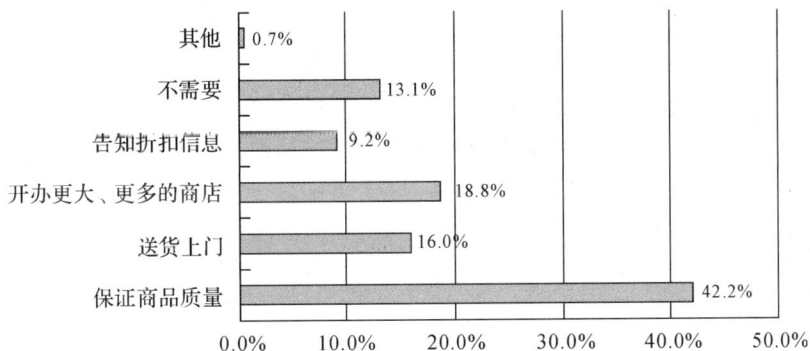

图 1-7　关于农民对日用品购买服务期望的统计（$N=590$）

　　除了日用品商店，在农村社区里还有一个非常重要的消费场所——菜市场。在自给自足的自然经济逐步瓦解，市场经济飞速发展的现实条件下，菜市场出售的各种食品成为大多数农民赖以生存和发展的最基本的物质条件。"民以食为天，食以安为先"，农民对菜市场管理的首要期望也是加强安全、卫生管理。食品安全涉及人类最基本权利的保障，关系到人民的健康和幸福，更关系到国家的稳定和强

――――――――――
① 摘自于访谈资料，2015 年 6 月 5 日，常州市柚山村，受访者是居住在柚山村的村民。

盛,加强监管才能有效保证食品的安全、卫生。其次是修建菜市场,集中买卖。尽管在一些经济较发达、人口较多且集中的农村会有菜市场,但在大多数农村是没有菜市场的。农民买菜要么在村里的菜农或者开着三轮车来村里的流动菜贩那里买,要么去镇里的菜市场买;如果要买肉,就必须得去镇里。村里没有菜市场不仅给农民的生活造成诸多不便,而且在无形中增加了他们在农村生活的成本。(见图1-8)

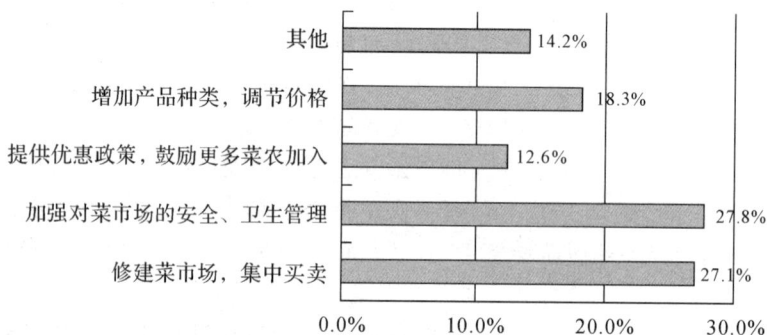

图 1-8 关于农民对菜市场管理改进期望的统计(N=592)

农民对社区里的饭店、小餐馆改进的首要期望和他们对菜市场管理的首要期望是一样的,都是希望能加强卫生管理和食品安全监督。农村的饭店、小餐馆都是农民利用自家的房屋开的,在卫生和食品安全方面的管理并不严格。近年来媒体对食品卫生、安全的大规模报道促使农民开始关注这一问题,他们花钱吃饭的同时希望能吃得卫生、放心。而和城镇里的居民不一样的是,大多数农民都习惯自己在家做饭,他们不是很在意社区里有没有饭店、餐馆,他们基本不在外面吃,不用担心食品安全、卫生问题。对这部分人来说,社区里的餐饮服务方面不需要有任何改进。但是,饭店、小餐馆在农村社区多是独家经营,不像城镇里面有很多可以选择,因而有12.6%的人希望能增加饭店数量。(见图1-9)

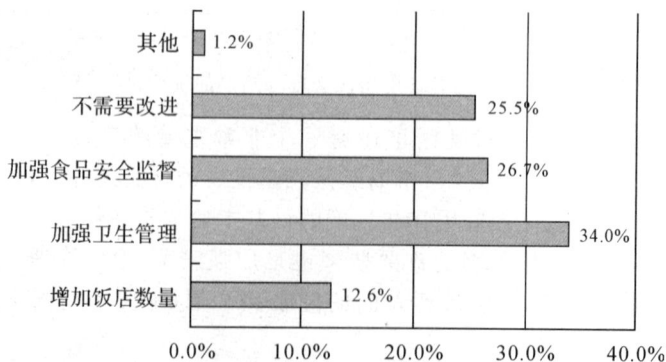

图 1-9 关于农民对社区餐饮改进期望的统计(N=582)

在家电维修方面,45.3％的农民希望社区能提供上门维修的服务。目前农村社区里基本没有家电维修店,也缺少经过专业培训、拥有过硬技能的维修人员,农民的家电出现问题需要维修的时候只能去镇里或者打电话。一般像电饭煲、电磁炉这类小家电都需要自己带到维修店去修理;而像冰箱、洗衣机、空调这类大家电出问题后虽然也会有相关人员上门维修,但农民还需额外支付人工、交通等费用,维修成本远比城镇居民大。因而农民迫切希望能够像城镇居民那样享受上门维修的服务,不需要自己大老远地抱着家电去维修店,也不需要比城镇居民多花修理费用之外的钱。(见图1-10)

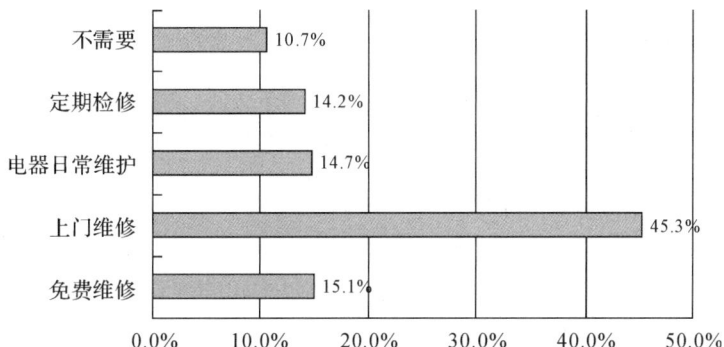

图 1-10　关于农民对家电维修服务期望的统计(N＝576)

所以,总的来看,农村社区生活消费服务给农民的生活带来了很多便利,农民对目前农村社区的生活消费服务也比较满意,但他们仍旧希望农村社区能够提供更加优质、多样化的生活消费服务。农民在进行生活消费时,促销之类的信息仍会吸引他们,但随着他们收入的增加,他们不再把商品价格当作首要甚至是唯一的考虑因素,而是比较综合地考虑商品质量、服务、安全等因素,消费不再仅限于能满足需求即可,更要有助于提升生活品质,这是他们的消费观念开始逐步转变的一个重要表现。与此同时,农民作为消费者的权利意识开始觉醒。他们迫切希望农村社区能够给他们提供一个放心的消费环境,让他们在和城镇居民花一样的钱消费的同时能够买到一样的商品,享受城镇居民获得的优质服务。

3.农村社区生活消费服务需求

随着中国经济从供给约束转化为需求约束,作为拉动经济增长的"三驾马车"之一的消费需求才是经济增长真正而持久的原动力的观点已逐渐为大家所接受。农村消费市场的启动就成为当前中国社会经济发展的重大现实问题。扩大农民消费不仅可以有效化解和消除当前相对过剩的生产能力,而且还可以在更大程度上创造就业机会,促进农民增收、改善农村生活质量,是当前处于经济转轨的重要战略机遇期的中国经济实现持续快速增长的关键所在,是加速社会主义新农村建设、实现全面小康社会的重要基础。① 近几年来,政府和企业为了开拓农村市场进行了不懈的努力。随着政府和企业对农村市场投入的不断增加,农村社区生活消费服务日趋完善,而与此形成鲜明对比的是农民亟须加强引导的消费观念。

就拿在哪里理发这件看似简单的事情来说,实际能够反映的不只是农民对自己外表的重视程度,还有农民的消费观念。在城里的理发店、镇里的理发店和村里的理发店或者流动剃头匠、自己理发的效果有很大的区别。从图 1-11 可以看出,超过六成的被调查者会选择去城镇里的理发店理发。发型影响着一个人的形象,不同的发型会带给人不同的气质和形象,随着生活水平的不断提高,越来越多的农民开始注重自己的外在形象,对发型的重要性的认识越来越深刻,对美发的需求也越来越强烈,要求也就更多。虽然城镇里的理发店收费更高,但能够满足注重形象的农民的多种需求。其次,有 32.4% 的农民会在村里的理发店简单地理个发。村里的理发店一般只能剪些简单的头发,谈不上做造型或者设计,更不用说提供专业的护发、美发;它的主要优势就是方便,价钱便宜。在城镇至少要花十几块钱理发,在村里只要三五块钱就能解决问题,虽然效果要差一点,但对于那部分不追求时尚、美感的艰苦朴素惯了的农民来说已经足够了,既节省时间又节省金钱,不需要再浪费时间去花一些冤枉钱。另外,会找流动剃头匠理发或自己理发的农民各有 1.7%。因而,在消费时价钱仍旧是不少农民考虑的一个主要因素,虽可能不是首要的因素,受传统的"勤俭持家,积攒财富"的观念的影响,他们不愿多花钱在他们认为不必要的地方,比如理发。但花更多的时间和金钱做一个合适的发型并不代表浪费,实际上可以说是一种对个人形象的投资。发型是人的精神面貌的焦点,好的发型不仅能让自己心情愉悦,也能给人留下良好的第一印象,进而赢得更多资本。由此可见,不少农民满足于生存型消费,忽视发展型和享受型消费。

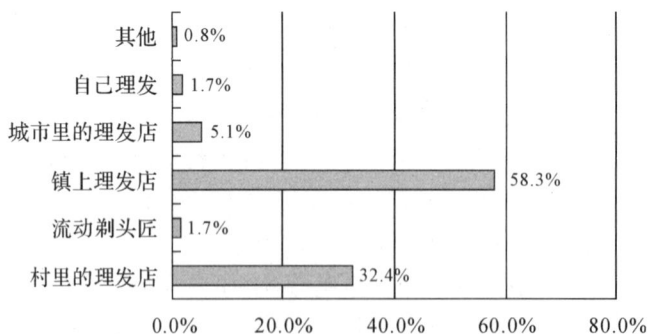

图 1-11　关于农民一般在哪里理发的统计($N=591$)

在这样的消费观念的影响下,35.1% 的农民都希望村里开设的理发店便宜实

---

① 朱信凯,《中国农村消费市场:撬动世界经济的杠杆》,《经济研究参考》,2008 年第 27 期,第 7—18 页。

惠;他们对自己的外在形象并不是很在意,34.1%的农民认为村里理发店能够剪普通发型就行。只有少部分农民希望能有发型设计、美发养护,仅占总体比例的24.0%。农民在消费的时候,还是习惯于把钱花在对他们的生活而言更加实在的商品上,比如房屋、食物;不愿多花钱去进行一些短时间内无法见到成效的投资,比如维护外在形象。就如调查过程中一位中年人所说:"我现在四十好几了,女儿都已经成家了,不需要再去整那些年轻人整的那些,凑合着能过得去就行了。与其花些冤枉钱在这上面(理发),不如吃点好吃的,或者给女儿存起来。"①长期以来,中国农民都以"贫"字抑制消费需求,有了钱更愿意存起来,甚至还有人认为生活必需品之外的消费支出全部是铺张浪费,不浪费就是合理消费。"无债一身轻"是部分农民的消费观念,他们对于贷款和"超前消费"更是避而远之。(见图1-12)

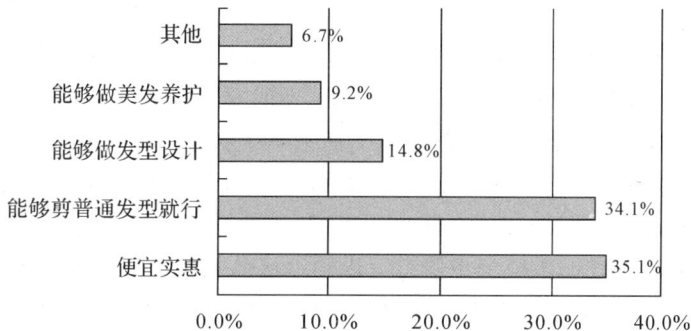

图 1-12　关于农民对村里理发店的期望的统计(N=583)

前面提到,网购在农村已经逐渐普及起来,但仍有很多农民从没在网上买过东西。图1-13中,50.8%的农民不在网上买东西的主要原因是不知道怎么网购。虽然随着网络进入农村社区,电脑普及率提高,但很多中老年人不会使用电脑,不会上网,更不会网购。在访谈过程中遇到的大学生说:"我和我爸妈都在网上买过东西,我爷爷快八十岁了,看东西看不太清楚。他不会上网,也没有在网上买过东西,但有时候我会在网上帮他买点东西。"②另外,网上的商品质量没有保证、习惯了在店里购买、容易存在网上欺骗等行为也是农民不网购的重要原因。这一点反映了目前农民在消费方面仍是持比较谨慎、保守的态度,看得见、摸得着的实体店里的消费对于他们来说才是最安全、最让他们放心的消费方式,接受新事物对他们来说是一个需要逐步适应的缓慢过程,因而对诸如网购、团购这类新的消费方式,他们仍持怀疑态度,轻易不会去尝试。(见图1-13)

---

① 摘自于访谈资料,2015年6月8日,常州市秦巷村,受访者是居住在秦巷村的村民。
② 摘自于访谈资料,2015年1月12日,常州市柚山村,受访者是居住在柚山村的村民。

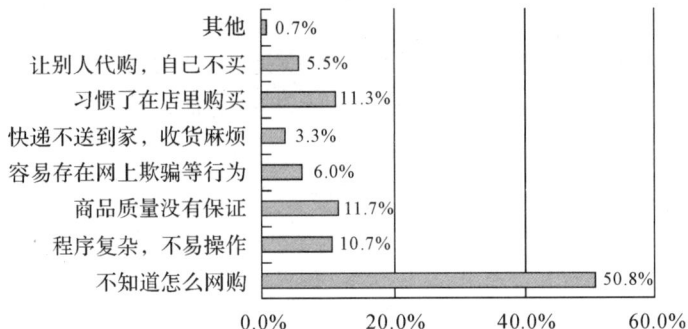

图 1-13　关于农民不网购原因的统计（N＝331）

简单来说,当前在新农村建设的时代背景下,随着"工业反哺农业,城市支持农村"的推进,农民的消费水平有了较大提高,消费观念和行为也正在悄然改变,呈现出多元化的趋势。但在当前的农村社区里,有持保守节俭的传统型消费观的农民,崇尚节俭储蓄以积攒财富,抑制消费的需求,不愿意支付生活必需品之外的消费;有持愚昧落后型消费观的农民,在日常生活消费中保守、谨慎,遇到大事或大宗消费需要时,特别舍得大手大脚地花钱;也有持奢侈浪费型消费观的农民,热衷于豪华、舒适、讲体面、讲排场的消费,挥金如土,注重商品档次、质量及自己的满意度,很少关心商品或劳务的价格……要把农民塑造成具有现代消费观念和能力的新的消费者,让农民生活消费向着更健康、科学、合理的方向发展,就亟须引导农民转变过于保守节俭的传统型消费观,调适过于奢侈的浪费型消费观,克服愚昧落后型消费观,使他们的消费行为既有利于自身整体素质的提高,也有助于促进农村社会的全面可持续性发展。

二、农村社区生活消费服务体系建设的经验比较

在我国,农民是社会的绝对主体,他们既是社会最大的生产者,也是最大的消费者,因此,在建设新型农村社区的今天,推动农民消费观念和行为的现代转变对提高农民生活质量、繁荣农村经济具有深远意义。农村社区的生活消费服务在政府、市场的推动下,正在逐步完善,而与此同时,农民的消费观念和行为却没有随着消费环境的改善、收入水平的增加而完成由传统到现代的转变。由于人们思想观念、行为的转变速度有快有慢、有先有后,相对于城市居民而言,农民接受新观念、养成新习惯的速度较慢,在接受现代消费观念和行为方面也明显地落后于城市居民,农民的消费观念和行为还处于从传统向现代转变的初期。提高农民消费水平是中国经济增长的根本动力[①],提高消费水平首先要让农民的消费观念和行为完

①　孟秋菊:《论提高农民消费水平是中国经济增长的根本动力》,《社科纵横》,2008 年第 2 期,第 46—49 页。

成现代化的转变。正如创新的扩散一样，农民消费观念和行为的现代化也是一个缓慢的、逐步接受的过程，但可以通过一系列措施来加快农民消费观念和行为改变的过程。常州、扬州及国内外其他农村社区在促进农民消费观念和行为快速现代化的过程中有很多经验都值得借鉴，比如村镇之间进行资源共享、鼓励人口流动、颁布限制不合理消费的政策等。

1. 城乡一体化：实现村镇资源共享

随着"村村通"公路工程在江苏省农村的推进与落实，村与镇之间、村与村之间、村子里的道路都进行了较好的修理与硬化，缩短了村镇、村民之间的距离；在农村路面状况得到改善、提升的同时，连接村与村之间、村与镇之间的公交也相继出现，解决农民出行不便的问题。道路修好了，通村的公交车也开到了家门口，"村村通"公路着实拉近了城乡距离，尤其是村到镇的距离，大大减少了农民到乡镇的时间、金钱。这几年来政府出台了不少惠农、支农政策，采取多种措施促进农民增收，农民的收入有了较大幅度的提高，电动车、摩托车甚至是小汽车这类代步工具在农村社区已经十分常见。距离的缩短和代步工具的普及使得居住在农村社区的农民可以和乡镇居民一样享受镇里的生活消费服务、设施带来的种种便利。

这次调查的常州市礼嘉镇的三个村（秦巷村、陆庄村和新辰村），都围绕在礼嘉镇的周围，村和镇之间的距离本来就很近，很多资源原本就是共享的，路面硬化、公交线路建好后，更进一步加深了资源共享的程度。相对于乡镇的消费品市场，农村消费品市场数量多但规模小，商品种类较少、供需结构失衡，市场竞争以简单的价格竞争为主，市场主体规模偏小，交易成本高且管理落后。村镇距离拉近之后，农民可以和乡镇居民一样在同样的商品市场进行消费。乡镇里的消费品市场有严格的市场进出规则、健全的商品质量检测制度和必要的检测设备、手段，商场、超市、连锁经营商大多以薄利多销的方式进行经营，出售的种类繁多的商品极大地增加了农民购物的选择面，加之干净明亮的店面、摆放整齐的商品、无处不在的商品宣传和高质量的服务，无时无刻不在吸引农民和乡镇居民一样进行各种生活消费。村子里的农民可以随时到镇里消费任何他（她）需要的商品或者服务，不用像在农村社区里一样担心能不能买到货真价实的东西、有没有完善的售后服务等一系列问题。一位长期居住在陆庄村的大妈这样说："我们村子本来离镇上就很近，骑个电动车几分钟就能到了，现在路修好了，来回就更方便了。村里虽然也有小商店、卖菜和水果的店，但没有镇里的多哇，我们一般都是去镇里面买这些，镇里东西多、质量有保证、价钱也便宜，来回一趟也花不了多少时间，十分钟就足够了。有时候去镇里办点事情，顺便就把这些东西买回来了，也不用说特意跑一趟。"①

村镇之间的距离拉近后带来的不仅仅是各类生活消费服务的共享，更重要的

---

① 摘自于访谈资料，2015 年 1 月 16 日，常州市陆庄村，受访者是居住在陆庄村的村民。

是农民在与乡镇居民共享资源的同时,受到乡镇居民的影响,逐渐认同或接受他们的消费观念,消费行为也随之向乡镇居民靠拢。乡镇居民追求物质消费,也注重享受消费和发展消费,随着物质生活水平的提高,不再满足于基本生活需求,追求人的全面发展,重视自身素质的提高,健身、学习、旅游等成为消费新潮,同时精神生活也变得丰富多彩,文化娱乐和其他各种服务性支出扩大。课题组对礼嘉镇的三个农村进行入户访谈的过程中发现,很多居住在农村的农民都觉得住在村里和住在镇里没什么区别,生活、消费等方面差别也不大,现在收入提高了,生活条件也比以前更好,买东西不再一味追求便宜、经久耐用,也要看是否美观、环保、健康。很多农民在休闲娱乐上也愿意花钱,在国内各地旅游已经是很普遍的现象,甚至还有不少出国旅游的。正如家住秦巷村的庄大哥表示:"其实我们虽然住在农村,但和住在镇上没什么太大的差别,我们这边村子里到镇上的距离都很近。我们买东西、办事基本都是去镇上,镇上的人和我们村子里的人在消费上面也没什么太大的差别。现在大家的收入都增加了嘛,对于城里人用的,我们村子里的人也都买得起。现在农村人对生活品质的要求提高了,也都舍得花钱去买质量过硬的品牌商品,既要吃得好、穿得好,也要玩得好。"①

由此可见,村镇距离拉近实现资源共享后,乡镇对农村社区农民消费观念和行为的影响日益显现出来,农民的消费观念向乡镇居民的消费观念靠拢,消费行为也和乡镇居民趋于一致。正如在访谈的过程中柚山村的徐书记对我们说的:"现在农民都有钱了哇,也不再像以前一样只知道存钱了,挣了钱也开始享受生活,旅游到现在都变得很平常了,还有不少人出国去旅游。有的人还计划,今年去这个国家,明年去那个国家,有时间就去外面看看。"②而村镇距离缩短共享的远不止消费品市场,还有教育、文化、生态等资源;资源共享的意义也不仅仅在于加速农民消费观念和行为的转变,更能使各种资源发挥更大的作用,缩小城乡差别,促进经济社会的和谐发展,进而推动城乡一体化进程。遗憾的是,在很多农村社区,由于地理位置、制度、体制等原因造成农村和乡镇消费品市场的分割,农民难以与乡镇居民就消费品市场及其他资源进行共享,极大地阻碍了农民各类生活消费需求的满足和提升。通过缩短村镇之间的距离,促进村镇间的资源共享,打破消费品市场的分割,确实能有力、快速地推进村镇消费市场一体化发展,满足农民消费需求以及加快农民消费观念和行为的现代化。

2. 政策引导:营造健康社区的消费文化

有学者2005年在中西部五省展开了一项调查研究,目的在于探讨农民工进城工作的流动经历对农村家庭消费观念的影响。研究发现,农民进城工作是为了增

---

① 摘自于访谈资料,2015年6月7日,常州市秦巷村,受访者是居住在秦巷村的村民。

② 摘自于访谈资料,2015年1月12日,常州市柚山村,受访者是居住在柚山村的徐书记。

加收入，而这有助于农村家庭消费能力的增强，为农村家庭消费观念的现代化提供物质基础。进城工作给进城工作的农民提供亲身体验现代城市消费生活的机会，也使他们及其家庭获得了相对留守农户的经济优势、信息优势和心理优势。而在城市里工作的农民通过不断地与家人联系、与家人一起分享自己在城市的所见所闻，促进其家人的消费观念现代化。从这个意义上来讲，进城工作者是转换其整个家庭传统消费观念的重要媒介。可以说，人口流动是推动农村家庭消费观念现代化的动力，但与此同时，不同的流动经历对家庭消费观念现代化产生的影响有一定的区别。此外，流动这一单一因素对农村家庭消费观念现代化转变的影响又是有限的，要完全实现这种转变还取决于其他多种因素。①

人口流动是农民消费观念和行为转变的内生动力，而限制不合理消费政策则是促使其转变的外在约束力量，比如一些地方为了限制过于频繁、沉重的人情消费，出台了限制不合理人情消费的政策。农村是一个依靠人情、关系维系的社会，人情消费古已有之，尤其是在中国这个崇尚礼尚往来的国家，农民长期以来更是十分重视人与人之间的关系和情感上的联系，所以人情消费一直是农民日常消费中非常重要的部分。

然而，近年来加在农民身上的人情消费日显沉重，主要表现在人情消费的名目越来越多；人情消费数额越来越大，占收入比重越来越高；随着交往范围的扩大，农民的人情圈子逐渐扩大；人情消费的周期缩短，频率加快。在人情消费增长的情况下，农民有限收入的很大一部分花在这上面，本就有限的购买力分流较多。在农村，婚丧嫁娶都要互送礼金，这部分开支有时要占去一个农户全年收入的绝大部分。当下农村过度的人情往来已经成为农民肩上沉重的负担。课题组在柚山村就遇到一位农民这样抱怨："现在农村办酒席请客的太多了，以前只有红白喜事才会办一下，现在盖房子、搬家、上大学、祝寿都要大办一下。大家都相互认识，不去的话又有点说不过去，但是去了就要花钱啊，关系一般的还好说，一两百就能了事了，关系好的有时候一两千都解决不了问题。每年家里养螃蟹挣的钱有很大一部分都得花在这上面，可是又没有什么办法，大家都是这样的。"②

实际上，很多农民在心里面对当下农村里的这种人情消费并不是很赞同，无奈整个农村社会的风气如此，谁也不愿意失掉"面子"，哪怕背后叫苦不迭，咬着牙也要保全"面子"。从河南商丘到礼嘉镇秦巷村打工的大姐表示躲避家里的人情是她们一家人都在外面打工的原因之一："我是今年才出来打工的，以前从来没有在外面。以前就是孩子他爸带着三个孩子在外面打工，我在老家种点粮食。但是每年下来也存不了多少钱，孩子们在外面打工要花钱，我在家里也要花钱，现在农村请

---

① 刘程、黄春桥：《流动：农村家庭消费观念现代化的动力——基于中西部五省的实证研究》，《社会》，2008 年第 1 期，第 118—137 页。

② 摘自于访谈资料，2015 年 6 月 5 日，常州市柚山村，受访者是居住在柚山村的村民。

客送礼的多了,每年打工挣的钱有很大一部分都花在人情上面了,全家人每年累死累活也存不了几个钱。所以我就想干脆我也和他们一起在外面打工,不要在家里了,要送礼的话就让公公婆婆去意思意思就行了。"①

人情消费不仅对于送礼的农民来说是一种负担,对于收礼的农民来说也是一种负担。农村讲究的是礼尚往来,收的人情总归是要还的,而且还的时候只有增加才能显出诚意,比如甲办酒席的时候乙送了一百,到乙办酒席的时候甲就得还两百才能显出甲对这份关系的重视程度,农民在接受人情的时候实际上也就背负了一笔巨大的人情债,在不知道确切的归还时间的情况下,农民的其他消费支出必然会相应减少以确保能够偿还别人的人情。而且,婚丧嫁娶这类事情在农村往往都需要大操大办,特别是嫁女儿、娶媳妇、小孩满月、老年人大寿这类喜事,总要把亲朋好友都请上一起热闹热闹。后庄村的一位老大爷向我们介绍了他们办酒席的情况:"村民家里的喜事一般都会大办一下,摆酒席、请客吃饭,人来得越多,主人家越有面子。办酒席也要花不少钱的,其实办酒席收的大部分礼金都花在这上面,而且人来了总要放鞭炮热闹热闹。现在办一场酒席光鞭炮就要一两万(元),有些有钱的人家还会放烟火,那个就更花钱了。"②

实际上也就是说,除了不合理的人情消费之外,大操大办的酒席本身也是一种浪费。为了抑制农民的这种不合理消费,有的地方出台了一些限制这种不合理消费的政策。比如贵州省的普定县坪上镇大哪村倡导推行勤俭文明办酒席,并将其写进《村规民约》,什么酒席可以办,什么酒席不可以办,酒席上的菜、酒不能超过什么标准,办酒席怎么报批备案,违反后会受到怎样的处理,都做了明确规定。坪上镇治理滥办酒席风,成为普定县纪委开展民风治理的试点,从2014年8月开始率先进行。大哪村支部书记王松说:大哪村从2014年8月1日,到2015年1月,制止22户农民办酒席,处罚4户,罚款1000元,并在全村通报。办酒席数从原来的百余次,降到现在的31次。礼金过去一般为100~200元不等,多的是500元,现在规定原则不超过100元。

除了过重的人情消费外,目前农民的消费观念中还有很多落后的地方,很多不良的消费行为也亟须改变,诸如日常消费节俭克制、重点节日过度消费、盲目跟风、互相攀比等,其中有部分可以依靠政策加以限制,进而促使农民的消费观念和行为逐步转变。依靠类似于贵州省普定县坪上镇大哪村倡导推行勤俭文明办酒席进而限制农村不合理消费的政策,不仅能减少铺张浪费,减轻农民负担,还能带动农民消费观念和行为的转变。然而,这并不是说限制不合理消费就足以使农民转变传统的消费观念,这只是一种带有一定强制力的外在约束力量,真正要使农民消费观

---

① 摘自于访谈资料,2015年6月7日,常州市秦巷村,受访者是居住在秦巷村的外来务工人员。

② 摘自于访谈资料,2015年1月13日,常州市后庄村,受访者是居住在后庄村的村民。

念和行为发生转变，不能仅仅依靠政策。

　　3. 社区商业：引导居民新型生活消费

　　社区商业是城市商业空间中的一个重要层次，它是相对于城市中心区商业、区域型商业和邻里型商业而言的，其在规模大小、提供的商品种类、服务的商圈范围等方面都介于区域型商业和邻里型商业之间。社区商业的基本功能包括满足社区居民的购物需求、服务需求、休闲娱乐需求等。20 世纪 50 年代，社区商业首先在美国兴起，之后在其他西方国家逐步大规模发展起来。20 世纪 60 年代，英国、日本、法国等国家也由于居民的郊区化而出现社区商业，到 20 世纪 70 年代，新加坡的社区商业也开始大规模发展起来。国外发达国家的社区商业早已成为居民综合消费的载体，占社会商业支出总额的 60% 左右。[①]

　　欧美盛行大型新兴社区商业。例如英国伦敦东南郊区的 Bluewater 购物中心，在 13.9 万平方米的营业面积中，有 57 家国际零售商入驻，集中分布着 3 个广场，共 330 家商铺，其中包括 3 家大百货店、200 家专卖店、50 家餐厅酒吧、13 个放映厅组成的多功能电影院等，满足了在周边 60 分钟汽车车程内 10 余万居民的日常消费需求。美国的社区商业中心有两大发展特点：一种是在"中心"内有一主题，如以一家大超市为主，附带部分折扣或全部专卖店、厂家直销店等；另一种是突破传统观念，呈块状型，与周围的文化娱乐等设施结成联盟，块状不一定只位于一幢建筑，而是扩展为一个较大的消费空间。

　　日本颇具传统特色的一种社区商业中心是"商业街协同组合"。例如，日本东京都神乐坂商业街，就是东京一条极为普通但又富有日本特色的典型社区商业街。在 100 多米长的步行街两侧，散落着连户商铺、中型超市、24 小时便利店以及传统杂货店等 248 家店铺，花店、迷你高尔夫馆、蔬果铺、美容店乃至证券所应有尽有。这种社区商业还同时肩负保护中小商业企业、保护城市的传统文化特色的重任。而"造镇计划"下的社区商业中心，是一种新兴的生活乐园。例如，日本真库县尾琦市的社区商业中心是一个兼购物、休闲、娱乐、教育文化、聚会社交等多种功能于一体的生活园地。250 家个性化专门店按商品范围结构分为生鲜馆群、饮食店群、娱乐休闲店群、自我动手店群和购物区群。

　　"邻里中心（Neighborhood Center）"是新加坡社区商业中心的名称，即按照社区建设的配套建设指标，根据物业的规模、类型以及居住人口需求配备相应的商业配套设施，由开发商或物业方进行集中经营与管理，不以盈利为主要目的，而是为社区居民提供商品和服务的社区生活服务中心。在约 6 000～8 000 户里规划配套一个邻里中心，邻里中心社区商业主要考虑的是为居民服务、为生活服务。它的业

---

　　① 谭博裕：《新加坡"邻里中心"社区商业模式对中国的启示》，《技术与市场》，2011 年第 8 期，第 256—257 页。

态组合的特征有三大块。第一块是餐饮，以家庭餐饮为主。第二块是生活消费，也就是购物，包括超市购物。第三块是娱乐。邻里中心以居住人群为中心，全部设施满足人们在家居附近寻求生活、文化交流的需要，构成了一套巨大的家庭住宅延伸体系。同时，邻里中心把商业和服务设施集于其中，既缩短了这些设施与社区居民的距离，又满足了人们多样化的需求；既便民、利民，又提高了居民的生活质量和城市环境质量。再者，邻里中心是政府调控下的商业行为，在政府的支持下，邻里中心为社区居民提供教育、文化体育、生活福利等服务。这种不断完善的商业组合，取得了相当可观的经济效益，还提供了很多就业机会。

当前，随着我国国民经济的快速发展，城镇居民人均可支配收入日益提高，我国城市商业日益繁荣，城市社区商业也快速发展起来。社区商业在城市商业中处于基础地位，是社区建设的有机组成部分，是面向社区居民提供便利性和综合性服务的主体系统，是拉动服务消费的基本力量，也是社区建设的有机组成部分。20世纪90年代中期以来，我国城市社区商业的核心零售业态已经从以社区百货店为中心逐步发展到以社区购物中心和大卖场为中心，以及以菜市场和食品超市为主体的生鲜食品供应体系，社区商业的形态和内涵不断得到完善。事实上，我国城市社区居民消费已突破短缺经济时代单一物质消费的结构，对精神文化消费的需求与日俱增。社区商业不仅要具有购物功能，也要有服务和休闲功能。

相比国外而言，我国目前社区商业模式多样，大体上有三种基本模式：一种是以新建的上海联洋"邻里中心"为代表的大型新兴社区商业中心，其各种社区配套服务设施应有尽有，类似于欧美国家社区商业中心的模式；另一种是"沿街式"的社区商业中心模式，是指在成规模的新建居住区中，选择其中一些居民楼底层，将其建设为商业用房，引进超市、餐饮、书店、银行等商业服务设施；最后一种则可称为"改建型"，是指用现代商业业态，对散布在社区的传统商业网点进行统一规划与改造。显然，后两类在中国占绝大多数。①

城市社区商业在给社区居民的生活带来便利的同时也在引导他们的生活消费。社区商业文化与社区商业活动是形影相随的关系，"随风潜入夜，润物细无声"。两者一明一暗共同编织着消费时尚和生活方式的准则。② 目前我国城市社区商业已经初具规模，而在农村社区里，商业设施不足、网点布局不合理、服务功能单一，连农民基本生活消费的需求都无法满足，更遑论提高他们的生活质量、改变生活方式。在城乡一体化的时代背景下，发展农村社区商业对于促进农村居民的生活消费和生活方式向城市化方向转变有着十分重大的意义，而国外和我国城市社区商业发展的历史和模式为发展农村社区商业提供了很多值得借鉴的经验。

---

① 王树春、崔佳栋：《中国城市社区商业发展的问题与对策——以天津市隆春里社区商业发展为例》，《环渤海经济瞭望》，2007年第10期，第24—28页。

② 彭品志、杜岩：《社区商业文化价值的开发》，《经济与管理》，2004年第11期，第91—93页。

三、现代消费观念传播:促进农民生活消费改变的途径

消费方式是消费观念的外在表现,正确的消费观念是人们选择合理的消费方式的前提。近年来,国家不断出台各种支农、惠农政策以促使农民的收入持续、稳定增加,极大地提高和保证了农民的消费能力。农民的消费能力提高了,消费观念和行为也悄然发生改变,受到传统消费文化和现代消费主义文化的共同影响,农民生活消费呈现出理性与非理性并存的状态。当前农民在生活消费中既受到保守节俭的传统型消费观的影响,也受到愚昧落后型消费观和奢侈浪费型消费观的影响。要把农民塑造成具有现代消费观念和能力的新的消费者,让农民生活消费向着更健康、科学、合理的方向发展,就要引导他们转变过于保守节俭的传统型消费观,调适过于奢侈的浪费型消费观,克服愚昧落后型消费观,使农民的消费行为既有利于自身整体素质的提高,也有助于促进农村社会的全面可持续性发展。而这一方面离不开农村社区商业的发展和独特社区消费文化的塑造,另一方面也需要现代消费观念在社区的有效传播。

1.发展社区商业:全面满足农民的日常生活需求

导致农村社区居民消费观念落后的原因里既有收入水平和文化程度不高,也有农村消费环境差、农村社区商业水平较低的客观因素。课题组此次调查的结果表明,目前农村消费品市场商品种类少、供求矛盾突出。虽然农民在农村社区里可以买到牙膏、洗衣粉、香皂这类日常生活用品,但除此之外的大多数商品都需要从城镇市场上购买,从瓜果蔬菜、服装配饰到大小家用电器、电脑,无一不是在城镇里面购买,各种服务性生活消费需求更是基本靠城镇市场解决。在农民中间流传的顺口溜"油盐酱醋找个体,日常用品赶大集,大件商品跑城里"正是当下农村居民生活消费的最好写照,巧妙地揭示了农村落后的消费环境。农村消费品市场秩序混乱,管理落后,假冒伪劣产品泛滥成灾,坑农害农事件时有发生。而农民的产品质量意识和维权意识差,在购买商品时识假、辨假能力不强,加之农民缺乏消费维权的有效途径,农村消费维权力量薄弱,维权成本高,一旦权利受到侵害,往往只能选择"能忍则忍""不再上当"和"下次不买"。

简而言之,"不方便、不安全、不实惠"的农村消费环境不仅抑制了农民的消费意愿,损害农民的消费信心,且极大地阻碍了农民获得现代化的消费体验,不利于农民破除传统、落后的消费观念。因而,要培育农民的现代消费观念,就必须要健全市场体系,改善农村消费环境,发展农村社区商业,从而增强农民的消费信心,为农民形成现代消费观念、塑造社区消费文化提供重要保证。根据此次实地调查的结果,农村社区大体可以分为两大类,城镇距离近且与城镇共享资源的农村社区以及与城镇距离较远而不与城镇共享资源的农村社区。与城镇共享资源的农村社区居民可以通过城镇的商业服务和设施满足生活消费需求,再发展农村社区商业没

有多大的实际意义,反而会造成市场网络的重复建设和资源的浪费;而后者虽然也可以依靠城镇商业服务和设施,但由于不具有便利性,农村社区仍旧是农民进行生活消费的重要场所,在这样的农村社区发展社区商业能带来多方面的效益。

和城市社区商业一样,发展农村社区商业要充分体现以人为本的原则,以方便居民日常生活、提高生活品质为中心。尤其要适应家务劳动社会化和日常生活现代化的趋势,在提高传统服务业水平的基础上,积极发展符合社区特点的大众餐厅、家政服务、网上购物等现代生活服务业,不断提高生活服务水平,形成规范化、标准化、个性化的社区服务体系来满足该社区居民的需求。目前农村没有形成较为规范、完整的社区商业,生活消费服务和设施较为单一,主要是超市、小卖部和饭店,数量有限且分布分散,以购物功能为主,不具有服务和休闲功能。农民要获得如商品维修、送货上门、洗染、彩扩、家政家教服务等商业服务,只能去城镇里,想要开展休闲、文化、健身、娱乐活动也只能去城镇里的茶坊、舞厅、健身房、书店等。

简而言之,随着生活水平的提高,农民的消费需求也日益多样化,农村社区商业有很大的发展空间。首先,当下农村社区生活消费服务内容单一、范围有限,亟须增加服务内容、扩大服务范围,鼓励发展融合各种新型业态和各种服务功能于一体的现代农村社区商业。可以参照城市社区商业的配套商业设施,根据不同农村社区的人口规模和农民的实际需求增加服务内容,比如美容美发、育婴早教、家政家教服务等。要立足于具体的农村社区,使社区商业的规模、形态、业态、布局等与社区的公共需求、消费需求相一致,以使社区成为建立和谐社会的社会基础。

其次,发挥社会主义制度的优越性,将商业企业、基层组织有机地衔接起来,构建中国特色的农村社区商业服务系统。一是在中国农村社区的私营店主和农村基层组织——村中国共产党党员支部委员会和村民自治委员会(简称"村两委"),每天工作在农村社区之中,最能了解农民的所需,不仅要深入调查农村社区商业规划并听取其意见,而且应该通过一定形式将其联结起来,构成一个社区服务的大系统。二是适应农村现代化、城市化的发展,利用信息化、网络化等现代手段,不仅将农村社区管理、社区公共服务、社区商业纳入社区服务系统,而且能使商业业态和商圈扩大,使社区服务渗透到农民生活的各个方面,覆盖到购物、配送、邮递、维修、废品收购、休闲、娱乐、家政等各个领域,从而提高农民对社区商业的满意度,强化农民对农村社区商业的依存度,使农村社区商业的发展成为一个可以和城市社区商业相比较的重要的经济增长点,并成为可持续发展和循环经济的一个环节。

然后,和城市社区商业一样,农村社区商业本质上还是经济范畴,除了商业硬件设施规划布局外,农村社区商业本身的发展则要充分利用市场的竞争机制。对于商业主体本身的合法经营行为,政府不要过多干预,要通过市场竞争提高农村社区商业企业的服务水平和改善其经营业态与经营方式。企业的赢利目的决定了其必然随着农民的消费需求变化而调整,市场的优胜劣汰竞争机制构成了其提高服务质量的外在压力。由此,使农村社区商业规模、业态、形式的发展形成一种竞争的、动态的格局,使农村社区商业能随着现代化进程与农民收入水平和消费需求的变化而变化。当然,一些特殊的服务行业也需要政府的扶植或优惠政策,比如家教等。

总之,伴随着中国城乡一体化进程的推进,未来的农村社区商业市场隐藏着巨大的潜力,如何防止与农民生活日趋相关的农村社区商业发展滞后,避免影响农民的生活质量提高,以实现农村社区商业与城乡一体化协调统一发展,构建起和谐社区、和谐社会,基层组织对农村社区商业的合理规划、科学选址、集中布置是前提;建立中国特色的社会主义农村社区公共服务与农村社区商业服务系统是核心;市场机制的调节是农村社区商业优化结构与提高服务质量的保证。

2. 重视社区宣传:现代消费观念的传达与普及

向农民传播现代消费观念的方式有很多,可以通过新闻媒体、送科技下乡等方式开展消费教育,向农民传授消费知识,使农民掌握挑选和使用现代消费品的技能;也可以通过广播、报纸、健康的文化娱乐等方式引导农民端正价值导向,认清什么样的消费是有意义和值得追求的,什么样的消费则是无意义和不值得追求的,什么样的消费是有益于自身和社会发展的,什么样的消费则是无益于自身和社会发展的……传播现代消费观念的方式如此之多,而在诸多方式中,最不容忽视的是社区宣传。农村社区是农民开展各种活动的固定场所,相对城市社区而言,人与人之间的联系更加密切,社区宣传也比较容易对他们产生影响。通过在农村社区内开展多种形式、内容丰富的宣传和教育,可以快速向农民传达、普及现代消费观念。

由于经济发展重点、地理位置、生活条件等的不同,有不少农村已经不能再算作是传统意义上的农村。根据课题组此次实地调查的经验,目前的农村社区大致可以划分成两大类:距离城镇近的农村和距离城镇远的农村。居住在距离城镇近的农村社区居民凭借有利的地理位置得以和城镇居民共享同一个生活圈、消费圈,很多活动都在城镇展开;而居住在距离城镇较远的农村社区居民虽然也在城镇消费,但农村是他们最主要的活动范围,工作、生活、休闲娱乐、人际交往都在此进行。同样都是农村社区,但距离城镇远近决定着农村居民是否能够与城镇居民进行消费等资源的共享,进而造就了两种在很多方面都有着巨大差异的农村社区。这两种农村社区居民的消费观念有着较大的差别,消费观念的现代化程度、接受新观念的速度也有所不同。因而,在传递现代消费观念之前要先对农村社区作一个大致的了解和归类,针对两种不同的农村社区采取不同的社区宣传策略。

农村社区与城镇共享资源,农民虽然居住在农村,但工作、生活、休闲娱乐都和城镇紧紧缠绕在一起,日常生活中也无可避免地与城镇居民有很多接触,在享受着资源共享带来的种种便利时,他们也逐步跟随着城镇居民的步伐,在很多方面都与城镇居民趋于一致,当然,消费观念也包括在其中。在这样的农村社区,农民无时无刻不在接收着现代消费观念的信息,城镇里各式各样的消费热点、让人眼花缭乱的商品、无处不在的商品宣传、城镇居民时尚精致的打扮、聊天时不时蹦出来的新鲜词……农民在不知不觉间抛弃了传统、落后的消费观念,逐渐形成和当地城镇居民一致的现代消费观念,追求物质消费的同时也注重享受消费和发展消费,追求人的全面发展,重视自身素质的提高,敢于尝试各种新的消费热点和超前消费。对于这样的农村,社区实际上并不需要投入大量的人力、物力、财力举办活动来宣传现代消费观念,只需拓展农村和城镇资源共享的深度和广度即可,以此加速农村和城镇的一体化发展进程。

相对而言,距离城镇较远的农村社区居民由于日常生活和交往的限制,接收不到来自城镇的渗透着现代消费观念的各类信息,消费观念仍旧比较传统、落后,受这种消费观念的影响,他们大多数都注重物质消费而忽视发展享受消费,节俭储蓄,排斥、拒绝超前消费。在这样的农村社区中,社区在向农民宣传现代消费观念方面肩负着重大的责任。在这一点上,社区可以从提高农民素质,加快农民的文化知识、思想观念更新和进行社区消费教育、消费指导两方面入手。

首先就是定期开展社区免费素质教育,提高农民素质,加快农民的文化知识和思想观念的更新,坚持效用最大化的原则,恰当地安排日常消费和非常规消费,切实将农民消费引导到科学、合理、健康的轨道,从根本上提高消费质量和生活水平。科技越发达,生产越进步,凝结在消费中的文化、技术构成也就越复杂。现代消费早已走出古代社会那种本能的、经验型消费方式的套路,而要求运用一定的知识和技能。个体若是缺乏相应的知识、技能,就无法从事高层次的消费。农民的文化素质较低,缺乏必要的消费常识和能力,因而他们对现代化商品以及新的消费方式常常是望而生畏。因而,社区在传播现代消费观念时,很有必要通过多种方式对农民开展素质教育:一是通过在农村社区常见的讲座、远程教育等形式组织农民学习。可以根据农村居民的水平设置系列讲座,在进行文化、思想教育的同时向农民介绍消费常识和新的消费方式,引导农民科学、合理消费。二是与企业合作开展农村社区消费宣传活动。企业在农村举办产品宣传活动,向农民传递新的消费理念和生活方式,促进农民提高对现代化产品、新的消费方式的接受程度,提高他们购买现代化消费品的积极性。

其次是进行社区消费教育、消费指导。提高农民素质,加快农民对新观念的接受速度是传达现代消费观念的保障,而农村消费教育和消费指导对于缺乏维权意识和对各类商品信息了解程度较低的农民来说也很有必要。农村社区消费教育有两个主要目的,帮助农民树立起消费者维权意识和接受文明健康的现代消费观念。前者主要靠农村社区的维权讲座、农民维权活动,社区组织农民参与学习,展开相关内容的讨论,让农民在和他人的交流中明白作为消费者的自己拥有哪些权利,在自己的合法权利受到侵害时应该如何处理等。后者需要通过多种途径展开社区宣传。一是利用农村社区常用的宣传平台和方式对农民进行消费教育,比如社区信息公开栏,发放到户的宣传资料,短信、QQ群等网络交流工具。二是在广场等农民经常集中的地方办消费专栏,悬挂诸如"我消费,我光荣"的宣传标语。三是引导农民正确分析自我需要的特点、层次,合理分配用于生存、享受和发展等方面的消费支出,增加消费行为的可控性和计划性。简而言之,社区消费教育就是要使农民明白:消费要量力而行、合理安排、讲求实效、不图虚荣,文明健康的消费方式是社会效益和经济效益完美统一的消费方式。消费指导的重点不再是向农民传播现代消费观念,而是给农民提供消费意见和建议,指导农民的实际消费行为。农村选择社区内对现代商品信息、消费方式了解比较全面的农民组成社区消费指导队,以电话、短信、网络交流等方式,给社区居民提供消费、信贷方面的建议,指导他们进行消费。

3. 整合传播资源:农民消费观念的培育和改变

消费观念的形成与改变都受诸多因素的影响。改善农村消费环境为农民转变消费观念提供了重要的保证,社区宣传则向农民传达、普及了现代消费观念。然而,农村社区的资源是十分有限的,且大多数资源都要用于社区的日常管理以及政策的落实与执行,真正能够投入到现代消费观念传播的人力、物力是相对缺乏的,村委会作为社区内提供各种服务的主体分身乏术。要改变农民落后的消费观念,培育新的现代的消费观念,还有赖于发挥大众媒体、企业和人际交往在相对封闭的农村社区里的作用和产生的影响。

大众媒体在传递消费观念方面向来有其他媒介无法替代的作用,尤其是在农村社区。报纸、广播、电视在我国农村拥有广泛的受众,对农民来说,这些大众媒体比网络等媒体更加权威。随着我国经济的发展,广告已经无孔不入地渗透到大众媒体的传播内容中,电视剧里的植入广告、广播里的节目赞助商、报纸上的公关软文等,片刻不停地向农村受众提供商品信息。大众传媒不断传递新的消费理念,创造新的消费需求,只要接触大众媒介,农民就会发现自己处于大量商品信息的包围之中。媒介传播的商品信息不仅让农民增加了对商品的了解和认知程度,让他们渐渐具备选择性消费的能力,还能启发、创造农民新的消费需求,对他们的消费观念、消费行为乃至生活方式等都有很大的影响。因而,在农村社区里借助大众传媒的强大影响力是培育农民现代消费观念的一个重要手段。

企业作为现代消费观念和新消费观念的传播主体,拥有多种资源且乐于进行各种传播活动。农村社区在条件有限的情况下,可以靠企业、产品生产商的宣传引导农民消费。第一,企业通过报纸、广播、电视、网络等媒体宣传其品牌与产品的同时,也会传播一些健康、积极、绿色的消费观念。在企业的影响下,一些原来没有的类似绿色环保、低碳等概念开始进入农民的消费观念里,并对农民的消费决策产生一定的影响。第二,近年来各大企业逐渐认识到农村市场的重要性,开始把目光转向农村。正规企业进入农村市场一方面能够给农民提供优质名牌产品和服务,给农民营造一个放心、安全的消费环境,有利于提高农民消费的积极性;另一方面,企业在给农民带去新产品的同时,也是在向农民展示、推广现代的、新的消费观念和生活方式,引导农民抛弃节俭克制的消费习惯,像城市居民一样懂得享受生活。第三,为了打开农村消费市场,很多企业结合农村市场、农民消费特点来做产品宣传促销。有的以实物为媒体进行宣传促销;有的以服务来带动销售;有的举办对农民有益的公益活动,如送电影、科技下乡,为希望工程、扶贫工程出力等;有的专门举办在农村市场的展销会,利用农村的山会、庙会、集会宣传促销产品;还有一些企业结合农村市场的特点改进销售方式,如扶植消费典型,对农业机械开展租赁、信贷销售,以货易货等。企业的这些举措实现了和农民的双赢,企业取得了自己预期的利润,农民买到了自己需要的商品,同时他们在这个过程中受到企业所展现的消费观念的启发,有利于自身消费观念的转变。

人口流动和文化反哺是农村家庭消费观念现代化的动力,鼓励农民多去城市体验现代化服务和现代消费,加强农村社区内部的人际交往则是社区消费观念现代化的巨大推动力。农村社区居民长期以来都保持着较为密切的交往。农民在村里的健身广场、公共茶室、麻将馆、自家院子里随心所欲地交流着村子里的公共事务和生活中的琐碎小事,各自的消费观念也在这样的交流中互相影响。为了充分利用农民之间频繁的人际交往给消费观念转变带来的积极作用,社区可以采取以下措施来促进农民消费观念的现代化转变:第一,充分利用农民消费的"邻居效应"引导农民消费观念转变。"邻居效应"是指消费者很容易受到邻居或者亲友消费习惯影响的一种从众性消费行为特点,也就是在一个居民聚集区中往往能看到各家各户使用相同或相似产品的"感性消费"现象。利用农民消费的"邻居效应"需要从多方面入手,一方面需要鼓励企业进入农村市场,健全完善农村销售体系,开展关系营销,另一方面也需要重视政策引导农村居民消费,促进农村消费者和企业的信息对称,拓展农村消费市场。第二,选择培养社区消费意见领袖,带领农民进行现代消费。当下大众传媒、政府、民间组织成为社区传播系统三大信息输入来源。社区消费意见领袖和社区成员同时接收社区信息,而消费意见领袖对信息接收更为主动,他们再将信息传播给其他社区成员。

总之,根据消费层面的不同可以选择生存消费、发展消费和享受消费三个层面的意见领袖分别加以培养;也可以根据影响范围的不同选择社区最有影响力的消费意见领袖,比如在不同职业类别、年龄阶段、地理范围等中进行选取。农村社区消费意见领袖作为消费信息的桥梁,沟通了传媒与社区成员。在新时期农村社区消费意见领袖呈现出细分化、群体化、影响多样化的发展趋势,因而要找准消费意见领袖,加强对他们的引导,使他们在带动农民消费观念现代化转变和发展农村消费潜力中发挥积极的作用。

第二章　社区健康服务：
整合传播下的综合促进策略

改革开放后,我国政府在农村医疗改革方面投入了大量的人力、物力,力争改变农村较为贫弱的医疗状况。但由于交通、人力资源队伍、工作条件等原因,农村地区的医疗工作仍然存在形式单一、方法生硬等问题;农村居民自身的健康观念、健康素质也有待提高,科学、文明、健康的行为习惯与生活方式需要进一步普及和塑造。

2011 年中国妇幼卫生事业发展报告显示,2010 年,农村 5 岁以下儿童死亡率为 20.1%,远高于城市的 7.3%[①]。2008 年第四次国家卫生服务调查分析结果则表明,农村地区 15 岁及以上人口吸烟率为 26.0%,高于城市的 22.5%;经常饮酒率为 9.3%,也高于城市居民的 8.6%[②]。2013 年第五次国家卫生服务调查数据显示,农村地区患者只有 29.8%的人认为住院看病不贵,16.7%的调查地农村居民应住院但未住院,未住院的主要原因则为经济困难[③]。农民健康状况和农村地区健康服务质量都有待进一步提高。

以江苏省为例,该省农村地区医疗卫生建设发展情况,一直以来高于全国平均水平。2013 年江苏省卫生事业发展统计简报显示,截至 2013 年底,全省新型农村合作医疗参合率继续保持在 98.0%以上,人均筹资达到 379 元,其中各级财政补助不低于 280 元,政策范围内住院费用报销比达 76.0%。全省 22 个县(不含县级市)共设有县级妇幼保健机构 22 所、县级疾病预防控制中心 22 所、县级卫生监督所 22 所。在农村医疗服务方面,乡镇卫生院诊疗人次、住院人数均有所增加;而与 2012 年相比,村卫生室、乡村医生和卫生员数量都有所减少。[④]

以上数据可以看出,江苏省农村卫生医疗服务普惠面正在不断扩大,乡镇卫生

---

① 《中国妇幼卫生事业发展报告(2011)》,http://www.gov.cn/gzdt/2011-09/21/content_1952953.htm.

② 卫生部统计信息中心编,《中国卫生服务调查——第四次家庭健康询问调查分析报告》(2008)。

③ 徐玲,孟群:《第五次国家卫生服务调查结果之一——居民满意度》,《中国卫生信息管理杂志》2014年第 2 期,第 104—105 页;《第五次国家卫生服务调查结果之二——卫生服务需要、需求和利用》,《中国卫生信息管理杂志》,2014 年第 3 期,第 193—194 页。

④ 江苏省卫生统计信息中心,《2013 江苏省卫生事业发展统计简报》,http://www.jswst.gov.cn/tjxx/ndtjgb/2014/04/04100743343.html.

院在农民健康生活中的作用正逐步提升。不过,就目前而言,乡村医生、村卫生室〔2013年底,全省共设15575个村卫生室。村卫生室中,执业(助理)医师有10850人,乡村医生和卫生员有39792人,其中乡村医生有38330人〕仍在农民的健康生活中扮演着重要的角色。因此,对村一级的农村社区卫生服务进行细致观察和深入研究,对探索农村地区健康促进的策略、方法和模式都有着积极的意义。此外,农村社区作为农村家庭管理的延伸和国家政策落实的载体,在结构上起着承上启下的作用,它是我们了解村民健康生活的直接入口,以之为基点进行实证调查,对于改进健康管理工作的质量和效果,推进农村健康教育与健康促进事业科学发展,都有着重要意义。

一、农村社区健康保障服务的现状与问题

农村健康保障服务按照服务的性质可以分为,以疾病治愈为主要内容的医疗服务和以健康观念传播为核心的健康宣传活动。医疗服务主要体现在农村社区卫生服务中心的使用上,健康宣传活动则是村内医师、健康信息意见领袖、普通村民共同参与的多层次活动。通过对社区卫生服务中心的使用情况及农民的需求进行考察,以及对村内健康宣传活动的状况进行调查和分析,有助于我们全面了解农村健康保障服务的现状和主要问题。

1. 社区卫生服务中心的使用与需求

农村社区卫生服务中心是2006年后国家为建构新型农村卫生服务体系,大力推广的农村健康保障机构。该机构以保护农村居民健康为目标,开展基本的医疗、疾病预防与控制、妇幼保健、健康教育、计划生育技术指导以及康复等服务,力求为农村居民提供优质、价廉、方便的综合卫生服务①。在近十年的发展中,农村社区卫生服务中心已经逐渐融入农民的日常健康生活。

调查显示,农村社区卫生服务中心已经在调查地中的村民的日常医疗保健中扮演了重要角色。如图2-1,有接近半数(43.1%)的村民表示对于感冒、腹泻一类的"小病"会去村内的社区卫生服务中心就诊。选择"去镇级及其以上的医院"的村民有24.3%,另分别有16.9%和15.7%的村民表示会"去药店或诊所"或"自己在家吃药"。可见对于"小病",村一级的社区医疗服务体系大体能够满足村民的需求。

当将年龄的因素加入考察后可以发现,35周岁及以下人群选择"自己在家吃药"和"去镇级以上医院就诊"的情况明显高于其他年龄组;而随着年龄的增长,对社区卫生服务中心的依赖程度也逐渐增加(图2-2)。在走访中,就有年轻人这样形容村里的社区卫生服务中心:

---

① 《江苏省农村社区卫生服务中心和服务站建设标准》。

我很少去(社区卫生服务中心)，我肚子疼去过一次，手上擦破皮去过一次，一般都去镇里，大病一般还得去城里。老年人可能去得多一些，他们没事情忙，去测测血压，就当是玩玩。①

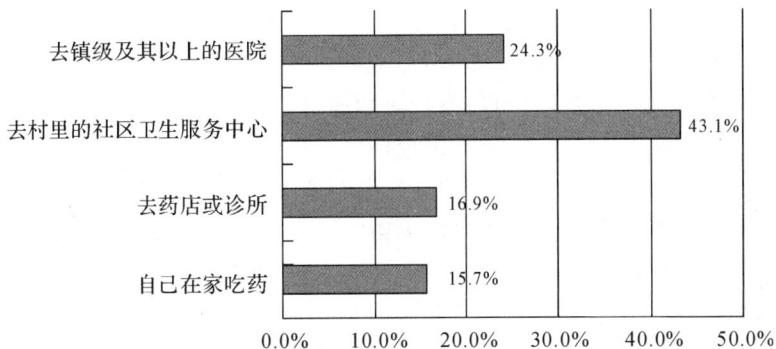

图 2-1 关于村民生小病后去哪里就诊的统计

几乎是与之呼应的，在谈到社区卫生服务中心时，村里的老年人向我们说道：

这里我经常来，上个月体检我也来的。我测血糖、血压，我年纪大了，怕死啊。我身体不舒服了就来测，发现有毛病，得早治好，晚了就不行了。他们(指村医)平常都在的，来了就可以测。②

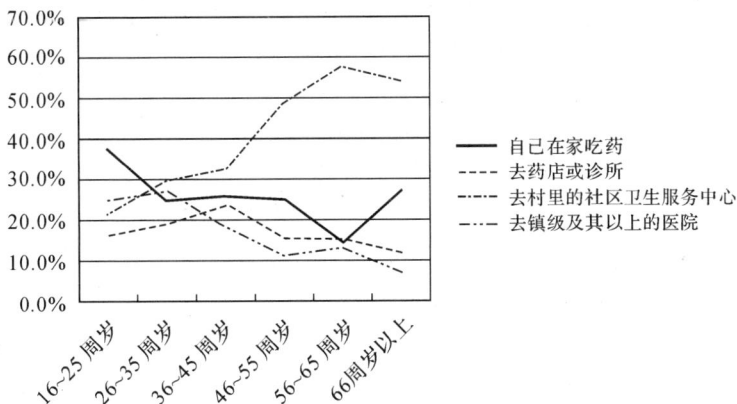

图 2-2 关于村民年龄与就诊情况的交叉分析

① 摘自访谈资料：2015 年 6 月 8 日，常州市儒林镇柚山村，受访者为该村村民储某。
② 摘自访谈资料：2015 年 6 月 8 日，常州市儒林镇后庄村，受访者为该村村民蒋某。

实际上,不同年龄层的人关于农村社区卫生服务中心的使用情况,与他们各自的健康状况和流动情况有很大关联。35周岁以下人群的健康状况和流动性一般优于其他年龄组,所以一般对于"小病"自己在家吃药已经可以解决,而去镇级以上医院就诊对这一年龄组的人群而言也相对方便。随着年龄的增长,人群的健康状况与流动性都逐渐降低,于是村内的社区卫生服务中心对于45周岁以上人群而言就显得十分重要。这一发现也提示我们,农村社区卫生服务中心在发挥村民基本医疗、疾病防控等功能的同时,可以有针对性地给予老年人更多的关注。

关于农村社区卫生服务中心,村民也提出了自己的期待,这些期待不仅反映了村民的真实需求,也为农村社区卫生服务中心的改进提供了重要参考。如图2-3以多选题形式调研所示,39.3%的村民希望"医护人员更专业",这不仅表明村民对医疗服务质量更高的期许,也表明当下农村社区卫生服务中心在硬件建设的同时,有必要对诸如人员能力、人才培养等软件设施加以关注。此外,"希望收费更加合理""希望大病小病都能医""希望能够提供上门服务"是村民关注的另几项重要问题,占比分别达到29.8%、27.7%和26.6%。另有17.8%的村民对当前社区卫生服务中心表示十分满意,认为不需要再改进。

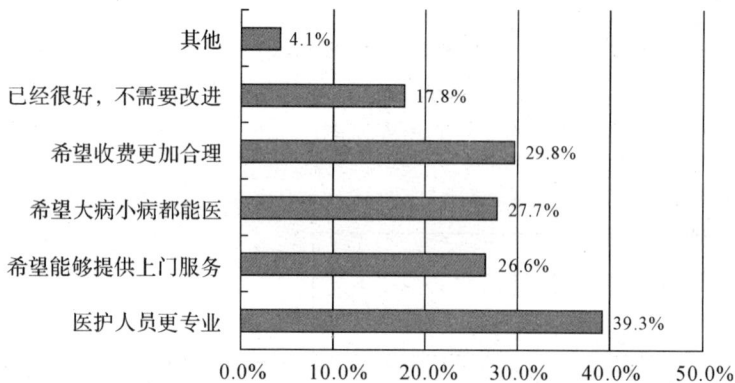

图2-3　关于村民对社区卫生服务中心的期望

这里的"不需要改进",事实上包含着村民对农村社区卫生服务中心功能的认知和定位。一位去年经历了胃切除手术的村民说:

> 看病前后花了有十多万吧,报了有百分之三十多,还有几千块钱的补助,总共可能报了有四五万块钱。现在村里(村委会,社区卫生服务中心)服务都好的,态度好。我是月底申请报销的,下个月月头就能打电话喊我去拿钱。(社区卫生服务中心)这样就行了哇,大病肯定要去市里的。①

① 摘自访谈资料:2015年6月8日,常州市儒林镇柚山村,受访者为该村村民赵某。

不难看到,在这部分村民眼中,尽管农村社区卫生服务中心无法直接解决"大病"问题,但是"看大病"在他们的认知中本身也不属于农村社区卫生服务中心应具有的职能,"大病"是市级医院需要解决的问题。对于农村社区卫生服务中心,好的服务是他们更为关心的内容。

总体来看,农民对于农村社区卫生服务中心抱有较为认可的态度,尤其是老年人对社区卫生服务中心的依赖度更高。年轻人由于身体健康状况和流动性的原因,虽然较少在社区卫生服务中心看病,但在他们的认知里,农村社区卫生服务中心的职能在于小病医治和疾病防治,而非大病医疗,所以目前的农村社区卫生服务中心基本能够满足他们的需求,而这种认知与国家预期中的农村社区卫生服务中心功能是相符的。

2.社区健康宣传活动的参与与期待

健康传播是普及健康知识、提升公众健康素养和促进人类健康、社会和谐发展的重要手段。农村社区健康宣传活动是农村地区健康传播的主要内容。在我们的调查中,64.6%的村民表示村内有举办过日常疾病预防、保健养生等健康宣传活动(图2-4),而参与过健康宣传活动的村民占知道村内有健康宣传村民的66.2%(图2-5),即实际在整体上只有约42.8%的村民参与过村内的健康宣传活动。

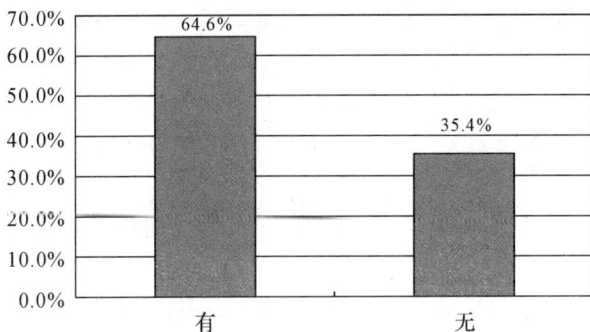

图 2-4 村内是否举办过日常疾病预防、保健养生等健康宣传活动

考虑到目前农村社区老龄化的日常生活状况,42.8%的参与率事实上已经较高。不少年轻人对于社区健康宣传活动有很矛盾的心理:

> 健康肯定重要,但是那个没有什么(作用),都是老年人去,我们要打工挣钱的,哪有时间去。自己身体自己清楚,不好就去医院看。[①]

可以看到,他们一方面期待有健康宣传活动,能够帮助他们在日常生活中保持

---

① 摘自访谈资料:2015 年 6 月 9 日,常州市儒林镇五叶村,受访者为该村村民王某。

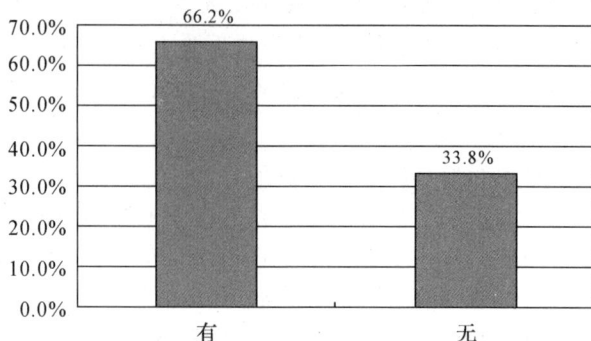

图 2-5　关于村民是否参加过村内举办的健康宣传活动的统计

健康,另一方面又由于时间有限和对村内社区卫生服务中心宣传的不完全认可而拒绝参与村内的健康宣传。

一位村医则向我们描述了完全不同的健康宣传活动的参与景象:

> 宣传活动每个月都有的,他们都来的。我们是有针对性的,一般上门叫(他们来参加健康讲座)。比如这期是讲高血压,我们就喊高血压的来,讲糖尿病的就喊糖尿病的来。他们的健康档案我们都有的,我们清楚他们的健康情况。三八妇女节的时候我们还搞妇女讲座,讲养生,讲怎么防衰老。他们都愿意来的。有时候是请外面的人,有时候我自己讲。一般一次四五十人吧,有时候一次来的人太多,我会让他们下次来。①

当我们将村医描述中较为火热的健康宣传情况向村民求证时,不少老年人表示基本认可,而年轻人则对此不甚了解甚至怀疑。村医则进一步表示,来参与活动的确实老年人居多,年轻人或者出门打工或者在外求学,很少有人参与其中。可见,42.8%健康宣传活动参与率的背后,有着更为复杂的参与背景,而年龄与工作性质则是其中最为重要的影响因素。

与之相关的,在对村民整体的问卷调查中,关于"为何不去参加村内的健康宣传活动"的统计显示(图 2-6),有超过半数(55.5%)的村民表示是由于"没时间",26.6%的村民则是因为"不知道有这样的活动"。另外,"离家太远不方便"和"没什么实用价值"也是村民不去参加村内健康宣传活动的重要原因。这些回答指出了当下农民与社区健康宣传活动之间的矛盾与关联,也为我们进一步探索更加有效、实用的健康宣传手法、健康宣传内容提供了参考。

关于健康服务,村民也表达了自己的需求,并且对这些需求都抱有一定的期

---

①　摘自访谈资料:2015 年 6 月 8 日,常州市儒林镇柚山村,受访者为该村村医。

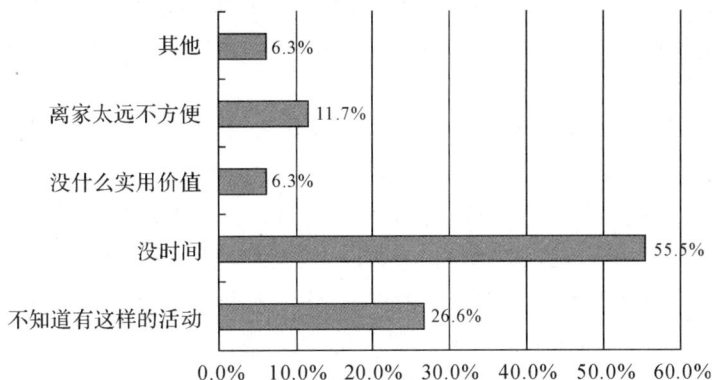

图 2-6　关于村民不去参加村内健康宣传活动原因的统计(多选题形式)

待。相比起较为务虚的"提供更多的健康知识"(48.5%)和较为长期的"追踪关注老年人和特殊人群健康状况"(43.4%),村民更加偏好"定期为村民体检"(66.9%)这样近在眼前并且务实的健康服务内容。调查中只有 10.1% 的村民表示"不需要"村内再提供任何健康服务,这里的"不需要"同样可以从农民对社区卫生服务中心的定位来理解,即认为当下社区提供的健康服务已经能满足农民的大部分需求,更进一步的需要则应该由其他部门来提供。

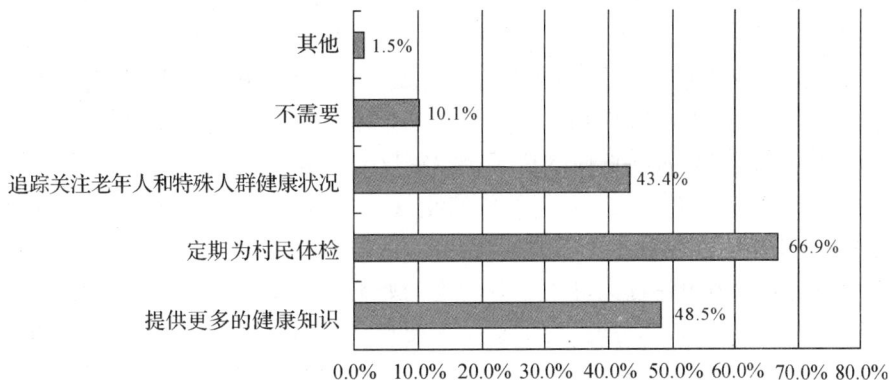

图 2-7　关于村民希望村内再提供哪些健康方面服务的统计(多选题形式)

综合而言,当前农民关于社区健康宣传活动的参与率在半数左右,且参与者主要是老年人。年轻人由于工作等客观原因,在社区健康宣传活动的参与上有一定的困难。且农民总体对待社区健康服务的需要体现出较为实用主义的倾向,即相对于较为"软性"的健康知识传播、健康观念树立,更为实际的体检更受到农民的欢迎。以上信息提醒我们,在社区健康服务的提供上,除了要有针对性地采用不同方法对不同人群进行宣传外,应该要有意识地引导村民健康观念的塑造,因为只有从健康观念上发生改变,不仅仅限于"务实"的体检,农民才有可能真正形成长远可靠的健康生活习惯。

3.老龄化社区的健康服务问题

截至 2008 年底,我国老年人口已达 1.69 亿人,占总人口的 12.8%。据民政部社会福利和慈善事业促进司的调查预期,到 2020 年,我国老年人口将达到 2.48 亿人,老龄化水平将达到 17.0%;预计到 2050 年进入重度老龄化阶段,届时我国老年人口将达到 4.37 亿人,占总人口 30.0% 以上。而农村老龄化程度一直高于城市,在 2008 年底的 1.69 亿人老龄化人口中,1.05 亿人是农村老年人,农村老龄人口规模是城市的 1.6 倍;而从老龄人口比重来看,城市老龄人口比重为 8.0%,农村老龄人口比重已超过 18.3%,农村老龄化程度是城市的 2.3 倍。

在常州和扬州共 4 镇 12 村的调查中,老龄化同样是我们遇到的突出问题。统计数据显示,调查地 66 周岁以上的老年人占调查总人口的 14.3%,56～65 周岁的人群约为 21.2%,两地农村老龄化问题已经十分严重。而按照老龄化社区的定义(60 岁及以上人口占总人口的 10% 或 65 岁及以上人口占总人口的 7% 的社区),调查地的 12 个村皆为老龄化社区,并且老龄化程度相当深。对于这些老龄化社区而言,健康问题是它们共同面对的最为重要的问题之一。

实际上,在"社区卫生服务中心的使用与需求"和"社区健康宣传活动的参与与期待"中,我们已经可以明显看到年龄因素对社区健康保障服务提供与使用的影响:老年人对社区卫生服务中心的使用频率更高,评价更加积极,对社区健康宣传活动的参与也相对更加主动;年轻人则由于健康平均状况优于老年人,且多在外打工或求学,身处社区内的时间有限,对社区卫生服务中心的使用相对较少,对社区内健康服务的评价和社区健康宣传活动的参与度也相对不高。

相较于年轻人,老年人对社区的依赖性、对健康服务的关注度和使用频率都较高,健康服务与健康观念在社区的落地主要依靠老年人实现。可以说,老年人已经在很大程度上成为农村社区健康服务实现的媒介。借由老年人,社区内的医疗服务、健康宣传成功嵌入到普通村民家庭,即便年轻人由于时间有限,对社区健康服务关注度不高,仍会在家庭中受到老年人行动的影响。一位村民在谈及家中患有高血压的老年人的健康活动时这样说道:

> 他们(家里老年人)和村医认识,有空就去(社区卫生服务中心),离家也不远。测血压总归没有坏处。有次叫我也去,我不去,没有那个时间,我身体好的。他们在一起都会聊高血压、糖尿病,回来会和我们讲。我们自己也关注这方面,家里老年人得这个(高血压)不可能不关注。但是他

们自己也会看。①

虽然该村民自己没有参与"测血压"，但从其表述中可以明显感受到其对测血压的认可，尤其是由于家中老年人患有高血压，社区卫生服务中心的测血压服务对其来说就十分有用并且必要。而老年人除了测血压外，自己也会关注并向儿女传递在社区中获得的健康信息，健康传播就在这些日常交谈中得以实现。在此过程中，老年人成为健康信息传递的关键角色，一方面他们亲身体验并直接获取社区中的健康信息，另一方面，他们又扮演家庭中健康信息的守门人，将社区内的健康信息向家庭传递。老年人不仅是社区健康服务的重点服务对象，也是健康服务本身的传递者。在这个意义上，老龄化社区中的健康服务与健康观念的落地问题必然要经由老年人群体来实现。

值得注意的是，在社区与老年人间的互动中，社区的宣传手法当前仍主要依赖人际传播、口头传播、宣传单等比较传统的方式，小纪镇花彭村的一位村医介绍了他们的健康宣传情况，该村的宣传模式也是其他农村社区较为常见和典型的宣传模式：

> 有健康教育和宣传，健康讲座3个月一次。每次几十个人会来参加，来的主要是老年人。我们主要是口头通知，各个组长再回去宣传通知。活动的内容一般是根据上面的安排来的。会打电话通知来量血压，都是直接打电话给本人。卫生室也有健康资料宣传单，是上面统一印发的，看得懂字的可以自己拿来看。②

而与小纪镇相距不远的曹甸镇已经开始利用短信平台来进行健康宣传。短信平台的优势在于，一方面能够节省上门通知和逐一打电话的人力成本，一方面还能有针对性地利用人们的碎片化时间进行健康宣传。小纪镇的手机普及情况并不比曹甸镇弱，那么，是什么原因导致两镇在短信平台的建设和使用上出现较大差异呢？常州市儒林镇柚山村一位村医关于该村的健康宣传情况介绍为我们提供了该问题的答案：

> （健康宣传活动）就是上门叫，上门叫的话他们都会来。有的时候也用电话，主要还是上门叫。不用短信，村里面都是老年人，他们不会用（手机），你发了，他们也不会看。上网就更不会了。年轻人都在外面。

---

① 摘自访谈资料：2015年6月6日，常州市儒林镇柚山村，受访者为村民储某。
② 摘自访谈资料：2015年6月9日，扬州市小纪镇花彭村，受访者为该村村医。

由于在村中居住的大部分都是老年人,健康宣传活动的主要参与者也是老年人,所以如何让老年人更好地接收信息是当下农村社区健康宣传首要考虑的问题。短信平台尽管在成本节约、传递速度上有着诸多优势,但于老年人而言,这些优势不仅可能由于他们媒介使用能力的缺乏而不成为优势,更可能造成传播障碍。

该现象其实提醒着我们,在农村社区的新媒体推进过程中,如何相应提升村民的媒介使用能力、增强包括老年人在内的媒介素养,是新时期社区建设、健康传播的一个基础性问题。如果老年人只能使用传统媒体,那么,社区健康传播的新媒体嵌入就注定很难与之发生关联。在儒林镇的某旅店老板娘向我们讲述了她的上网经验,从调查访谈情况来看,她的经验能够代表一部分正在使用网络的农村中的老年人的:

> (在访谈开始前,老板娘让研究员帮她搜索了孕妇280天,由于儿媳刚刚怀孕,老板娘非常想在网上了解此方面内容)他们年轻人(指自己的儿子和儿媳)不注意这个,到时候有点什么……你帮我查,查到就把网页放在收藏里面我看好后跟他们说。你找那种每天更新的,我好看。网上内容多的,有用的。平常我会让朋友帮我查。
>
> 我不会打字,之前我儿子要给我买苹果手机,我不要。我就用这个手机,笔画打字,我习惯了。虽然不会打字,但我一样上网,你点开这个(给研究员看了360导航),你看这个团购、购物、生活、健康都有的。广场舞我也会自己找的,我儿子教我的,打开百度,打"gcw"就有了。①

从老板娘的叙述可以看到,不少农村中老年人对网络中的健康信息有着较高的信任度并有着自己的上网经验。尽管他们中的大多数不会打字,但是通过浏览器导航、门户网站以及简单搜索,大多可以找到自己需要的日常健康方面的信息。只是一旦有了特定的健康信息需求,如老板娘提到的孕妇健康保健信息,这些日常网络经验就难以应用,从而需要依托他人进行信息获取。这其实为我们思考如何提升村民的媒介素养、提高村民的媒介使用能力提供了切入点:相较于健康网站推广、健康信息网络查询意识的培养,村民目前需要的可能是诸如打字等更为基础性、实用性的网络技能培训。

于政府而言,健康管理的核心在于用最小的医疗卫生服务成本来获得最大的健康福利收益。结合我国现阶段的经济发展情况和农村社区特点,在有限的财政能力下,对于老龄化社区的健康管理应该考虑充分利用社区卫生服务中心这一平台,以老年人为媒介,有重点地针对慢性病进行相应的健康宣传和健康预警。由于

---

① 摘自访谈资料:2015年6月7日,常州市儒林镇,受访者为村民李某。

老龄人口的疾病多为慢性疾病,生病周期长且会反复发作,没有特效根治药物,所以相比起治疗、治愈,指导老年人建立良好的生活习惯,树立自我保健为先导的观念就显得更加重要。在此过程中,乡村医生需要树立起"预防"的观念,并将之传递给社区成员,尤其是社区内的老年人;社区也应该逐步培育老年人的新媒体使用能力,从而让老年人能够在新媒体时代享受到媒介进步带来的健康收益。

总之,对以老龄化为重要特征的农村社区进行健康管理,需要充分利用社区卫生服务中心这一平台,重视老年人本身在社区内的传播地位,从而通过为村民,尤其是老年村民提供健康信息和生活方式指导等方式,帮助居民改变不健康的生活方式,减少诱发疾病的危险因素,防范疾病的发生。于政府而言,这相当于对老龄人口的健康维护进行前期投资——以减少生病概率的方式控制医疗卫生支出的快速增长。

二、农村社区健康服务体系建设的经验比较

从常州和扬州两地(以下简称为"常扬两地")的实地调查结果可以看到,随着人口老龄化进程的加速,农村社区将会释放出更多的医疗卫生服务需求。而考虑到政府有限的财力条件,必然要采取一定措施对农村社区进行有效的健康管理,从而以较小投入获得较大收益。在前一部分,基于老龄化社区的现状,我们已从社区卫生服务中心的利用和预防式健康观念传播的角度,对健康服务与健康观念的落地问题进行了讨论。接下来我们将介绍在常扬两地观察和了解到的更为具体的健康服务实地经验,以回应社区卫生服务中心的使用与需求及社区健康宣传活动的参与与期待。同时,我们还将从国外农村社区健康服务提供中汲取经验,以求为农村社区健康保障服务的完善与优化提供可能的参考。

1.居家养老:农村社区的健康服务实践

居家养老(服务),是指以家庭为核心、以社区为依托、以专业化服务为依靠,为居住在家的老年人提供以解决日常生活困难为主要内容的社会化服务。服务内容包括生活照料与医疗服务以及精神关爱服务。目前居家养老的形式主要有两种,一种是由经过专业培训的服务人员上门为老年人开展照料服务;另一种则是在社区创办老年人日间服务中心,为老年人提供日托服务。

扬州市小纪镇双富村的"幸福港湾"提供的服务即属于后一种居家养老形式。"幸福港湾"约有 20 平方米,里面活动设施、健身器材齐全。大学生村干部李主任向我们介绍了"幸福港湾"目前的情况:

> 幸福港湾主要面向老年人和残疾人,提供日间照顾,他们可以在这打牌、聚会、看电视、吃午饭、午休、洗澡。现在是试运营阶段,来的人不多。村里都宣传过了,一般是组长口头通知。也想在下一阶段向周边宣传,吸

引更多人来享受这个服务。①

如李主任所言,在我们的几次走访中都未发现有人前来。李主任推测可能由于是新建,大家都还不清楚,所以想组织一些集体活动,如每周组织一次老年人集体来打牌娱乐并且在这里吃饭。组织之后才能够形成一定的惯例和习惯。显然李主任对"幸福港湾"有极大的期待,未来还希望有外村的老年人或者残疾人能够来使用幸福港湾。类似于双富村"幸福港湾"的居家养老中心,在农村社区并不少见,唯一的区别只是硬件设施的丰富程度。很多居家养老中心的负责人也多持有和李主任相近的观点,期待通过宣传能够真正发挥这些地方的作用。但是,这些居家养老中心的实际使用情况大多不尽人意。

常州市儒林镇柚山村也有着自己的居家养老中心,同双富村的"幸福港湾"相比,这里显然在硬件设施建设上赢弱很多,面积不足5平方米的房间内只有三张床位。我们在几次走访中也未发现有老年人在此日托,而离此居家养老中心不远处的老年人活动室却人流涌动。同李主任对"幸福港湾"的热情期待不同,柚山村村委会的徐书记表示:

> 居家养老我们也想搞起来,主要就是针对那些独居或者无子女的老年人。但是这个很难,一个是经费问题,居家养老一般都是集体支付,个人享受,但是对于这个费用,村委会出全部是有难度的。还有一个,你搞起来,想来的人太多,现在在村子里老年人多,大多数子女都不在身边,你让这个来就不能不让那个来,所以我们暂时不开放。
>
> 老年人活动室是很不错的,你去看,老年人天天来,早的三四点钟就来了。我们专门雇了两个人烧水倒茶,茶叶钱都是村委会出,现在茶叶也用好的,过去是几块钱的,现在都是十几块钱的茶叶,一年茶叶就要用掉百十斤。那里面我们才买了55寸的电视机,老年人打打牌,看看电视。他们一般早上到十点,回家烧个饭,下午再接着来。②

不难发现,柚山村的居家养老中心和老年人活动室,实际是将双富村"幸福港湾"的功能进行了拆解,在居家养老方面,由于村内资源有限,在公平原则下,村委会很难实现老年人在居家养老中心的日托服务,于是在未找到合适的解决方案时,村委会对该问题进行了搁置;而老年人活动室则是将村委会有能力为老年人提供服务的部分进行了抽离,通过提供场地、物品等方式,切实实现为老年人服务的功

---

① 摘自访谈资料:2014年12月19日,扬州市小纪镇双富村,受访者为该村大学生村干部李某。
② 摘自访谈资料:2014年6月6日,常州市儒林镇柚山村,受访者为该村村支部书记徐某。

能。从资源利用的角度看,相较于双富村"幸福港湾"的冷落,柚山村这种拆分居家养老中心功能的做法,可能更适合资源有限的农村社区。不过,根本性问题在于,社区的居家养老功能仍未得到实现。

常州市儒林镇五叶村采用了和以上两者不同的居家养老方式,村委会并不将老年人集中在社区内的居家养老中心而提供服务,反而是通过雇佣经过专业培训的服务人员上门为老年人服务的方式开展居家养老。村支部陈书记向我们介绍了五叶村居家养老的主要内容:

> 村里今年(2014年)开办居家养老,每人每月750元。我们找人,他们上门给老年人洗衣服、做饭、打扫卫生。我们这个还可以定制的,比如你要做一顿中饭,我们也可以让人去做(做一顿中饭10元)。要全天护理,那个是要住到人家家里面去的,这个得包吃住,大概2500元一个月,不过这个村里面会补贴一部分,补贴300元一个人。现在(使用该项服务的)大概有20多个人了。[①]

五叶村的居家养老服务开办不足一年已有20多人在使用,可以说是相当骄人的成绩。该服务由于是雇佣专业人员上门服务,所以具有很大的灵活性,能够根据不同家庭的需求,有侧重地为老年人提供更为需要的服务,满足农村家庭的实际养老意愿。在其他村庄我们也发现了类似但略有不同的护理服务,如有村民表示:

> 保姆有的嘛,我家就请了保姆,家里有老年人中风了,需要人照顾,请了保姆,一个月给2500,都是在城里做过这些的熟人,有经验,不做了回村里了就请他来帮忙,但村里目前还没有提供这样的服务。[②]

五叶村居家养老的全天护理服务,和村民口中的雇佣保姆有着相似的性质,不同的是,由于是村委会提供服务,村民使用起来更加方便,也更加放心。据五叶村的陈书记介绍,以这样的方式开办居家养老,在儒林镇五叶村是首创,但他们也并非凭空想出这样的服务,而是发现村民在养老方面有着大量需求,于是村委会便试图将其组织起来,以期能更加有效、正规地提供服务。从实际操作来看,五叶村这种以家庭为单位的市场化居家养老模式有着相当大的可推广性,尤其是在拥有众多个人雇佣保姆情况的村庄,将这些分散的个人行为组织起来,可能有助于服务水平的提高和规模的扩大。

---

① 摘自访谈资料:2014年12月18日,常州市儒林镇五叶村,受访者为该村村支部书记陈某。

② 摘自访谈资料:2014年12月19日,常州市儒林镇后庄村,受访者为该村村民张某。

不过,值得注意的是,五叶村模式的居家养老服务也并不能解决所有问题。市场化行为往往会对贫困家庭造成很大影响,将之排除在服务范围之外,一位家庭贫困并患有中风的老年人说:

> 我得了这个病(中风),前后花了有两三万块,现在每天吃药要三四十块。吃药看病都是我儿子女儿出的钱,我们现在每个月拿160块,村里也给补贴,但是两个人一起就三百多块,这个就吃个饭,都是我儿子女儿养我们。我这个病可把她(老伴)害死了,她不好出去。她出去,我吃茶都不方便,大小便也是她(帮忙的)。这边雇保姆要2000块,一般2500～3000块,每个月都要,这个出不起。我就她照顾我。她天天跟着我,哪儿也去不了。①

可见,对于贫困家庭的老年人,市场化的居家养老模式并不适用,家庭成了他们最后的依靠。这就意味着,尽管在社区创办老年人日间服务中心,为老年人提供日托服务目前还并未真正实现,但村委会也不能完全放弃社区养老的功能。对于部分贫困家庭的老年人,社区如果能够分担其部分包括经济和精神层面的家庭负担,将对改善其整个家庭的生活有很大帮助。

一言以蔽之,农村社区居家养老服务体系的建设与发展是一个逐步推进的过程,在当前农村养老问题严峻的形势下,应立足现实需求,兼顾潜在需求,在以家庭为单位实施市场化策略的同时,照顾到部分贫困家庭的利益,进而形成以家庭为核心,以社区为平台,以社会养老服务网络为支撑的综合居家养老服务体系。

2.健康信息平台:新媒体嵌入的社区实践

随着新媒体技术在工作生活中的不断渗透,农村社区健康服务也开始逐步借用新媒体平台开展自身工作。通过新媒体技术的使用,乡村医生、相关负责人员,能够更加准确迅速地找到健康服务对象,并有针对性地开展健康服务。不过,从调查来看,当前农村社区中的新媒体嵌入还处于相对较低的水平,很多地区实际上尚未开始使用新媒体或是将新媒体功能局限于较为浅表的方面,新媒体的使用层次、使用范围都有待进一步扩展。

前文已经提及,扬州市曹甸镇的每个村庄都有着自己的短信平台,据周管村张书记介绍,该短信平台主要用来发布和医疗卫生相关的通知:

> 防保所有每家家长的电话,小孩要定期打针时就发个信息给家长。计生方面会针对村民的情况发布信息,假如家里面有孕妇,就会根据孕妇

---

① 摘自访谈资料:2014年6月7日,常州市儒林镇柚山村,受访者为该村村民蒋某。

情况告诉他们孕期的注意事项。还有一些医疗卫生通知也会通过短信发布。①

　　手机在农村地区的普及为农村社区健康传播提供了新的平台,从张书记的介绍中可以看到,通过短信将接种疫苗、计生信息传达给有需求的个体,这种做法不仅节省了以往上门通知的人力成本,也能够更加及时、更有针对性地实现信息的传递。但在我们的走访中,只有曹甸镇各村拥有并切实在使用短信平台,其他村庄并未有见到。

　　仔细观察曹甸镇短信平台传播的信息内容,可以发现,曹甸镇的短信平台主要用于关于孩童信息的家长沟通和孕妇计生健康信息的传播,只传播以上信息绝非偶然。这两类信息接收者主要为青年或是中年人。结合前文我们已经提及的农村社区健康宣传方式需要照顾老年人群体的媒介使用能力,不难理解为何曹甸镇只将上述信息作为短信平台的信息内容,因为当前农村社区的多数老年人并未具备相应的新媒体使用能力。

　　当前,尽管新媒体开始在农村社区中不断渗透,但从走访调查实践来看,新媒体在农村社区健康信息传播中若要切实应用,尚需要一段准备时间。不过不少农村社区已经开始进行多种可行实验,常州市礼嘉镇新辰村的施主任告诉我们,常州市就正在进行该方面的尝试,而农村社区则将在此过程中受益:

　　　　常州市建了一个一键通的电话服务平台,专门针对空巢老年人的,老年人有需要帮助的,只要拨打12340就可以,村委会会安排人为他们提供需要的服务。现在这个平台还在不断搭建中,以后建好了,能解决很多问题。②

　　据施主任说,12349电话服务平台将会设立专门的管理网络,届时将给每个空巢老年人发放一个接入网络的终端,老年人只要一键拨通12349,就可以寻求包括养老、家政、维修等的各类服务,健康服务自然是这些服务中的重点。由于该平台将复杂的网络程序放在了后台由专业人员进行处理,留给老年人的则是十分简单易用的电话前台,避开了当前村民媒介使用能力较为羸弱的问题。所以,该平台若能投入使用,确如施主任所言,将能解决农村社区内健康服务的很多问题。该平台尽管尚未建设完成,但从目前的功能来看,相当值得期待。

　　施主任所说的12349平台实际上在国内很多地区都已有实践,不过在不同的

---

① 摘自访谈资料:2014年12月19日,扬州市曹甸镇周管村,受访者为该村村支部书记张某。

② 摘自访谈资料:2014年12月19日,常州市礼嘉镇新辰村,受访者为该村妇女主任施某。

省份 12349 有着不同的功能。山东烟台的 12349 居家养老热线与施主任所期待的发展方式最为接近。烟台市芝罘区政府自 2013 年起,逐步开始成为 70 周岁以上老年人免费赠送一部手机,该手机将免费加入 12349 智慧养老集团网,免去老年人所有的月租费用。同时,老年人还可以免费拨打 12349 呼叫平台热线,实现居家养老服务到家;免费拨打 12349 集团网网内号码,实现智慧养老网内免费通话;免费绑定 1 个亲情号码,实现与家人、朋友免费通话。老年人如需拨打 12349 及亲情号以外的电话,则需自行预存电话费。

据烟台市中福养老服务呼叫中心负责人介绍,这种被称为"一键通"的新型养老运营模式是通过与中国联通公司合作,依托"中福养老服务呼叫中心",通过"政府购买服务"的形式,向全区 70 周岁以上的老年人提供福利性服务——凡是芝罘区户口且目前居住在芝罘区辖区内的 70 周岁以上的老年人,都可获得由联通公司免费赠送的一部价值 150 元的手机,凭此手机可享受"一键通"养老呼叫服务。每年 120 元的呼叫服务费,由政府全额负担,全区将有 3 万多名老年人受益。12349 已被称为"没有围墙的敬老院",12349 社区居家服务模式也已经在烟台全市推广。在服务范围上,12349 社区居家服务模式也已经不单单只针对老年群体了,家政服务、社区服务甚至买菜购物等功能也已经逐步向大众覆盖了。①

不过,需要注意的是,包括烟台市在内的不少城市的 12349 居家服务模式都是基于城市社区进行的实践,并未发现有切实在农村推广和应用的案例。常州市的该项尝试如果能够真正在农村社区落实,将很可能成为农村社区居家养老的一个开创性个案——不仅能够利用新媒体平台解决农村居民的健康、养老等问题,还能够在服务内容上率先实现城乡一体化,更为重要的是,该平台若能够将村民需求与社区服务直接关联起来,将能够有效节约政府服务成本,提高政府服务效率,进而有助于农村社区健康服务的全面提升。

总体而言,农村社区健康传播的新媒体嵌入尚处于不断完善和发展的过程中。实际上,不只是健康传播,整个农村社区内各类信息的传播都在新媒体的逐渐渗透中发生着改变。口头通知、宣传单册这些传统的健康传播方式,虽然适用于当前农村社区中的老年群体,但其是否依然适用于今后的农村社区需要慎重考虑,特别是在不少中老年村民已经认识到网络信息的重要作用之后。从几个村庄短信平台的较好使用和一键通电话服务平台的可能效果中我们应该看到,新媒体在健康信息平台中的应用将会成为一种趋势,而这种趋势的背后则是复杂技术的后台化和更为简便的前台操作方式的提供。

3."健康村":农村社区健康服务的他国经验

从新媒体嵌入中已经可以看到,农村健康信息传播、健康服务提供,并不是一

---

① 《一个电话一张卡 12349 居家养老服务送到家》,http://www.jiaodong.net/minsheng/system/2013/10/29/012079044.shtml.

个单一的过程,健康服务的提供与接收牵涉到农村社区整体发展的方方面面。换言之,若要从根源上解决农村社区的健康问题,必须寻求一种综合策略,只有多方协力、平衡发展,才可能发展出一个真正健康有序的乡村。"健康村"目前被认为是有效解决农村地区所面临的环境与健康问题的综合策略,从 20 世纪 90 年代初至21 世纪初,世界卫生组织所属的六个区都实施了健康村项目,联合国儿童基金会、联合国发展规划署和一些国家的政府都先后开展了健康村建设实践。

世界卫生组织对"健康村"的定义是"具有较低传染病发病率,人人享有基本卫生设施和服务,有着稳定、和平的社会环境,社区和谐发展的农村"。并认为健康村应具有以下特征:清洁和安全的自然环境;能够满足公众基本需要;社会环境和谐,惠及每个人;社区能够认识本地存在的健康与环境问题,并能参与问题的解决;社区成员能够共享经验,交流互动;历史和文化遗产得到保护和发扬;人人享受适宜的健康服务;经济发展多样化并具有创新性;所有居民拥有可持续使用的资源。世界卫生组织还强调,建设健康村应从两方面入手:健康需求与卫生资源评估,以及项目管理机构的建立。

当前,健康村的建设与研究在世界各地都取得了一定成果,发达国家与发展中国家纷纷参与其中。但在我国,健康村研究还处于起步阶段,包括江苏省"农民健康工程"活动在内,国内只有部分省份在近年开展了健康农村建设活动,但这些活动均未发现评价报告与科学文献报道。鉴于此,我们将对芬兰、叙利亚、马来西亚三国的健康村进行简要介绍,这三国分别在不同时期针对本国的特殊情况进行了健康村实验,并获得了卓有成效的结果,对我国新农村建设的实践、农村居民健康水平的提升有着较大的参考价值。

芬兰库奥皮奥大学于 1981 年在该国的萨沃省(Savo)开展了"健康活力农村"的研究,并在该项目基础上,于 1986 年正式启动健康村实验研究。芬兰健康村研究项目主要是为解决本国居高不下的心血管病死亡率问题。通过基线调查,芬兰项目组制定了目标与干预策略。三年后干预效果评价显示,干预村居民的膳食习惯、血脂血压等理化指标改善程度显著高于对照村。如干预村的血胆固醇的均值从 6.89 mmoL/L 下降到 6.23 mmoL/L（下降了 10.0%）,对照村从 6.41 mmoL/L下降到 6.02 mmoL/L(下降了 6.0%)。血浆维生素 C 含量在干预村上升了 53.0%,对照村则只上升了 29.0%。

项目组研究总结认为,该项目成功的三个关键因素是倡导健康的生活方式、村民广泛参与和跨部门合作。项目首先通过每个村委会选出健康村项目行动小组,行动小组成员由三位在本村享有声望的关键人物组成。之后项目组根据干预村的健康问题,每年开展两个健康促进项目。每月行动小组邀请健康行动、自我保健、营养、社会心理、社会支持、临床治疗、职业保健和康复等部门的代表或专家,举行村民研讨会。由村民组成研究小组,每周讨论健康烹饪、健身运动、急救和传播技巧。并且每年举行两次运动会和运动能力测量。研究最终证明,该项目的干预方式能够显著提高村民健康水平。

叙利亚作为发展中国家,与芬兰面临完全不同的国情。叙利亚的健康村项目于 1996 年开展,该项目得到世界卫生组织等国际组织及该国政府的资金和技术支持,卫生主管部门成立了专门的协调管理和技术指导机构,同时建立了覆盖整个农村地区的工作网络,形成了可持续发展机制。叙利亚首先在不同省份的三个村中启动并实施了健康村项目试点,截至 2005 年,叙利亚已经把成功的经验和做法推广到 13 个省的 525 个村。健康村项目使得该国农村地区的健康与社会状况得到极大改善。如 1 岁以下儿童疫苗接种率从 79.0% 提高到 100.0%;婴儿死亡率、孕产妇死亡率显著降低,妇女的健康意识和产期保健知识显著提高,卫生服务利用率如避孕药具使用率显著增加;当地农村地区常见的急性呼吸道感染、妇科病和皮肤利什曼病的发病率显著下降等。

研究认为,叙利亚健康村项目的以下干预措施对该项目取得成效具有重要意义:健康村理念与方法被各级机构广泛理解与认同;为健康村建设研究的实施,各村均建立了相应的组织机构并设立信息中心;政府出台了改善基本生活设施的政策;各方对健康重要性的认识普遍提高;健康村项目计划被纳入当地政府工作议程;建立了有效的跨部门合作伙伴关系;各级政府逐步形成了有力的政治承诺和支持;群众代表包括妇女代表主动参与项目实施;开展宣传与倡导,制作培训材料,卫生部门给予项目经费资助,合作伙伴在技术支持和计划制订方面给予帮助。

马来西亚 Sarawak 地区在农村实施了健康村项目,但又与以上两者不同。马来西亚项目的内容不仅包括传统的改水改厕等硬件建设,还包括健康的综合影响因素干预。通过提供知识、倡导与慢性病相关的行为与生活方式的改变,以及意外伤害预防,改善环境卫生和传染病预防等方法,该项目取得了较好的成果。通过健康村项目的实施,12 个健康村均出台了室内禁烟政策,制定了罚款措施,促使吸烟者开始戒烟。大多数的村开设了健身课程,开展有氧运动。通过培训志愿者,开展乳腺自检与其他的健康自查活动。超过一半的村采取了合理清理等防火措施。村民对村内环境进行了整治,清除垃圾、杂物,鸡、狗等家禽、家畜均被圈养,减少了传染病的发生。研究表明,该项目的实施策略受到了当地村民的广泛欢迎,促成了解决健康问题的跨部门合作机制。而采用动员村民志愿者这个方法的效果最为明显。项目建立的健康生活方式示范村,则对周边村庄产生了辐射带动作用。

芬兰项目以解决具体问题——心血管病死亡率——为核心,通过村民参与和跨部门合作,实现了健康生活方式在农村社区的普及。该项目的一个特色在于,有意识地借用了村内权威人物的声望将村民组织调动起来,并最终使得村民集体参与健康村的建立。叙利亚项目则以政府全方位布局规划为中心,通过不同政府部门的合作与协力,上下级政府间的沟通与协调,项目以一种强有力的方式注入农村社区,村民在政府的带动下以较高的效率改变着自身的行为习惯,并树立起健康生活新模式。马来西亚项目的特殊之处在于,在当下多注重健康村硬件设施建设的情况下,对健康进行了综合评定和考量,将更多与村民直接相关但以往不在测量范围内的"软性"健康建设指标考虑在内。

以上三个国家的健康村实践,从不同维度为农村社区内的健康问题解决、农村社区的健康保障服务供给提供了参考。通过开展健康村建设,以农村社区为单位,全面实施综合健康促进策略,不仅能使农村健康危害因素得到较好控制,使传染病和慢性非传染性疾病得到有效预防,还能使环境卫生、社会文化、经济发展得到明显改善。以村民参与为中心的社区传播则是实现健康村的基本保障。从健康服务体系创新的角度来看,"健康村"建设的综合实践值得期待。

三、农村社区健康传播:从家庭走向市场的健康促进策略

从前有分析中不难看到,贯穿当下农村社区健康保障服务提供与使用全过程的是农村社区内的健康传播问题。无论是不同年龄层次人群对农村社区卫生服务中心的使用态度,还是对社区健康宣传的理解,无论是不同农村社区开展的居家养老实践,还是健康信息平台的建设,都包含着不同群体间以健康为中心的信息传递与交换,农民在健康方面的认知、态度与行为也在此过程中逐渐形成。因此,要寻找可持续发展的健康促进策略,健康传播是十分合适的切入点。

与此同时,从前述的调查走访和他地经验研究中也不难发现,家庭、社区、市场作为与农民息息相关的三个场域,在农村社区健康传播中扮演了重要角色。因此,我们将以健康传播为起点,从家庭、社区、市场三方面入手,对农村社区健康保障服务的完善和提升提出可行策略,进而期待对农村社区健康保障服务的提升及农村社区健康促进策略的可持续发展有所助益。

1.面向家庭:农村健康观念的社区培育与家庭支持

家庭是指在婚姻关系、血缘关系或收养关系基础上产生的社会生活单位。家庭与其成员的健康生活息息相关。一方面,每个家庭都承担着其成员的健康责任,家庭关系、家庭的社会经济地位、家庭环境等都对家庭成员的健康状况、生活习惯有所影响;另一方面,家庭成员由于有着共同的生活环境、遗传背景以及行为方式,所以家庭是相似慢性病的多发地,家庭成员在某些健康危险因素上具有相似性。更为重要的是,于农民而言,家庭往往是他们医疗健康的最后依靠和保障。

在前述居家养老中提及的家庭贫困的中风老年人个案中,我们已经看到家庭对该老年人日常生活的重要性:在和老伴两人总计月收入不足四百元,而每天医药花费三四十元,社区支持也相较有限的情况下,儿女的赡养、老伴的照顾就显得尤为重要。不过,该个案更值得注意的方面是,老年人患中风前长期患有高血压,并最终由高血压引发脑中风——高血压的病因很多,但遗传、环境和年龄是其中最为

主要的原因,大约半数高血压患者有家族史,这意味着这位老年人的情况于其家庭而言实际有着更为深远的影响。老年人患中风后,老年人所在家庭对高血压和中风的知识大量增长,对其他家庭成员的高血压预防反而起到了正面的作用。

事实上,除了以该个案为代表的农村养老、农民健康问题迫切需要来自家庭的支持外,在前文中提及的包括社区卫生服务中心的使用、健康宣传活动的参与,在老龄化社区中,都期待着家庭的参与。要提高当前社区内健康资源的使用效率,不仅需要政府、社区的大力支持,家庭的切实参与也具有十分重要的意义。针对农村家庭进行健康教育,充分利用农村家庭来培育其成员的健康观念,有助于消除家庭成员间共有的健康风险,从而更好地达到社区整体健康的效果。结合经验调查和他地经验,以家庭为单位实现对村民的健康促进,主要可以从以下三方面入手。

首先,社区直接针对家庭全体成员进行健康教育,以提高家庭对其成员的健康支持能力。该种方法适用于成员多数在农村社区中生活的家庭,如以农耕、养殖、小家庭作坊等为主要营生手段的家庭。该类家庭多在村庄中聚族而居,家庭中人口流动情况较少,成员间的日常交流较多,经常能够实现家庭全体的互动与交流。对此类家庭进行全体成员的健康教育较为容易实现,也能够在健康教育后促使家庭成员间就某类健康话题进行更为广泛的讨论。一旦在该类家庭中实现了有效的健康信息引导,家庭内部的传播机制将自发实现健康信息在家庭成员中的循环传播。家庭成员之间的互动交流还有助于健康信息的正确理解,尤其对部分教育程度较低的人群来说,针对家庭全体成员进行健康教育能够弥补其信息接收的缺漏。

其次,通过培训家庭中主要的健康负责人——如家庭中对健康资讯更为关注的老年人,进而影响家庭全体成员的方式,实现家庭整体的健康教育。从目前农村的健康宣传实践来看,该种方式可能更符合并适合多数农村家庭的实际情况。前文中可以看到,农村家庭中的青年人多忙于工作、学习,对社区内的健康宣传活动大多不甚关心。但是家庭内信息传播和交流的存在,使得出身农村的年轻人,会经由家庭这一平台,潜移默化地接受上一辈人的影响。网络和手机在农村地区的普及,则为该种方式的健康信息传播和健康观念培育提供了便利。即便在外打工或求学,新媒体的介入仍然能够保证该方法的有效实现。于是借由老年人群体,从社区到家庭的健康知识传播就能够顺利完成。

再者,对家庭成员进行错位健康观念培育,以使家庭成员在具体健康问题上能够互相理解,相互支持。所谓的错位健康观念培育,是指不仅针对一级目标人群中的个体,而且针对家庭的其他成员进行健康教育。如在妇女保健中,增加对其丈夫的健康教育,让他们了解女性不同时期的健康需求与生理特点,知道如何正确地理解、关注和呵护处于不同时期中的妻子。又如老年人或慢性病患者健康教育中,不只是重点针对本人进行慢性病的防治教育,而且针对其家中的主要照料者,让他们知道如何照料慢性病患者,如何识别危险情况及其处理等。再如,针对青少年尤其是农村地区留守儿童的健康教育,除了向青少年本人进行健康知识宣传外,让其他家庭成员也参与其中,将有助于青少年健康教育的有效实现。

除此之外,社区还可以充分利用健康档案的功能,在个人档案之外建立家庭健康档案,通过梳理家庭基本情况、家系谱、家族病史、家庭健康主要问题等信息,针对不同家庭进行预防性的健康干预和指导,有计划地实现不同家庭健康观念培育和健康管理。在此过程中,根据不同的家庭特点,有侧重地寻求健康促进服务的家庭支持,不仅可以提高家庭健康促进效果的实现,也能够在不给家庭增加负担的情况下获得家庭的广泛支持。

总之,从注重个体健康服务向以家庭为单位进行群体健康服务转变,并力争获取家庭在健康观念培育方面的支持,对解决资源有限、需求旺盛的农村地区健康服务矛盾具有重要意义。在关注家庭内部关系网络和高效信息传播效果的同时,以上对策可以因时、因地、因人制宜。

2.回归社区:农村健康信息传播与社区网络利用

社区是衔接政府与民众的"社会共同体",担负着实现社会管理和促进社会转型的历史责任。[1] 农村社区是农村居民组成的社会生活共同体,是农村家庭管理的延伸和国家政策落实的载体。它在结构上承上启下,在功能上整合着农村社会最广泛的力量,因此是"国"与"家"之间解决相较分散却在分散中有着一定统一性的农村健康问题的重要场域,而健康问题则是始终嵌入在农村社区社会关系网络中的一个重要议题。

当前的农村社区,由于整体呈现老龄化态势,老年人是社区日常生活的主体。而健康问题又是老年人十分关心的问题,所以在农村社区的日常交往中,健康话题基本上随处可见。除了社区卫生服务中心、社区居家养老场所这些以医疗卫生为主要功能的空间外,老年活动室、棋牌室、茶馆等处,都可以见到人们就健康状况、健康信息进行交流。前述个案中也不难发现人们在访谈中提及的健康信息传播情况。健康信息伴随着个人的社会关系网络,不断在农村社区中传播和扩散。

但目前的农村社区健康传播,主要仍以口头通知、健康讲座、宣传布告等单向传播的方式实现。实际上,结合村民的社会关系网络,健康信息完全可以通过更符合农民交往习惯的人际传播方式进行双向互动并扩散。一旦将人际传播、农民的社会关系网络考虑进健康信息传播方式中,健康传播的方式就更加多样灵活。具体而言,可以从场所、意见领袖、媒介技术三方面充分开发社会关系网络的作用,进而促进健康信息在农村社区能得到更好的传播。

其一,充分利用农村社区内较为活跃的人际互动场所进行健康信息传播。健康信息传播场所不应局限于社区卫生服务中心等固定场所内,尽管这些场所对于

---

① 罗中枢、王卓著:《公民社会与农村社区治理》,社会科学文献出版社,2010年,第1页。

集中宣传健康知识有重要作用,但在走访中,我们也看到部分村民对于这类宣传的不认可,认为传播的知识太陈旧、参与不方便。这实际上反映了传播者与受传者之间沟通的缺乏——社区健康信息的管理者以传播信息、服务村民为目的,却拘泥于形式;广大村民则以寻求于自身有用的健康信息和信息获取便利为导向——两者之间矛盾的直接反映便是健康宣传活动的参与程度,管理者的健康信息传播愿望最终却被村民们拒之门外,不能不说是一种遗憾。

在人际互动更为活跃的场所,如茶馆内,人们在接受传播时的心态往往更为平和、放松,也更容易就某一话题形成讨论,若能在此场所内对特定健康话题进行讨论并适当加以引导,将为人们健康信息的接受提供方便,并能保证健康知识更为有效地进行传达。当然,这并不意味着对社区卫生服务中心健康信息传播的舍弃。社区卫生服务中心的健康信息宣传较为稳定均衡,应该是健康信息传播的基本保障。在诸如茶馆等人际互动更为活跃场所的健康信息传播应该成为稳定宣传的重要补充,只有动静结合,才能真正"接地气"地实现健康信息的顺利流通。

其二,充分利用意见领袖的社会关系网络进行健康观念、健康服务的传达。尽管每个个体均有自己的社会关系网,但意见领袖往往处在不同社会关系网中更为重要的位置。于是通过意见领袖对农村健康生活进行引导,相较于依靠非意见领袖,从传播效率上说更有实践价值。特别是在农村地区,社区内的意见领袖往往都是村中能人,他们对健康信息的收集和健康生活方式的采纳,往往都锚定着整个农村社区未来的健康服务发展方向。

农村社区内的健康观念、健康服务,可以尝试以与健康传播意见领袖事先沟通的方式进行提供。通过事先沟通,社区可以借由意见领袖了解到农民真实的需求和可能的反应,而意见领袖也可以借由自身的社会关系网络,将健康服务试点性地传递给一部分人,从而为健康观念、健康服务的广泛接受做铺垫。需要注意的是,我们应该将意见领袖理解为复数名词而非单数名词,因为从根本上说,农村社区内并不存在单一的意见领袖,即使是出现了独一无二的意见领袖,他也一定会有自己惯常的活动场域,这一场域可能是家庭或是朋友圈,而对于这些场域中的人,我们都可以将之视作意见领袖而予以同等关注。

其三,充分利用并建设开发健康信息平台,特别注重健康信息平台多向互动功能的实现。当前农村社区健康信息平台的建设还在进行中,部分已经建立起的健康信息平台,如前文中所见的短信平台,多还局限于简单的信息传递,并没有很好实现多向互动功能。随着网络技术的不断普及,新媒体在农村社区的嵌入必将不断加深,这为完善健康信息平台提供了有效的保障。

但在平台硬件建设的同时,基层政府和社区健康服务相关工作人员更需要在观念上树立互动意识,从"对农民说话"变为"与农民对话",并主动将农民纳入到自身的社会关系网络中。当前的农村社区由于政策规划原因,规模都在不断扩大,自然村已经不太多见,基层工作人员与村民的距离也在村与村的合并中被无形拉大。这就需要基层工作人员在日常生活中更加关注村民的健康需求,更加注重主动与村民进行日常互动,只有这样,才能弥补由于行政村规模扩大带来的与村民关系疏远的缺陷。与此同时,社区还需不断培养、提高农民的媒介素养,使农民能够合理有序地在健康信息平台上表达自己的需求。通过村民和基层政府的共同努力,健康信息在农村社区内的传播将最大程度实现高效有序的良性循环。

作为家庭延伸的农村社区,由于建立在不同个体互相交织的社会关系网络基础上,有着较强的贴近现实的健康问题的解决能力,并在健康服务提供上体现着分散健康问题处理的规模效应。通过综合调动并利用社区内的社会关系网络,从场所、意见领袖、媒介技术等方面将健康信息传播有意识地嵌入在社会关系网络的关键节点,不仅有助于农村社区健康服务的提供,也有助于农民更好地接受健康信息,从健康服务中受益。

3. 走向市场:农村健康服务市场意识的社区传播

随着我国经济的快速发展,社会结构的深刻变化,农民对健康服务的需求愈加强烈而多样。于是,农民日益增长的健康服务需求和政府有限的回应能力之间的矛盾日渐凸显。在民间力量、第三部门不同程度涉足公共服务领域的当下,政府独揽一切的时代渐成过去。然而,在广大农村社区,基层政府仍然把握着主要资源,垄断地位明显,如何引入市场化竞争机制,激发农村社区多方参与的活力,是当下提供农村社区健康服务需要认真考虑的问题。

前述调查显示,有部分农村社区已从居家养老等服务开始尝试政府购买服务的实践。这种实践的背后实际上是治理思想的形成:通过将健康服务的生产和供给分开,社区组织起市场力量来提供服务,这不仅减轻了政府工作的压力,也使服务能够在竞争的作用下更加有效、专业化。于农民而言,政府购买健康服务相较于分散个体购买服务的行为更加可靠,而政府购买并统一提供服务的方式也给农民的健康生活带来了方便。

综上而言,在区分健康服务类型和对象的前提条件下,农村社区可以尝试以社区服务市场化的方式,充分利用社会资源,引入市场机制,使更多农民享受到社会经济发展带来的好处。在实际操作上,农村健康服务市场意识首先应该在基层政府中获得认同,进而传播给社会组织和先富农民,使其能够参与其中,从而在多方努力下营造一个健康有益的社区整体环境,促进健康服务购买的顺利实施。具体而言包括以下内容。

第一,农村社区应该树立起市场意识,担负起组织市场的责任,并规范自身的购买行为,公开透明的社区传播则应该成为市场行为的重要监督手段。农村社区最能了解农民的健康需求,并能够将分散的农村家庭整合起来。所以,农村社区理应成为农民健康服务市场行为的代表,担负起组织市场、购买服务的责任。由于社区购买行为直接影响着村民健康服务的整体使用质量,因此,以规范的方式将购买过程同村民进行商议并公开是社区职责的必然。

在此过程中,规范的市场化服务意识需要在农村社区基层管理者中首先形成,而形成的过程则可以通过人际、组织等各种传播形式实现。与规范相对的,包括人际传播、组织传播、大众传播在内的各种传播方式,也应该成为农村社区内健康服务市场化监督的重要方式。规范与监督可谓是农村社区健康服务市场化的一体两面:规范自上而下,是农村社区基层管理者主导的健康服务新形式的尝试;监督自下而上,是村民对农村社区健康服务市场化的直接反馈。

第二,农村社区内应广泛传播健康服务的市场意识,让先富农民摆脱"等靠要"的健康服务习惯,在能力可及范围内通过市场解决自身的健康需求。尽管健康服务作为公共服务的重要方面,应当公平满足群众需求,但在实践中,先富农民往往由于经济和文化等原因,具有更高的健康服务需求。这些需求若由社区满足,将会使用大量社区资源,反而会引发健康资源使用的不公。因此,应当广泛宣传健康服务的市场意识,让部分先富农民通过自身的可及资源,参与市场购买,进而通过市场解决这部分农民的健康需求。

值得注意的是,对先富农民健康服务市场意识的宣传,可以同意见领袖的健康宣传联系起来。由于经济在乡土社会中几乎有无可置疑的重要性,先富农民往往也都是村中的意见领袖。意见领袖对健康信息传播的意义在前文已提,但此处需要强调的是,先富农民的健康服务市场意识的养成,将有助于整个农村社区健康服务市场意识的培育:在村民尚不具备消费能力之时,健康服务市场化自然与之相距甚远;但随着农村社会整体生活水平的提高,农民生活质量的改善和健康服务需求的提升,先前种植下的健康服务市场意识,将能够帮助农村社区减轻健康服务压力,帮助农民在力所能及的范围内,获得自身所需的健康服务。

第三,农村社区需要同非营利性组织及其志愿者等进行沟通,在非营利组织、志愿者群体间传播市场竞争意识,并鼓励有能力的村民参与到志愿活动中。当前农村社区健康服务的提供与购买不少都依赖于非营利组织和其志愿者,然而我国目前非营利组织发育还不健全,自主性、自治性和服务性能力较弱,缺乏成熟的运作能力和可靠的竞争实力,志愿者则更是呈现出暂时性、一次性的服务态势。于农村社区而言,这些都不利于稳定而高质量地提供健康服务。

在非营利组织及其志愿者群体中传播竞争意识,实际上是期待能够更加高效而有序地提供社区服务。志愿服务固然值得提倡和褒扬,但若组织管理不当反而会给农村社区整体健康服务的提高带来不稳定的因素。于非营利组织及其志愿者而言,竞争意识的树立也有利于服务水平和质量的提升。而从村民的立场看,参与志愿群体则更加是一个双赢的结果:一方面村民参与志愿服务能够在服务他人的同时提升自身能力,扩展人际关系网;另一方面,被服务的村民则能够以最低的成本享受到健康志愿服务。

　　最后,需要特别注意的是,尽管面向市场能够给农村社区健康服务的提供带来益处,但我们也要意识到公共服务市场化带来的潜在危险。对于农村社区内更多缺乏经济资本的普通家庭、贫困家庭而言,市场化反而有可能使他们离部分健康服务更加遥远。所以,健康服务的市场化也仅是在一定限度内有效。

　　总之,农村社区的健康保障服务只有在政府、社区、村民、社会组织等多方合力、共同协作下,才有可能真正惠及于民,普惠于民。社区传播则将成为并应该成为整合多方力量的重要媒介。只有充分利用社区传播,农村社区内的健康服务才可能有序、高效、稳定地得到实现。

第三章　社区环境卫生服务：
新农村生活美学的传播与实践

　　环境卫生状况的好坏影响着人民生活水平的高低。很长一段时间以来,我国的经济发展以牺牲环境卫生为代价,最后却由于环境卫生的恶化制约了经济的发展。近年来,我国城市的环境卫生问题日益得到重视,一系列治理措施纷纷出台,有效地改善了城市人居环境。然而在广大农村地区,环境卫生状况却不容乐观。一方面农村传统生活方式给环境卫生造成了巨大压力,另一方面城市污染逐渐向农村蔓延,两者叠加使得农村的人居环境不断恶化,已经影响到农村人口的日常生活,影响到新农村的建设,成为建设社会主义和谐社会的一大障碍。

　　加强环境卫生整治,对于提高人居环境质量、满足城乡居民不断增长的物质文化生活需求具有重要意义。为了提高农村环境卫生水平,我国政府自 2006 年以来,连续 10 个中央一号文件都强调了农村环境卫生整治问题。2015 年中央一号文件提出:"全面推进农村人居环境整治。完善县域村镇体系规划和村庄规划,强化规划的科学性和约束力。改善农民居住条件,搞好农村公共服务设施配套,推进山水林田路综合治理。继续支持农村环境集中连片整治,加快推进农村河塘综合整治,开展农村垃圾专项整治,加大农村污水处理和改厕力度,加快改善村庄卫生状况。"2014 年年底发布的《国务院关于进一步加强新时期爱国卫生工作的意见》强调把爱国卫生工作深入持久地开展下去,进一步提高群众的健康意识和健康水平,提出"深入开展城乡环境卫生整治行动","努力创造促进健康的良好环境"。全国爱卫会据此制定了《2015 年全国爱国卫生工作要点》,为启动新一轮全国城乡环境卫生整治行动制订了执行计划。

　　江苏省也于 2013 年年底发布了《江苏省爱国卫生条例》,明确了本省的爱国卫生运动的管理组织和职责,对环境卫生治理和卫生创建工作做了具体部署,指出"农村生活污水处理、公厕、生活垃圾收集和中转等卫生基础设施的用地布局和建设要求,应当纳入镇规划、乡规划、村庄规划",并对农村生活污水处理、改厕、生活垃圾处理等工作做出规划。条例还规定,每年四月为全省爱国卫生月,集中开展爱国卫生活动。

　　全省各乡镇积极响应号召,在环境卫生整治和卫生创建工作中取得了一系列成就。本次调查涉及的 4 个镇均先后创成"全国环境优美镇"。其中扬州市江都区小纪镇和常州市武进区礼嘉镇先后创成"国家卫生镇"。此外各镇还曾获得卫生创建的其他殊荣。这一切都显示出当地政府及居民对于农村环境卫生整治工作的重视和努力。

一、农村社区环境卫生服务的现状与需求

了解农村环境卫生整治的现状是进一步研究的基础。因此，我们从服务主体、服务内容、服务客体三方面对当前农村环境卫生整治工作的现状进行调查。首先了解了农村社区参与环境卫生整治的各组织的结构和职责，进而调查当前农村社区已经开展了的环境卫生整治工作，同时也通过问卷测量了农村居民对于生活垃圾处理的认知和评价，希望以此探究农村居民的环境卫生意识水平。

1. 服务主体的结构和职责

环境卫生整治是当前农村的工作重点之一，各村的领导班子里都会有专门负责环卫工作的人员，有的村甚至组建了环境综合整治办公室，专门负责本村的环境卫生工作。

以扬州市小纪镇花彭村为例，该村组建的环境综合整治办公室设有一个领导小组，组长由村支部书记担任，另有副组长一人，成员四人；同时设有办公室主任一名，办公室副主任一名，成员四名。在领导小组之下，成立了一个保洁队伍，包括一名环保员，两名清运员，五名保洁员，负责全村的具体保洁工作。环境综合整治办公室负责对各组、各保洁段面、保洁队伍的考核，考核标准依据市镇两级考核细则采取现场考核，并以百分制赋分，将定期考核与不定期动态考核相结合。考核结果张榜上墙，并与工资报酬挂钩。保洁清运人员采取聘用制，对在平时考核中连续三次不满85分或不胜任该项工作的给予辞退。这种考核和聘用的制度比较有效地刺激了保洁员的工作积极性，因而各村基本都在采用。但是制度和人情的冲突也时有发生。由于农村社区成员大多彼此熟识，村干部作为制度执行者，同样也是社区的一员，因此有时难免对不合格的工作成果睁一只眼闭一只眼，导致制度无法完全得到落实。

对于当前环境卫生整治工作中存在的问题和困难，村干部们认为最大的难题就是资金不足：

> （问题）主要是缺乏资金，没有规范的制度和政策保证资金到位。我们现在做这些的钱是以项目资金为主，配套资金为辅，比如村里要修路的话，可以申请1411项目的立项，项目拨款10万，村民再自筹5万，也有一些企业赞助，但这些钱远远不够。①

---

① 摘自访谈资料：2015年1月15日，扬州市小纪镇双富村，受访人为该村村支部书记金某。

资金的缺乏不仅仅是环境卫生工作的障碍,也是农村各方面工作共同遭遇的瓶颈。为了获得更充足的建设资金,村两委通常会寻求当地企业的赞助。我们调查的各村基本都获得过企业的资金支援,其中常州市的"光彩基金"为农村建设提供了很大的扶持。但是企业的赞助更多地用于基础设施建设、扶贫救助、支教助学等方面,专门用于环境卫生整治的资金并不多。而且企业通常只提供财力的帮助,在人力或其他方面提供的支持有限。

农村社区的环境卫生整治光靠村干部的工作激情和企业的资金援助是远远不够的,整治的成果惠及的是全体村民,因此必须紧紧依靠全体村民这个群体,将其纳入服务主体的系统中来。

如何引导、发动群众积极投身于环境卫生整治服务工作之中?扬州市曹甸镇崔堡村创新工作思路,以村为单位成立新农村建设理事会。新农村建设理事会是由村两委牵头成立的民间组织,成员为普通村民,但由村两委提名选举,旨在解决一些村两委不好办而村民自己又办不了的实际问题。以旧厕所、猪舍的拆除为例,旧厕所和猪舍的使用是村民世代延续下来且早已习惯的生活方式,而且数量众多,如果仅靠村两委干部来实施,一方面工作人员人数较少、工作任务重,另一方面则容易让村民误解为要征地拆迁。因此,由村两委出面办这件事,阻力较大,十分棘手,但村级组织不集中推进而仅靠村民自己也不能达到自觉拆除的效果。

于是,新农村建设理事会主动介入,以小组为单位,上门宣传政策,让村民意识到这是从村民的健康和利益出发而施行的实事工程,从而说服村民配合村里工作,帮助村民树立新农村建设主人翁意识。经过一段时间的工作,崔堡村已拆除了近500座旧厕所和猪舍,工作进展顺利,使全村环境卫生状况得到了明显改善。此外,23名理事成员把环卫监管作为自己的义务,对自己分工范围内的农户分别做思想工作,并且在农忙和节假日需要人手时,亲自动手搞卫生,以自己的模范义务劳动影响和带动他人,为创造优美宜居环境做贡献。崔堡村的新农村建设理事会让一部分村民成为社区建设中的"中转站",在村两委和村民之间搭建起沟通服务的桥梁。但由于是村两委牵头成立的组织,理事会的职责是辅助村两委开展工作,而非站在村民的立场去表达村民的利益诉求,因此这一组织发挥的沟通作用是单向的。

在现有的三类主体中,村两委发挥着主导作用,企业提供资金支持,村民自治组织提供协助服务,但后两者的支持力度始终有限。村两委主要依靠上级部门的政策和资源开展工作,较少独立地进行社区服务的创新。大多数村干部的思想仍趋于保守,习惯"单打独斗",不愿与第三方合作。我们访谈的一名村干部解释了不合作的原因:

和第三方合作比较麻烦,很多东西理不清楚就容易出问题,而且目前遇到的困难是我们自己基本都能解决,也不用找人合作。村里能够担负的都会自己担负,一般很少去跟非政府组织合作,村里面一般能够自己解决的也不会去麻烦别人。①

村干部的担心也绝非空穴来风。政府组织与第三方合作涉及多方面的协调,也事关多方的利益,因此必须谨慎处理。基层政府组织相对缺乏自主寻求合作的权力,导致基层干部只能"单打独斗"。由此可以看出,缺乏完善合理的相关制度保障是导致合作难以展开的主要原因,"怕麻烦"则对合作方式和流程的简便性与安全性提出了要求。

2.服务内容的分类与开展

当前农村社区环境卫生服务主要分为两大块:一是相关基础设施的建设,包括生活垃圾处理、公厕建设、户厕改造、禽畜圈舍改造、社区绿化等,此为"硬件"服务;二是相关政策和观念的宣传,包括环境卫生政策的传达、环境卫生意识的培养、环卫活动的开展等,此为"软件"服务。

以生活垃圾处理为例,《江苏省爱国卫生条例》第二十条规定:地方各级人民政府应当加强城乡生活垃圾收集、运输、处置设施建设,推进生活垃圾分类投放、收运和处置。农村生活垃圾应当采用资源化利用等源头减量措施,实行组保洁、村收集、乡镇转运、县(市)处理,提高无害化处理水平。我们调查的村镇县市基本都已经实现了"组保洁、村收集、乡镇转运、县(市)处理",调查涉及的12个村均设有上百个垃圾箱,同时配有保洁员,垃圾箱和保洁员的数量都与各村面积大小和人口多少相关。曹南村是扬州市曹甸镇的行政中心,人口较多,每个生产组都配有一名保洁员,一共有20多名保洁员;而扬州市小纪镇花彭村人口相对较少,尽管村庄面积较大,但仅有4名保洁员。

各村保洁员的工作内容和质量也有所差别,常州市儒林镇柚山村的保洁人员同城市内清洁人员一样,有专人管理和明确分工;扬州市小纪镇东舍村的保洁员每天都会清理各个垃圾箱,将垃圾送往中转站;而扬州市小纪镇双富村则是三五天清理一次垃圾箱。

此外我们在各村走访时发现大部分村庄的垃圾箱都是水泥修筑的一间小房子,一侧安装上对开的铁门,铁门通常打开,村民将垃圾从铁门扔进垃圾箱,但也能见到将垃圾扔在门边而未扔进垃圾箱里的情况,使得垃圾箱附近的地面往往污渍斑斑,气味难闻,成为整个社区环境卫生的"重灾区"。

大多数村庄的垃圾箱并没有分类,所有垃圾都堆放在一起。有的村的垃圾箱分为"可回收"与"不可回收"两类,但我们观察到里面的垃圾并不是完全与分类对

① 摘自访谈资料:2015年1月12日,扬州市曹甸镇崔堡村,受访人为该村妇女主任张某。

67

应的,并且在和村干部的访谈里我们得知这种分类垃圾箱在农村并不完全适用:

> 开始也考虑过垃圾分类,用了那种分类垃圾的桶,但在这里不适用。一是因为垃圾桶太小,二是农村的垃圾和城市的很不一样,比如有的居民会把农作物收回家,像蚕豆的杆和豆荚等,这些垃圾又多,又不好分类。所以暂时只能先放掉这一块的工作。①

也有村干部表示农村不需要垃圾分类,村民会自觉地把可以回收的垃圾收集起来拿去废品站卖钱,不能卖钱的才扔掉。这表明部分干部对于垃圾分类的理解仅仅停留在"能回收卖钱"和"不能回收卖钱"的区别上。

在公厕建造上,我们调研的各村都至少修建了一座公厕,并且安排了专门的保洁员负责公厕的清洁卫生。而户厕改造也完成了绝大部分,村民家中的鸡舍猪圈绝大部分也得到了拆除。生活污水大多也通过下水道和阴沟得以排泄,但我们仍然见到一些居民将污水倾倒在宅前屋后的地面。此外,社区绿化和美化也是各村环境卫生工作的重点。滨河花园社区是新建的农民集中居住的社区,其布局和规划与城市小区相仿。楼房与楼房之间是绿化带,公共活动区域也设置了大面积的花圃。花圃一侧设置了统一的不锈钢晾晒杆,杜绝了居民自己乱搭、乱晾衣物的情况;各家窗户外的防护栏也是统一安装,使楼房外观呈现出整洁有序的面貌。一般情况下,社区公共区域禁止私人晾晒谷物,但考虑到有的居民仍旧从事农业生产,秋收时节需要晾晒粮食,社区里的大块空地会临时作为晒场供居民使用。而我们调研的其他农村社区则都是传统的散居形态,很难像滨河花园社区这样统一规划,晾晒衣物都是各家自己牵绳搭架,房屋外墙的装饰也是五花八门,晾晒谷物更是哪里有空地就在哪里晒,有的村民甚至在马路上晒粮食。

在硬件建设的同时,软件建设也在进行。政策的传达和观念的培养主要通过宣传和教育来实现。

组织传播在政策传达上起着基础性作用。国家或省市的环境卫生政策主要通过各级会议传达到农村基层社区,在组织上主要是"党委—支部—生产队"这样的一条线。到了村支部这一层级,除了干部在会议上宣讲,还会利用远程教育系统向村民代表播放一些政策宣传片。

> 政府的这些政策由各村支部往下传达,从上到下的进行宣传。村支部书记把各个生产队的协管员(以前叫队长)召集起来开个会,需要的话还有各个片的片长到下面去跟老百姓面对面的开会,把这个政策宣传好。

① 摘自访谈资料:2015年6月6日,扬州市曹甸镇滨河花园社区,受访者为社区物管主任顾某。

每年的党建活动和冬训班的资料会发在我们的远程教育系统里面,通过这个进行再次播放。村里的组织宣传主要就是党委支部在搞。主要还是靠支部维系和下面的联系把政策往下推。①

村党支部组织的远程教育一般一个月一次,通常在村委会议室播放教育片,包括党建教育、政策法规、农业技术培训等,总的来说,环境卫生政策所占比例不高。

会议和讲座作为组织传播的方式,其优势在于及时、高效,但也存在内容无聊、形式化等固有的问题。许多村民将参加这些会议和讲座当成任务,到场以后并没有获取到有用的信息。一名村医描述了卫生讲座的情景:

> 通知他们(指村民)来参加讲座,他们肯定还是都会来的,因为(他们)感觉是上面布置的任务,但来了都不怎么听,你讲的那些有的老年人也听不懂,一般都是来点个名的。有的人就是当凑热闹来的。②

除了形式化以外,会议和讲座的另一个问题在于受众的局限性。由于场地限制,不可能邀请所有村民参加,而通常被选择来参加的对象都是所谓的"村民代表",即党员、干部、能人等,普通村民则较少享有参与的机会。

在组织传播之外,大众传播是另一种高效的政策传播方式。有线广播(大喇叭)作为一种大众传播的手段曾经在农村舞台上发挥重要的宣传动员作用。然而近年来随着电视、电脑、手机在农村的普及,有线广播已经渐渐淡出人们的视野。尤其在江苏这样经济发达的地区,大多数农村也已经很少或不再使用有线广播了。但在我们调查的花彭村,有线广播仍然在宣传政策的工作中扮演重要的角色。

> 我们村里基本都是老年人留在家里,不识字的老年人很多,海报标语他们看不懂,手机电脑他们也不会用,但每个人都可以听广播,所以我们宣传这些政策的时候一般都是用广播……这段时间正好是农忙,我们就会提前一段时间开始在广播里宣传秸秆禁烧,这几年也抓得严,到现在基本没有烧秸秆的了。③

以宣传栏、海报、标语牌为主要形式的传播媒介在农村现代生活中构成了环境卫生观念传播的最主要渠道。我们在实地调查中发现,每村都至少设有一个宣传栏,除了一些党建教育的内容以及社区活动的照片,大多数是健康知识、环境知识、

---

① 摘自访谈资料:2014年12月8日,扬州市曹甸镇,受访者为该镇党委组织委员张某。
② 摘自访谈资料:2015年6月8日,扬州市小纪镇花彭村,受访人为该村村医陈某。
③ 摘自访谈资料:2015年6月8日,扬州市小纪镇花彭村,受访者为该村妇女主任詹某。

法律知识等信息。各村涉及环境卫生的内容不一致,但无一例外都是使用比较官方的、刻板的语言风格。除了内容的差异,各村的更新速度也不一,有的村三个月换一次,而有的村几年都未更换宣传栏内容。

宣传栏是一种常态化的媒介载体,具有长效性,因而重要的信息可以较长时间地暴露在村民的视野中。但相应的问题也在于其内容比较陈旧,有的村的宣传栏几年都未更换内容,人们究竟看不看这些陈词滥调的内容是值得质疑的。此外,宣传栏以文字形式传播内容,对于受众的文化水平有一定的要求,而当前农村的常住居民主要是老年人和小孩,其识字能力较差,因而对于这样的人群来说,宣传栏并非是合适的媒体。

由于目前农村的常住居民主要是老年人和小孩,针对两个群体的接受习惯和认知水平,村两委还时常举办一些活动来宣传环境卫生知识,以达到环境政策宣传和环境意识培育的目的。如滨河花园社区举办的"新市民教育讲座"及"卫生楼幢"评选活动,在向刚刚搬进楼房居住的村民普及环境卫生知识上发挥了重要作用。这种形式的活动没有文化水平的门槛界限,男女老幼皆可参加,因而能够吸引更多居民。但活动往往是临时性的,当上级有相关的任务指示时,村两委才会应声而动,举办一些活动,而较少自发地将活动常态化。

此外,针对个别暂时无法接受新政策、新观念的村民,最常用的方法是入户做思想工作。通过一对一的直接口头宣教,说服这部分村民,最终达到传播环境卫生观念的目的。滨河花园社区的绿化带常常被一些刚搬入的农村居民当作耕地,在里面种植蔬菜,破坏了绿化带的美观。社区工作人员在强制拔除私人种植的蔬菜之外,还会一一上门做思想工作,向大家解释绿化带的作用。由于这部分人群多为年纪较大的居民,做一次思想工作不一定就能扭转其观念,故社区工作人员往往多次上门,反复强调,并带动其子女邻居一起说服,最终使得社区成员基本都了解了绿化带的作用,很少再出现"绿化带种菜"的情况。

3.服务客体的态度和需求

农村环境卫生整治的最终目的是要改善农村居民的生活环境,提升农村居民的环卫意识,因而村民的反应和态度是环境卫生整治工作成效的检验器。我们通过问卷了解了村民对生活垃圾处理的态度,希望以此管窥农村居民当前的环保意识水平,以下是对问卷结果的分析。

与社区在生活垃圾处理方面做出的努力相呼应的是,村民在垃圾处理问题上显示出了较高的认知水平。以往有调查表明,农村人均日生活性垃圾量为0.86kg,生活垃圾以收集方式堆放的占63.28%[①]。而在我们此次调查中(图3-1),

---

① 姚伟,曲晓光,李洪兴,等:《我国农村垃圾产生量及垃圾收集处理现状》,《环境与健康杂志》2009年第1期,第10—12页。

有 88.6％的村民选择将垃圾"放进村里的垃圾箱",另有 10.8％的村民将垃圾"放在家门口,等别人来打扫"。生活垃圾以收集方式集中处理的占到 99.4％,远远超过全国平均水平。

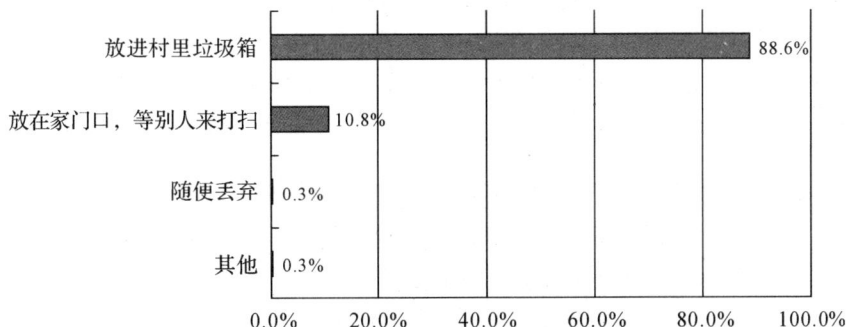

图 3-1　关于村民一般如何处理生活垃圾的统计

不少村民对社区在垃圾处理工作上的表现表示满意,近半数(47.2％)的村民明确表示村内垃圾处理已经"没有不足"。不过,更为值得关注的是,仍有 22.7％的村民认为"垃圾处理点太少",15.3％的村民认为"垃圾处理不及时",12.4％的村民认为"垃圾处理点离我家太远",再次表明基层社区的工作质量未达统一水平,有的社区在垃圾处理上仍未能满足某些村民的需求(图 3-2)。然而对比垃圾处理的实际状况(99.4％集中处理率),可以发现尽管社区的垃圾处理工作仍然存在不足,但村民在实际行动上并不愿选择"随意丢弃",说明村民已有较强的环境意识,这其中的原因在于,大众媒体与农村社区内部的环境卫生教育和宣传已经十分普遍,这些宣传使得村民已经树立起了较为良好的卫生观念,从而愿意主动维护社区环境,于是,即便社区内垃圾处理可能存在不便,村民依然能够规范自己的垃圾投放行为。

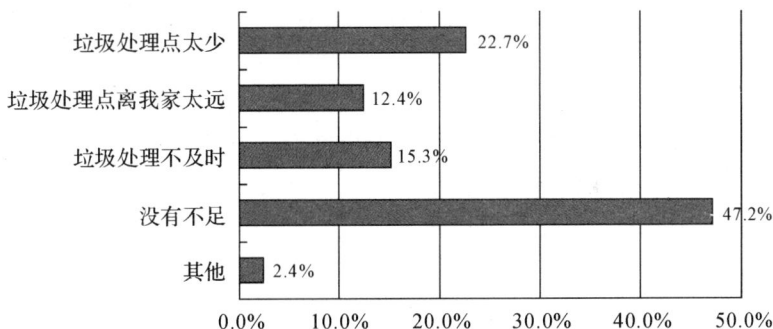

图 3-2　关于村民认为目前社区内垃圾处理还有哪些不足的统计

从村民对村里未来在卫生环境方面可再做出的努力来看,"环境污染治理""路面清洁""绿化"是目前村民最为关心的问题,分别有 22.7%、19.6%、19.5% 的村民分别希望农村在以上方面能够再做出改进,另有 12.7% 和 11.6% 的村民分别希望能够"增加/改善公厕""增加垃圾处理点"(见图 3-3)。改厕运动和垃圾处理一直是我国农村环境卫生政策宣传和落实的重点,从村民的反馈看,这两项运动已经在一定程度上实现了其效用。而在另一道"希望村里以后有哪些设施或服务"的问题中,29.3% 的村民表示希望能有垃圾分类的服务。对环境污染、绿化以及垃圾分类的重视表明,在新时期新环境下,村民在环境卫生方面有了新的更为重要的需求。

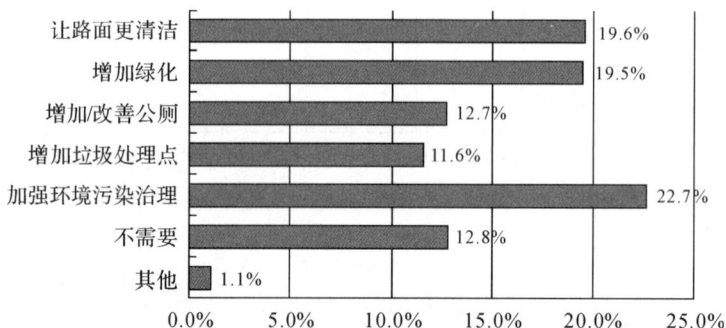

图 3-3　关于村民希望社区在卫生环境方面再做出哪些努力的统计

　　总的来说,村民对农村社区的环境卫生现状感到满意。61.0% 的村民认为,和过去相比,村里的环境并没有变差,而是优于过去;同样,在去过城市的村民当中,63.6% 的人认为村里的环境比城市好。不过值得注意的是,这两个比例都不算很高,也就是说仍存在一定比例的村民对于现在的农村环境并不满意,通过和部分村民的访谈得知,这部分不满意主要是针对农村的空气污染、水污染等。

　　　　那边建了工厂之后我们这里的空气就不好,以前我们村很干净的,现在空气都不行了。……电视上都说空气污染有害健康,就怕这个对我们有什么影响……①

　　我们发现,村民的这些反应和态度以及由此而来的进一步需求并没有顺利地反馈给服务主体。在我们调研的村庄中,多数村干部没有主动了解村民需求的意识和行动,而是等着村民自己上门反映情况:

　　　　他们平时都来的。有宣传啊,上面有活动通知他们,他们都会来,也

---

① 摘自访谈资料:2015 年 1 月 12 日,扬州市曹甸镇崔堡村,受访人为该村村民。

会反映问题。有的自己要办事也会自己找村里的。①

而主动上门提需求的村民只是少数，大多数村民不会主动向村干部表达自己的想法。一位村民表示，村委会能解决的都是小问题，而对于自己真正需要的东西村委会是无法解决的，反映了也是无济于事，所以通常大家都不主动去反映。这就导致村干部认为村民已经没有更多的需求了：

> 我们村比较小，也不会存在什么困难，村民是觉得你为他做事情了，他十分感谢，不存在觉得很不满意的地方，他们一般也不会有什么需求……我觉得我们村（的服务）现在做得已经比较好了，大家都挺满意的。②

此外，我们在调研中发现，由于反馈渠道不通畅，村两委未能了解到不同人群的不同需求，因而也就没有提供差异化的服务。有的老年人不识字，而社区却通过宣传单、宣传栏向其传播环卫知识；一些妇女闲在家中无事可做，社区却未想过对其开展相关的环卫教育和活动。

二、农村社区环境卫生服务体系建设的经验比较

环境卫生质量与居民的生活和健康水平息息相关，也是衡量一个国家和地区现代化程度的重要指标。欧洲在19世纪就兴起了公共卫生运动，尽管是以城市为中心，但乡村的公共卫生改革也在同步进行。相比之下，中国在环境卫生方面的工作起步较晚，并且多数情况下借鉴发达国家的经验，但其中仍有不少有益的探索。

国内外的先进经验仍旧继续强调农村社区环境卫生基础设施的建设的重要性，尤其是在经济欠发达地区，由于在物质水平上与经济发达地区仍存在较大差距，因而在今后很长一段时间内，这仍然是需要继续推进和强化的方向。相关科技的研发、推广和应用成为强化"硬件"的必经之路。但与此同时，软件的建设也日益为农村社区所重视。环境卫生相关法律法规的制定、相关教育的开展、相关政策的传播等也提上了社区环境卫生工作的议程。

1. 全民参与：服务主体多元化

本次调研的各村在环境卫生整治工作上的服务主体都是村两委。村两委的工作按照上级的政策和指示开展，资金和资源也依赖于上级政府部门的安排和管理，能够自主开展工作的不多，社区的主体性未能展现。

---

① 摘自访谈资料：2015年1月12日，常州市儒林镇柚山村，受访人为该村村支部书记徐某。
② 摘自访谈资料：2015年1月12日，扬州市曹甸镇曹南村，受访人为该村妇女主任张某。

与第三方组织合作是拓宽资源渠道的有效途径。调查地常州市的"光彩基金"就是企业资助社会建设的案例。1995 年 4 月,常州市委统战部、工商联响应全国工商联刘永好等 10 位非公经济人士"让我们投身到扶贫的光彩事业中去"的倡议,首次向全市非公有制经济人士发出了"响应书",由此拉开了常州市光彩事业的序幕。为保护非公经济人士从事光彩事业的积极性,使光彩事业能够规范地持续不断地开展,1999 年初,常州市光促会提出了建立"百万光彩助困基金"的设想,即在非公企业力所能及、自愿的原则上,由非公企业捐出一笔钱(100 万元),以该企业冠名成立光彩基金,每年开展一次捐助活动,直至基金捐完。该设想提出后,得到了常州市广大非公经济人士的热烈响应和积极支持①。至 2014 年底,全市已累计建立 100 万元及以上光彩基金 245 个,其中 1000 万元以上光彩基金 50 个,协议资金超过 12 亿元。光彩基金为常州村镇的建设提供了很大的支持,在扶贫救助、支教助学、服务三农、促进就业等各个领域实施的光彩项目不计其数,是重要的社会援助力量。但也应该看到,和大部分的农村建设基金一样,"光彩基金"的支援范畴没有覆盖环境卫生领域。尽管在其他方面的建设也可能惠及农村环境建设,但没有专项资金的有力支持,农村社区的环境卫生整治工作相对其他方面明显滞后。

除了建设资金的短缺,农村环境卫生整治还亟须人力支持。上文提到的扬州市曹甸镇崔堡村的"新农村建设理事会"则是提供人力资源,参与社区服务的优秀案例。理事会在村两委和村民之间搭建起沟通服务的桥梁,将村两委不便做的、无力做的社区环境卫生事务承担起来,带动了社会主义新农村建设,为创造良好的人居环境做出贡献。这种"多一级"的组织结构看似阻碍了村干部和村民的直接沟通,实际上却疏通了原本阻滞的信息渠道,化解了村干部和村民之间可能产生的对立矛盾。但该理事会由村两委牵头成立,成员也是由村两委提名并选举产生,因而目前主要是协助村两委为村民服务,而较少发挥村民的代言人作用。这就导致村两委和村民之间仍旧存在一定的信息鸿沟,村民仍旧缺乏意见的表达渠道。中介组织如何进一步畅通双方的信息和意见的沟通渠道,如何促进村民在软件需求上的表达,德国的社区农民环境保护协会的做法具有一定的借鉴意义。

社区农民环境保护协会在德国农村环保事业中发挥了重大作用。其基本特征是扮演联结政府与农民的中介角色,代表农民利益与政府进行对话。其基本职能有两个方面:一是与政府签订合同,代表政府落实休耕政策和畜牧饲养规模控制政策,具体实施对农户的生产生态补贴;二是为农户提供环保法律、政策、技术、财政等咨询服务,帮助农户解决当地环保中的各种困难和问题。全德国有 7 个农民协会,其最高权力机构是加入农协的会员组成的会员代表大会,并由会员代表大会选

---

① 邵建民:《百万光彩基金:引领非公经济代表人士健康成长》,《中国统一战线》,2006 年第 4 期,第 30—31 页。

举产生董事会，主席则一般由政府指派长期从事农业工作的专家担任。以莱茵兰农协为例，该协会已有 100 多年的发展历史，其资金来源分为三个方面：一是北威州农业部支付的财政补贴，1998 年为 3000 万马克；二是参加农协的农民按经营土地收入的 6.7‰ 交纳手续费，共计 130 万马克；三是农协为农户提供咨询服务收入270 万马克。莱茵兰农协在县一级设有 9 个办事处，共有 80 个工作小组为社区30000 个农户提供服务。[①]

德国农协的定位很准确，就是充当政府和农民的中介，并且始终站在农民的立场上发声。这就与崔堡村的新农村建设理事会具有不同的性质。后者是站在政府的立场上，协助村两委开展工作，其成员也是由村两委提名的，和政府有天然的联系，因此较难理解和发现普通村民的需求。而德国农协中很多工作人员本身就是农民，完全了解农民的需求。此外，农协作为一个固定的组织一直与农民保持密切的联系，随时可以获知农民的意见；而崔堡村的新农村建设理事会并不担负收集村民意见的职责。

吴仪在 2003 年全国卫生工作会议上的讲话强调，"公共卫生建设需要政府、社会、团体和民众的广泛参与，共同努力[②]"。多元主体的参与是社区环境卫生工作取得成效的重要保障。如何将多元主体的力量集中起来，新加坡的经验值得参考。

新加坡社区组织以选区为基础，社区参与范围也以选区为基本单位。设在选区层次上的社区组织是公民咨询委员会和居民联络所管理委员会，基层的社区组织是居民委员会，人民协会是全国社区组织的总机构。

由政府主导举办的人民协会作为社区参与的中介组织的职能主要是促进种族和谐与社会凝聚力，培养积极的公民，充当政府与人民之间的桥梁，向民众提供提高生活技能的机会等。人民协会下设 108 家民众联络所（俱乐部）、537 家居民委员会活动中心、1 家新加坡外展中心、1 家儿童探险培训中心、4 个海上俱乐部、1 家国家社区领袖学院、1 个人协社交俱乐部会所、1 个全国青年理事会（青年公园）。同时政府积极鼓励社会团体、宗教团体、中介组织参与社区建设，建立纵横交错的社区基层组织网络，引导公民积极参与社区管理。

在 2001 年 9 月 11 日美国遭受恐怖袭击之后，新加坡为形成一个团结一致的稳定社会，成立了由副总理兼内政部长黄根成带领的社区参与计划部长级委员会负责策划的"社区参与计划"（CEP）。6 个政府机构提供协助，内政部是主要的协调机构，而以下的 5 个社区组织（见表 3-1）将分别获得各相关部门的支持和协助，每个组织内的各个团体或机构都有机会互相合作，巩固社区联系，建立稳固的网络。

---

① 四川省赴德农业经济考察团：《德国农村发展状况的考察及其启示》，《经济体制改革》，1999 年第 5期，第 122—126 页。

② 吴仪：《加强公共卫生建设 开创我国卫生工作新局面在全国卫生工作会议的讲话》，《中国卫生质量管理》，2003 年第 4 期，第 5—11 页。

表 3-1　新加坡社区参与渠道

组织	支持机构
宗教团体、社团、自愿组织	社会发展、青年及体育部
教育机构	教育部
媒体及艺术团体	新闻、通信及艺术部
贸易及工会组织	人力部
基层组织	人民协会

正是由于新加坡国家对社区参与的积极倡导,才在全社会形成了高效的全民参与氛围。新加坡基层组织有三大组织体系,即由新加坡社会发展、青年及体育部,新加坡建屋局,人民协会构成其基层组织严密网络,且其组织之间分工细致,各有侧重,服务内容涵盖民众生活的方方面面,政府的专业管理职能到位,各类组织通过组织活动发挥巨大作用,成为新加坡经济社会发展的基础和保障。如公民咨询委员会每年组织活动 1600 项,130 万人参与;民众联络所每年组织活动 31500 项,参与人数 333 万人次;居民委员会每年组织活动 33167 个,参与人数 390 万人次。整个社会形成了人人参与社区活动、人人关爱社区的和谐氛围。当然,新加坡还有很多非政府组织、非营利组织团体参与社区工作,通常在这类团体中工作的大部分人都是社区义工,居民委员会中没有全职工作人员,主要在业余时间组织和开展活动。据统计,新加坡社区义工数量约占总人口的 15.0%,即 60 多万人。

综上可见,新加坡社区参与的基本模式是政府依法指导与社区高度自治相结合的城市社区参与模式。在新加坡,一方面政府通过对社区组织的物质支持和行为引导,把握社区活动的方向;另一方面政府充分给予社区自治组织的发育空间,社区民间组织发育完全,通过自助和他助,分担了政府和社区居委会的大量管理和服务工作,社区居委会的负担明显比我国要低很多[①]。

2.上传下达:信息渠道通畅化

当前农村工作的一个重要问题是政府和农村居民之间信息不通畅的问题。一方面,政府的政策、法规、通知等要通过层层转达才能真正到达村民耳中;另一方面,村民的意见和需求常常无法向政府表达。

宣传栏作为农村的主要宣传媒介,本应成为环境卫生政策和知识的宣传阵地,以生动新颖的内容吸引村民观看阅览。然而在我们调研的村庄里,很少见到村民在宣传栏前驻足观看的场景。首先,大多数宣传栏的更新速度慢。我们的调研周期前后持续了半年,但各村的宣传栏在这半年间几乎都没有变化。崔堡村的张主

---

① 臧雷振:《社区参与实践——比较的视角》,《2011 城市国际化论坛——全球化进程中的大都市治理(论文集)》,第 331—339 页。

任坦言,村里的"文化长廊"已经三年未曾更换展板,部分文字和图片已经模糊不清。这样的宣传栏势必难有吸引力。其次,设立宣传栏的位置不佳。大多数村庄的宣传栏设在村委会办公区域里面或附近,而这一区域并不是村民日常活动的范围,因此会出现宣传栏无人问津的局面。这表明宣传栏的设置较少考虑受众到达率,更多地是为了彰显村两委的政绩。再次,许多村庄的常住居民为老年人和小孩,这两个群体的识字率较低,通过宣传栏的文字内容获取环境卫生的相关知识难度较大。总体看来,农村的宣传栏形式大过内容,传播效果并不理想。

调查地之一的常州市儒林镇柚山村在宣传栏位置的设计上多有考虑,将宣传栏设置在村中的几家小卖部旁边,用于张贴公告和村务公开等信息。该村村支部书记徐书记表示,平时这些地方聚集的人比较多,看的人也比较多,能起到较好的宣传作用。

活动虽然是比较有效的宣传渠道,但往往是临时性的,因此难见成效。如何将活动常态化、系列化,是目前值得考虑的问题。扬州市曹甸镇滨河花园社区将每月20日定为党员活动日,每月的这天都会举办相应的活动,由党员为社区居民提供志愿服务。其服务类型多样,包括留守儿童辅导、社区清洁卫生服务、健康讲座、修理家电等。这些志愿服务为社区居民的生活提供了方便,但就环境卫生整治方面来看,仍旧缺乏相应的持久的常态化活动。

另一方面,村干部下去收集村民意见的服务意识不足,往往等着村民自己上门来提意见,而村民通常抱着"反映了也不能解决问题"的消极态度,一般不愿意自己去反映情况。基层政府为了解决这个问题做了不少努力,我们调查的扬州市曹甸镇就有"实事工程"。曹甸镇政府每年为群众解决十件实事,这些实事由政府工作人员到村里征集民意,村委会也会向村民征集意见,了解他们的"实事"需求。但这些实事多为各种基础设施建设,强调物质性和可见性,而鲜有软件层面的需求。

相类似的是,威海荣成市政府为加强农村环境综合整治工作,实行"联络员"制度,即从市直单位县处级领导干部和各市区科级领导干部中,向每个村选派一名联络员,实行"一对一"联系,指导调度下面几百个村的环境综合整治工作。联络员的主要职责是定期深入联系村,了解环境综合整治工作进展情况;指导督促所联系的村积极开展整治工作,帮助协调解决整治过程中的难题;充分发挥在技术、信息等方面的优势,帮助联系的村加大社区建设力度,发展壮大集体经济;协助村、镇做好宣传工作,充分调动群众参与综合整治工作的积极性①。荣成的"联络员"制度至少有以下三点的可借鉴之处:一对一的联系确保了固定的责任人,长期稳定的联系有利于联络员深入了解联系村;联络员为市里的领导干部,对于一般的问题可以直接解决,而不必再层层上报等候批示;联络员具有较多的资源优势,可以帮助联系

---

① 延妍:《试论我国农村环境的现状、问题及对策》,大连交通大学硕士论文,2010年。

村进行社区建设。

日本农协的经验也具有启发作用。在日本农业的发展问题上，政府起主导作用，农协也发挥了积极的作用。在 20 世纪 60 年代以后的高速工业化时期，农协通过其政治力量促使政府不断提高对粮食（主要是大米）的收购价格，注意农田基本建设，缩小城乡差距、工农差距。日本农协代表农民的利益，反映农民的呼声，在日本政党选举中经常发挥作用，对于日本政府一些统筹城乡发展的涉农政策的出台和维护也起到了不可替代的作用。农协在日本历史上的贡献是不可磨灭的[①]。日本农协和政府的关系是促成其能够既为政府办事，又为农民发声的关键。农协是在日本政府的大力扶持下发展起来的农民组织，农协实际上已经成为日本政府处理农业事务的代理机构之一，因而具有一定的政治力量。日本各级农协的最高决策机构是总会（社员大会或代表大会），由它选举产生理事会成员，再在理事会成员中选举产生会长、副会长、专务理事、常务理事。修改章程和每年度的业务计划等重大事项须经总会决定。农协的会长必须是农民，理事中的三分之二以上需由农民社员担任。这样的组织结构使得农民的利益能够真正得到关注。农协增强了农户与包括政府在内的各种社会团体"对话"的能力。能代表农户利益、站在农户立场的各级农协组织，可以与各种社会团体进行平等的对话，积极参与各项农业政策的制定，从而确保农业生产者的合法权益不受侵害[②]。

3.完善软件：环境教育系统化

一些农村社区已经进行了环境知识的宣传教育，但这些环境教育是零散而不成体系的。这种"打一枪换一炮"的教育模式只会让村民一直将环境问题当成新鲜事，不会认为这是日常生活中处处皆有的状况，也就不会真正把农村社区的环境问题当回事。环境教育的系统化有利于改善这一状况。

要实现系统的环境教育，首先要保证有充足的环境教育的资金。尽管常州市的"光彩基金"为农村社区的建设贡献了很大的力量，但目前并没有专门的基金款项用于环境教育。总体来说，所有的资金资源倾向于硬件建设，而软件建设的资金资源相对缺乏。欧美发达国家大多采取了积极的农村环境保护投入政策，对沼气、水源保护、污水和垃圾处理、养殖业污染防治等农村环境基础设施建设，通过直接投入、补贴、优惠贷款、税收减免等措施予以大力支持。例如，美国政府每年从农业联合税中拿出几十亿美元，专门用于开展农业面源污染治理和资源保护工作，对治理项目投入补贴 70%～80%。各州政府也都将农业面源污染治理列入专项开

---

① 李晶：《政府荫庇下的日本农协——仙台秋保町的人类学调查》，《开放时代》，2011 年第 3 期，第 128—145 页。

② 徐辉：《我国农村人力资本团队模式研究》，西北农林科技大学博士论文，2009 年。

支①。但可以看出，虽然美国有专项资金投入到农村环境保护事务中，但也多数用于硬件设施的建设，而没有提及对于环境教育的专门支出。

其次，在我们调研的各个村庄，作为软件的环境意识的培育往往缺乏相应的系统的工作计划，通常呈现"想起一出是一出"的散点作战局面，从而导致农村社区的环保宣传活动同质性强，重复率高，活动流于形式，效果浮于表面。如何将软件建设常态化、系统化，美国农村社区教育的乡土课程和我国湖南浏阳金塘村的农民环保学校做出了有益的探索。

美国的农村社区教育始终关注社区的可持续发展问题。如今，由美国联邦教育部、农村和社区环境基金会、农村教育协会等机构领导的"农村学校运动"正逐步得以开展。这个运动的主题是把农村教育当作整个农村社会发展的重要组成部分，根据农村发展的实际需要，探索良好的农村教育模式，农教结合，从而提高农村教育的投资效益。这场运动中发展出多种社区—学校互惠模式，其中之一是把乡土课程纳入社区课堂。乡土课程(Place-based Curriculum)中纳入了能够在课堂中使用的社区资源，帮助社区建立一种教育文化。学习的课堂从教室拓展到了社区，内容可以涵盖生态学、经济学、公民参与、道德、社区美好生活等内容。农村学校和社区基金会投资、指导的这一模式在美国很多地区得以开展。农村服务学习项目(Rural Service Learning Program)是将乡土课程运用于社区服务的一种专门形式，学生运用课堂知识来解决社区实际问题，并把这作为学年作业的一部分。这个项目的实施不仅有利于学生建立社区公民感和责任感，而且培养了学生在环境保护、创新和管理项目方面的能力②。

美国的农村社区学校真正发挥了社区服务的功能，乡土课程的设置紧密联系当地的实际情况和现实需要，将环境卫生教育融入社区生活的微观层面，避免了口号悬在空中不能落地的尴尬局面。另一方面，课程设置兼顾理论和实践，尤其注重实践，这既符合农村居民的文化水平和接受习惯，又切实地考虑到社区的发展需要。

美国的农村学校运动作为一项全国性的运动，促使环境教育在全国农村开展起来。相较于美国农村环境教育的大规模，我国的农村环境教育都是一些零散的探索与尝试，但其中不乏创新模式。

湖南省浏阳市葛家乡金塘村的农民环保学校是该村环保自治模式的产物。金塘村原是养殖村，养殖业的迅猛发展却带来了严重的养殖污染，影响村民身体健康，也制约了当地经济的进一步发展。为了转变经济增长模式，同时也响应全市"新农村、新环保、新生活"行动的号召，当地村委会创办了农民环保学校。该村的

---

① 王夏晖，张惠远，王波，等：《农村环境保护：国内外的经验、做法与启示》，《环境保护》，2009 年第 6 期，第 24—26 页。

② 王国平：《中国农村环境保护社区机制研究》，湖南农业大学博士论文，2010 年。

农民环保学校是全省第一家农民环保学校,学校聘请省市农村环保专家、农村环保专利技术持有者、农村环保实践成功者等有关生态环保方面的专家,针对村民在生态建设中遇到的困难和问题,通过定期、不定期地组织集中授课,深入农户专题辅导,组织村民分组讨论等形式,宣传环保知识,传播生态理论。农民环保学校的授课内容包括:农村生活垃圾分类处理基本知识、养猪致富的环保经、饮用水源安全保护、畜禽污染防治等。该村的农民环保学校采取了集中讨论、游戏、观看录像、实地调研等相对有趣的授课模式,使得农民能够更加迅速地获得相关知识。通过学习,村民对治理养殖污染、改善家居环境、发展生态农业有了更深入的认识,不仅提高了农民的环保意识,同时也减少了该村环保改革工作当中的阻力,促进了该村的生态文明建设①。

金塘的农民环保学校与美国的乡土课程有相似之处,都将环境教育与当地农村社区的实际情况相结合,最终实现服务社区的目的。但美国的乡土课程涵盖的内容范围较广,几乎涉及农村生活的方方面面,环境教育只是其中一环。而金塘的农民环保学校却仅仅提供农村环保教育,这种专门化的课程设置有利于提升农村环保问题在村民心中的地位,同时也能针对性地解决当地由养殖引发的环境问题。同样,农民环保学校也设置了实践类课程,使村民能学以致用,真正做到"知行合一"。

再者,作为硬件的环境卫生基础设施已经建成了比较完善的体系,包括垃圾池建造、公厕建造、户厕改造等。作为软件的环境卫生意识培育存在理解和实施上的片面化,除了与硬件设施配套的卫生习惯的宣传,仅有一些浅层知识或者实用技巧的普及,如生活垃圾处理、养猪致富的环保经、饮用水源安全保护、畜禽污染防治等,几乎没有涉及更进一步的内容。问卷调查结果表明,农村居民对于垃圾分类有很大的需求,但社区和政府对此都没有相应的服务。在这一点上,日本的经验值得关注。

日本的垃圾分类举世闻名。总的来说,日本的垃圾分类可概括为可燃垃圾、不可燃垃圾、粗大垃圾、有害垃圾、资源类垃圾这几大类,而这几大类又可细分为许多子类。以一支女士口红为例,口红的塑料外壳属于塑料类垃圾,口红管属于金属类垃圾,而残余的口红则属于可燃类垃圾。日本的垃圾在经过仔细的分类后将会有专门的人士上门回收垃圾。不同城市投放垃圾的时间也是不一样的。除了实行一套严格、细致的垃圾分类回收制度,其垃圾分类的宣传教育也功不可没。日本人从孩童时期就会受到垃圾分类的教育,不仅有父母的言传身教,还有学校和社会的教育。在日本定点扔垃圾、垃圾分类已经成为妇孺皆知的规矩。如果有人不按照指定的要求分类垃圾,那么他不但会遭受到社会舆论的指责,背负"不履行垃圾分类"

---

① 中华人民共和国环境保护部网站:《湖南长沙:"农民环保学校"开学 村民定期环保"充电"》。

的骂名,而且可能会由于分类不当产生的严重后果,需要支付巨额的罚款。① 每年的 12 月份,居民们都会收到一张来年的特殊"年历":每月的日期都由黄、绿、蓝等不同的颜色来标注。在"年历"的下方注有说明:每一种颜色代表哪一天可以扔何种垃圾。"年历"上还配有各种垃圾的漫画,告诉人们不可燃的垃圾都包括哪些,可回收的垃圾都包括哪些,使人一目了然。有了这张"年历",在这一年里,人们都要按照"年历"的规定日期来扔不同的垃圾。② 日本的城乡环境整洁美丽,这与其居民超高的环境卫生意识密切相关,而这样高度的环境卫生意识又有赖于长期有系统性的深入的环境教育。我国农村环境卫生工作的进一步开展,也必须认识到宣传教育的重要作用,积极利用各种传播方式,加强对居民的环卫意识教育。

三、沟通与教育:新农村社区化环境卫生运动

国太大往往不能解决小问题,家又太小往往不能解决大问题。社区作为家庭管理的延伸,承上启下,并最具人性化和最能整合社会成员力量,因此,社区是环境卫生问题最适当的执行空间和传动力场。③

以社区为基础的农村环境卫生整治走的是一条以政府为主导,以社区为主体,市场和环保组织积极参与的路径。这条路径需要以农村社区为主体,积极引导多方力量参与构建适合农村环境卫生的"良治"结构,充分发挥政府的主导作用,努力实现市场和企业的调控作用,积极引导公众和环保组织对农村环境卫生整治的参与,完善农村环境卫生体系。

从社区传播的视角来看,当前农村环境卫生工作的重点是培育社区居民的环境卫生观念,使其意识到社区环境卫生的重要性,并积极参与社区环境卫生整治。对于农村居民来说,社区环境卫生最直观的意义就在于使其日常生活的环境更加清洁、有序、美好。要达到这一目的,除了需要营造美好的人居环境,还需要转变居民的审美观念,使他们意识到日常生活也需要美的存在。因此,我们倡导的社区化环境卫生运动可以说也是一场生活美学的实践。这种生活美学是适应农村生活方式的,也是响应新农村建设号召的,因此我们称之为"新农村生活美学"。

作为一场社区化环境卫生运动,新农村生活美学的传播与践行需要多元服务主体的协同配合,整合多方资源再进行合理配置;立体化的信息传播渠道有利于营造一个生活美学的话语空间,居民身处其中自然能够耳濡目染;系统的生活美学教育更将使农村居民转变传统生活方式,提升审美水平,从而彻底告别旧有陋习,这也是精神文明建设的题中应有之义。

---

① 于利民:《日本垃圾分类分析》,《现代商贸工业》,2015 年第 9 期,第 55—56 页。

② 覃振桃:《刍议日本垃圾分类处理中的新变化及其启示——以东京都八王子市为例》,《价值工程》,2013 年第 21 期,第 316—317 页。

③ 王国平:《中国农村环境保护社区机制研究》,湖南农业大学博士论文,2010 年。

1.协调与共享:多元服务主体的资源整合

精神文明建设离不开物质文明的发展,新农村生活美学的培育也必须以完整的环境卫生条件为基础。农村社区环境卫生整治离不开合理的资源配置,包括财政资源、人力资源、技术资源等。我国的国情决定了当前农村社区建设的资源配置都是由政府主导的。政府对资源的提供和调配固然重要,但单靠政府的力量毕竟难以完全满足农村社区建设的需求,因此需要拓展多元服务主体,让乡镇企业、民间组织也积极参与社区建设。服务主体多元化以后,农村社区环境卫生整治的资源也随之更加丰富。如何整合并合理地配置各方资源成为环境卫生整治的重点问题。

保护环境是我国的基本国策。《中华人民共和国环境保护法》第六条规定:"地方各级人民政府应当对本行政区域的环境质量负责。"环境卫生整治和保护是法律赋予地方各级政府的责任。地方政府必须在环境卫生整治工作中承担主导作用,这是由政府的权力、财力以及强制力决定的。

经济基础决定上层建筑。财政资源是农村社区环境卫生整治的保证。在农村社区环境卫生整治过程中,环卫设施的建设、环卫人员的聘请、环境教育的开展、环保活动的实行无一不需要财政的投入和支持。政府对农村社区的财政支持一部分来自中央政府环保专用资金,一部分来自地方政府对农村环保的投资份额。除此之外,政府应鼓励通过企业赞助、社会捐赠、集体创收等方式增加农村环境卫生工作的资金来源渠道。用于环境卫生整治的资金应该成立专项,且禁止将这笔经费挪为他用,以保证社区环境卫生整治的有序进行。

人力资源的配置也很重要,充足的人力资源和高素质的人才是社区真正发挥作用的重要保障。新农村生活美学的传播者不仅仅是环境卫生工作者,而应该是多元化的人才,既需要建筑师、规划师、园艺师这样的专业人士,也需要保洁员、环卫志愿者等工作队伍。一方面,农村社区需要相关人才对居民进行生活美学教育。生活美学教育首先要从环境素养的培训开始,帮助居民培育环境卫生意识,宣传环境卫生政策和知识;在此基础上再提供更进一步的生活美学教育,既包括家庭装饰、庭院布置、社区美化这样的"硬件"改善课程,也包括个人的仪容仪表、卫生习惯等"软件"提升课程。另一方面,农村社区需要管理人才对社区组织进行管理,让各个机构发挥应有的作用。为了解决农村社区人力资源短缺的问题,政府可以在农村社区中选择文化素质较高的人进行相关培训,就地培养人才。政府还可以通过人才下乡、对口支援等政策,从外部吸引人才入驻农村社区,实现人才对农村的反哺。目前,大学生村干部下乡制度在农村得到了普遍推广,农村社区可以抓住机遇,与大学生村干部建立长效联系机制,让其在农村环境卫生整治工作中参与决策,这对农村社区和大学生村干部是一种双赢的选择。

当然,社区若要做好农村环境卫生整治事业还需要技术资源的支持,政府应为农村社区建设提供技术支持，农村环境卫生问题的主要原因之一就是粗放的农业生产方式缺乏高新技术的渗透。因此，政府应积极推广科技下乡活动，把先进的科学技术提供给农村，为农村社区解决环境问题提供技术保证。科技水平的提高可以提升资源的利用率，减少浪费，从而减少对环境的污染。另外，科技手段也是农村环境保护的重要载体，"工欲善其事，必先利其器"，科学技术这个手段利用得好，农村环境保护的目的才可以顺利实现。以垃圾处理为例，如果技术没有改进，垃圾依旧采取传统填埋方式，也就没有必要进行垃圾分类回收处理。只有将新技术应用于农村垃圾的处理，才能真正推动农村环境卫生的改善，真正践行新农村生活美学。

政府是农村社区建设资源配置的主导者，乡镇企业则是农村社区建设的重要资金来源。乡镇企业家之中，不少人是凭借个人的才干和吃苦耐劳的精神，经过摸爬滚打，干出一番事业，致富后其质朴不改，不断地资助父老乡亲，有的甚至将几万、几十万、几百万资产奉献出来。这些人乐于助贫，是乡镇企业家中的楷模。农村社区环境卫生的软硬件建设需要大量人力、物力、财力，光靠政府拨款不一定能完成，乡镇企业的资助恰好给予了巨大的支持。社区应与乡镇企业家中的楷模建立良好的互动关系，获得他们对于社区环境卫生事业的支持，为农村社区环境卫生建设奠定物质基础。

就目前的情况来说，尽管多数企业每年都会出资支援农村社区建设，但很少有款项能够专门用于农村社区的环境卫生工作上。因此，各企业的出资中应有固定比例的数额作为社区环境卫生整治的专项资金，不可挪为他用。专项资金的使用由各企业代表和村两委、村民代表一起协商决定，每个年度开始时商议本年度需要重点解决的一至两项环境卫生工作，本年度的专项资金全部用于该项目的施行。对于资金的使用可成立专门的监管小组，监管小组成员由企业代表、村委会代表、村民代表等组成，定期公布资金的使用情况，实现财务透明化。

除了资金，乡镇企业还拥有场地资源。乡镇企业通常有面积较大的厂房，有的还建有专门的员工活动室。这些场所在需要之时可以提供给农村社区举办环境卫生的相关活动，如培训、讲座、比赛等。由于其面积一般大于村委会的会议室、活动室，也就能容纳更多人参与其中，而不会产生由于场地限制只能部分村民参与的情况。企业职工可以借此机会了解更多的环卫知识，也有利于清洁型生产的展开。

与此同时，环境非政府组织正在成为生态环境保护的重要力量。在解决环境问题的过程中，环境非政府组织由于自身的灵活性，因而能够起到承上启下、沟通各方、促进协调与合作的独特作用。尽管目前中国的环境非政府组织正在逐步发展，但大多数环境非政府组织的活动区域以城市为主，真正面向农村社区环境卫生问题的非政府组织数量不多。农村社区应当积极与环境非政府组织接洽，将环境非政府组织引进农村，利用其在城市铺垫的资源，实现与城市甚至与国际的接轨。

一方面,环境非政府组织可以在城市募集资金,将这些资金用于农村社区的环境卫生整治之中。另一方面,环境非政府组织可以在城市招募志愿者,尤其是与高校合作,招募大学生志愿者,为其提供农村社区的实践平台,也可以顺利将城市的人力资源引入农村。当然,环境非政府组织最主要的作用应是将城市生活美学传播到农村社区,并根据农村社区的实际情况,稍做调整,以符合农村居民的生活习惯。例如,目前大城市正在逐步整治在楼房窗外晾晒衣物的问题,农村在这方面稍微落后,目前还较少有农村社区注意到衣物胡乱晾晒影响村庄面貌的问题。环境非政府组织可以将城市经验引进农村,一方面通过宣传让村民意识到晾晒衣物事关文明程度,另一方面可以通过组织自身掌握的资金和人力资源帮助农村居民整改以前随意牵拉搭建的晾晒绳架,将晾晒绳架设置在各家各户的庭院或阳台,并引导村民逐渐习惯在户内晾晒衣物。

2.沟通与融合:立体信息渠道的构建疏通

农村社区从性质上说属于农村基层群众性自治组织的范畴,但它不同于村民委员会这样的行政性组织,它突出的是公共服务性。以社区为主导实际上就是要凝聚村民的力量,形成一个相互合作、相互信任的共同体,为政府和更广大的村民搭建一个沟通的桥梁。农村社区环境卫生委员会(简称环卫委员会)就是这样一种沟通的平台,其定位应是"村民的代言人",将村民的利益诉求向政府表达出来,代表村民向政府争取更多的环境卫生建设资源,同时也在一定程度上协助政府的环境卫生整治工作。这样的村民自治组织可以在不增加政府社区管理成本、不打乱农村现有治理秩序的前提下,大大地提高农村环境卫生整治的效能。

环卫委员会要想真正成为村民的代言人,首先需要保证组织和成员的独立性。不同于政府或村委会牵头成立的村民组织,环卫委员会应该完全由村民自发组建,成员也由村民自主选举产生,并且有一定的任期。环卫委员会的组成人员应包括社区内的知识分子、有威望的社会贤达、党员和团员、妇女代表以及其他先进个人。在此基础上,环卫委员会应积极开展各种形式的环境卫生整治服务。

当前的农村社区是以行政村为单位界定的,而传统的农村社区则是以自然村为单位界定的。贺雪峰提出,传统的自然村是"熟人社会",而现代的行政村则是"半熟人社会",在这样的半熟人社会之中,村民之间相互认识而不熟悉,共享一些公众人物,但缺乏共同生活的空间①。在传统的熟人社会中,人际传播可以说是唯一的传播渠道,村里的事情通过口耳相传即能使全村人都知道。而半熟人社会之中,尽管人际传播仍旧是主要渠道,却不再具有唯一性。

基于当前农村社区的"半熟人社会"现状,环卫委员会可以构建立体传播体系

---

① 贺雪峰:《论半熟人社会——理解村委会选举的一个视角》,《政治学研究》,2000年第3期,第61—69页。

进行环境卫生知识的宣传。这一体系以人际传播为主导，以组织媒介、社区宣传媒介、新媒体为辅，彼此交叉连接，形成一张社区性的媒介网。环境卫生整治的信息便可以通过这个网络到达终端，即社区里的每一个人。

环卫委员会通过培训环卫志愿者，能够有效促进垂直信息渠道的畅通。环卫委员会应该承担志愿者的招募和培训工作。志愿者的招募应以青年群体为主，一方面因为青年人有极大的热情和精力参与行动，另一方面他们能较快地接受培训并将其运用于志愿者服务的实践当中。志愿者队伍的结构也应注意兼容并蓄，既要从本社区居民中招募，也要吸收外来的力量。本社区居民的优势在于对当地情况非常了解，并且通晓当地方言，这将大大降低宣传的难度。但本社区居民可能很少接触外界信息，其环卫知识可能非常陈旧且更新缓慢，这就需要吸引外地志愿者的关注和加入。环卫委员会可以与附近的高校合作，邀请大学生环卫志愿者到农村社区服务。对于大学生来说，这是一次难得的社会实践机会，高校也乐意为学生创造这样的实践平台。对于农村社区来说，大学生志愿者的到来既补充了社区志愿者队伍，又能将城市和高校的新知识、新技术带到农村社区。

志愿者的训练是必要的，训练的内容大致以态度、知识和技术为主。形式上则有服务前的训练和服务中的训练，前者主要介绍参与农村社区环卫整治的服务方案、服务对象、服务程序、工作职责、服务技巧等，后者则是通过观察和模仿提升服务质量与水平。

为了使那些具有志愿服务之志的人长效地实施环保服务，社区最好能为他们搭建一个平台（一个将志愿者组织起来共同实施服务的平台）。这种组织形式是一种平面式结构，而不是层级式结构。层级式结构是以权力为基础的，是以加强管理为目的，而平面式结构则是以平等参与为基础的，其目的是促进参与者之间的合作。如果社区能为志愿服务的发展开展此类尝试，且支持而不干预，就可以为志愿服务的发展建立起良好的联谊发展条件。实践中，实现志愿者之间的联谊是十分重要的，志愿者之间的相互支持能够形成他们的同类意识，能够激起他们面对困难的勇气和克服困难的力量，因为他们知道自己并非一路独行。在这方面，社区要多做服务工作，促进他们之间的交流，使志愿者相互认知和建立联盟，相互交流经验，共享志愿服务的成果。

环卫志愿者将成为农村社区生活美学传播的先锋队。首先，志愿者们可以成立一支入户宣传小分队，按照一定的计划定期在村内各家各户进行入户宣传。入户宣传的好处在于宣传员可以及时与村民进行沟通，了解村民在环境卫生整治方面遇到的障碍和相应的需求，同时也可以做思想工作而让村民更深入地了解环境卫生的相关知识和政策。

其次，要充分发挥社区宣传媒介的作用。宣传栏作为社区宣传的主阵地，一定要设立在茶馆、小饭店、市场、小卖部等人流量较大的地方，内容要生动有趣并且时常更新。宣传内容围绕生活美学展开,除了常规的环境卫生知识,还可以包括室内布置、园艺知识、服饰搭配等内容。为了提高村民对宣传栏的兴趣,可以让村民承担办宣传栏的任务,以生产组为单位,每月轮流负责办栏,并采取评比机制,以阅览量论胜负。此外还可以印发传单和小册子向社区居民普及环境卫生常识,或者配合每一期宣传栏的主题进行更加细致的生活美学宣传,将宣传栏作为宣传册的索引,使新农村生活美学的传播由浅入深;有社区广播(或大喇叭)的村庄可以开办环境卫生栏目,定期宣传环保政策。

再次,要创新环卫活动的形式。农村社区的环境卫生活动是比较生动活泼的组织传播形式,但目前没有常态化,并且活动形式有所局限。针对垃圾分类,社区可以定期开展"垃圾回收大比拼"等活动,用一定数额的奖金作为对优胜者的鼓励,刺激大家积极学习和参与垃圾分类;针对家庭内部卫生,可以举行"卫生家庭评选"活动,卫生家庭既要是室内洁净美观的典型,又要是精神文明的代表。卫生家庭可以作为样板间供社区成员参观学习,而被评为卫生家庭的家户可以享受一些社区服务的优惠政策,以此激励每个家庭参与到社区环境卫生运动中来;针对农村房屋外墙上常见的墙体广告,社区可以组织志愿者定期进行"牛皮癣"清理,并通过粉刷墙壁覆盖原有的墙体广告,然后在房屋外墙上漆画具有本土特色的风俗画,从而形成一道田园风景线。

最后,要充分利用多样化的媒体平台获取信息和进行宣传,还可以建立虚拟社区互动平台,加强本社区居民和外界的联系。远方的环境新闻可以成为本地宣传学习的案例,新兴的环保技术也可以第一时间被农村社区居民获知。同时可以利用手机短信通知社区居民即将举办的环保活动信息,推送环境卫生知识;有条件的农村社区可以建立网络社区,如 QQ 群、微信群等,加强半熟人社会中村民之间的联结和交流,也是联结外出打工的村民与留守村民的一个公共平台,在外的村民可以将城市的环境卫生见闻与留守的村民共享。此外,社区也可以将本地的情况通过网络向外界展示,吸引更多人关注本社区的环卫事务。

3. 学校与社区:生活美学教育的双线开展

新农村生活美学的教育以环境教育为基础。根据 1975 年召开的联合国教科文组织和环境规划署主办的贝尔格莱德会议,环境教育的目标分类按照培养形成过程概括为意识、知识、态度、技能、评价能力和参与等,表现出明显的层次性。然而当前我国农村的环境卫生教育并未形成系统的结构,各种政策、观念的宣传虽层出不穷,却是散兵游勇,难见效力。因此,无论是针对在校学生还是社区公众,生活美学教育都要有系统的计划,从环境意识培育开始,逐步向积极参与发展。农村社区的生活美学教育可从两个方面着手进行,一是针对在校学生的生活美学教育,可以通过影响学校的课程设置来实现,二是针对社区公众的生活美学教育,可以通过人际传播、社区宣传媒介、企业参访等方式来实施。

　　乡土课程是对在校学生施行生活美学教育的理想选择。村级和镇级的幼儿园、小学、中学课堂都是乡土课程的载体,由于不同年龄段的学生接受程度和认知水平不同,同时也为了避免学生在升学以后重复以前的课程内容,因而课程的设置要分阶段,符合不同年龄段学生的接受特征。

　　幼儿的认知水平决定了他们不可能理解太复杂的环境卫生知识,因而在内容上,幼儿园的乡土课程宜从小处着手,从生活实际出发,在特定场合中进行环境教育,加深幼儿的理解:将垃圾扔进垃圾桶是环保;不摘花、不折树也是环保;喝过的矿泉水瓶收集起来卖废品亦是环保。在形式上,幼儿对于游戏、艺术、故事、图像等形式更易于接受,因而幼儿园的乡土课程一方面应该注重学生的亲身体验,寓教于乐,另一方面要擅用多媒体帮助幼儿理解离自己生活较远的环境知识。

　　中小学生的生活美学教育则要注意知行结合。课堂上可以教授多种乡土知识,涵盖传统道德教育、农村风俗文化、农业基础知识、农村环境保护、文明生活方式等内容,激发学生对乡土的热爱之情,加深学生对自己生活的农村社区的了解,让学生从小学会发现生活中的美、保护生活中的美。在此基础上,要拓展学生的认知渠道,在书本之外参与社区环保实践活动,如植树造林、防火防污、保护母亲河、捡拾垃圾等。社区应与学校合力打造实践平台,为中小学生创造参与环保实践的机会。

　　乡土课程的教师队伍建设也是一项工作重点。在校教师应定期接受培训进修,了解最新的环境卫生知识和动向,更新教学大纲,向农村社区的青少年传播新知识。除此之外,还应拓展教师队伍,邀请社区能人、大学生村干部、城市志愿者等加入到乡土课程的教学中来:种植大户可以讲述农业生产中的环保经,社区保洁员可以教授垃圾分类的实用技能,大学生村干部可以将高校的环保活动引进社区,城市志愿者可以分享城市在环境卫生整治上做出的努力。这样做的目的就是拓宽农村青少年的视野,从不同的视角理解环境卫生的含义,并且随时了解最新的环境卫生知识,培养其对于农村生活之美的感悟能力。

　　面向社区公众的生活美学教育则应该充分利用人际传播和社区宣传媒介。"新生活工作坊"可以成为生活美学的人际传播平台。这一平台致力于传播新型生活方式,通过改变农村传统的卫生习惯、生活观念来改变社区的环境卫生风貌。工作坊主要面向社区里的女性居民,这样做主要有三点考虑:一是让没有工作的家庭妇女有事可做,二是女性对于新生活方式的兴趣更高,三是女性在日常家庭生活中的决策权和影响力更大。新生活工作坊定期将社区妇女组织起来,以讲座、培训、观影、读报、讨论会等形式,传播新型生活方式和生活理念,内容可涉及厨艺、插花、手工、美容、园艺、装潢、绘画等方面。例如可以举办手工班,让妇女们用自家的闲置的衣物制作成小物件,然后可以在本社区甚至邻近的城市举办创意市集,将这些手工制品在市集上出售。这一做法在废物利用的同时还能获得经济收入,能够有效刺激社区妇女积极参与其中。

社区宣传媒介也可以成为环境卫生教育的载体。以垃圾分类为例，社区可以在每年年末印制本社区专属的年历发放给各家的主妇，年历上标注好不同类别的垃圾，提醒主妇按照类型投放不同的垃圾。针对旧家电、旧衣物、玻璃瓶、塑料罐等可回收垃圾，也制定好社区统一回收的时间印制在日历上，各家按照既定时间准备好待回收的垃圾，等待社区工作人员上门回收，以此杜绝废弃物品乱堆乱放的现象。在环境卫生教育的基础之上，可以进一步开展相关的生活美学教育。例如通过宣传栏、社区广播等媒体，向居民提倡尽量少用塑料袋，可以充分利用农村地区的资源，以草绳、荷叶等植物包装物品，既保护环境，又具有田园生活的美感。

乡镇企业也是农村社区环境卫生教育的重要阵地，而其最主要的教育对象就是本企业的员工。首先，乡镇企业应该成为社区清洁型生产、生活方式的实践者。乡镇企业要从自己的生产、生活等基本环节出发，垂范实践清洁型生产、生活，以减少对社区环境的污染和破坏。其次，乡镇企业也可以成为其他社区成员的环境教育基地。有条件的企业可以与学校和旅行社合作，开发参观工厂的游览路线，主要是展示企业的清洁生产流程，向参观者普及生产中的环境卫生知识和理念。学生通过参访也能从中学习到环境卫生知识，提高环境意识，从小树立良好的环保观念。

新农村生活美学教育实际上就是用生活之美来号召农村居民自觉地保护环境卫生成果，让农村居民从"被规划"变为主动自发地创造更加美好的生活空间。这将是一项持久而深刻的运动。

第四章　社区法治服务：
农村基层普法宣传的困境与突破

　　法治宣传教育是提高全民法律素质，推进依法治国、建设社会主义民主法治国家的一项基础性工作。1985 年 11 月，中共中央、国务院批转了中宣部、司法部《关于向全体公民基本普及法律常识的五年规划》。同月，全国人大常委会做出《关于在公民中基本普及法律常识的决议》。"普及法律常识"简称"普法"，是社会主义民主法治建设的基础，在建设社会主义新农村的进程中发挥着重要作用。

　　因此，在农村开展普法教育宣传，加强基层民主法治建设是当前和今后一段时期建设社会主义新农村工作的重中之重。多年来，我国在农村实行的一系列改革措施使得农村经济发生了翻天覆地的变化，农民的生活水平大大提高。但是由于历史和社会等方面的原因，现阶段我国一些地区农民的文化素质还不高，有一部分群众的法治观念淡薄。普法工作把农民作为普法的重点对象之一，充分表明了普法教育对于社会主义新农村建设的深远意义。

　　关于乡土社会的法律形态，费孝通先生分析了乡土社会对于讼事态度背后的传统观念，以及现代司法在乡间不能彻底推行的原因[1]。苏力的研究从现代性角度出发，探讨了中国基层特别是中国农村的司法制度[2]。在农村普法的实践层面，王志永分析认为法律缺位和法律恐惧造成了乡土社会的法律缺失[3]。刘晓湧通过对乡村人民法庭的研究，分析了基层司法制度的职能定位及其变革方向[4]。除了国家权力自上而下向基层灌输，乡土社会也慢慢出现了内生的法律力量，应星认为一些乡村"赤脚律师"通过主动"迎法入乡"，在农村法律服务体制中发挥拾遗补阙的功能，并且重建了乡村社会"法律服务"的概念[5]。

　　目前乡村法律研究多偏向于法学和社会学或政治学的结合，重点在于分析农村社会的法律传统和广大农民的法律认同，以及农村社会的法治建设和法律治理。

---

[1]　费孝通：《乡土中国》，中华书局 2013 年版，第 63—68 页。

[2]　苏力：《送法下乡——中国基层司法制度研究》，中国政法大学出版社，2000 年。

[3]　王志永：《乡土社会法律缺失的理性思考——兼论法律缺位和法律恐惧》，中国政法大学硕士论文，2006 年。

[4]　刘晓湧：《乡村人民法庭研究》，武汉大学博士论文，2011 年。

[5]　应星：《"迎法入乡"与"接近正义"——对中国乡村"赤脚律师"的个案研究》，《政法论坛》，2007 年第 1 期，第 79—94 页。

鲜有研究者从传播学视角出发,专门探讨法治宣传教育如何通过传播活动与特定的村庄文化和生活逻辑相融合,以及乡土社会的法律观念如何通过传播活动被建构和扩散等。而事实上,农村社区的法治化建设与传播活动有着密切的关系,送法下乡要依托各种传播媒介展开,要想取得理想的效果也离不开有效的传播活动。农村社区的法治宣传教育的实质是一种面向社区全体成员,旨在提高社区成员的法律知识和法治观念,促进社区法治化进程和社区法律服务体系建设的传播行为。

一、农村基层普法宣传的现状与问题

普法宣传的主要目标是通过深入扎实的法治宣传教育和法律实践,深入宣传宪法,普及法律知识,进一步坚定法治建设的中国特色社会主义方向,提高全民法律意识和法律素质,提高全社会法治化管理水平,促进社会主义法治文化建设,推动形成自觉学法、守法、用法的社会环境。调查发现,经过近三十年的普法实践,目前在常州和扬州两市的农村地区已经形成较为固定的法律传播模式和宣传路数。其中,普法宣传栏、普法标语、法律服务室是最主要的宣传载体,此外各村还会不定期地举办法律知识讲座和发放法律宣传册等,通过群众性的组织动员来开展法治宣传教育工作。

1.基层普法宣传的形式和措施

农村的普法宣传主要通过大众传播渠道、组织传播渠道和人际传播渠道。宣传渠道是否畅通、宣传形式是否合理、宣传措施是否完善、宣传方法是否得当等问题是影响农村法治宣传效果的重要因素,因此,研究基层组织普法宣传的形式和措施对提高农村普法效果有着重要作用。

我们调查的 12 个村庄,都建设有各自的普法宣传栏和法律服务室,并且不定期悬挂横幅标语,举办法治讲座和发放法律宣传资料。以江都区小纪镇花彭村为例,在村委会所在地专门建设有法治宣传一条街和"花彭村平安法治文化巷",在"法之小纪"的宣传栏上利用"漫画解法",通过漫画小品的形式,宣传婚姻法、土地法、人口与计划生育法等与农民群众生产、生活息息相关的法律信息,倡导"学法、知法、守法、用法"的法治观念,宣传的形式可谓图文并茂,既有文字内容,也有漫画图片,兼顾不同受众的特点和需求,适合各类群体观看和阅读。据村干部介绍,花彭村是民主法治村,法治宣传教育是村里的工作重点,村委会制作法治宣传栏花费了 1 万元左右的成本。

此外,普法讲座也是当地农村较常使用的普法途径,动员全体村民参与,通过组织传播的方式进行法治宣传和普法教育。在扬州市曹南村的访谈中,村委会工作人员告诉我们,村委会有一些法律讲座是专门针对妇女的。"因为有一些是留守妇女,她们就是家庭主妇,有时候她们并不知道要怎么去做,有些在外面打工的人如果有出轨现象,妇女可能就会很无力,所以在法律方面还是要让妇女懂得一些法律,知道如何保护自己,尤其是在维权方面的。"①

在其他地区的调研过程中,我们发现各个村庄都分别建有自己的"普法阵地",且主要以宣传栏、标语、法律书屋、法律服务室、法治文化长廊等形式为主。但是在实际的宣传工作中,我们了解到:"普法阵地一般都是搞一些宣传,上面开会有什么要求啦,(要求)总归是新鲜一点的推广;有什么画报了,我们橱窗里贴贴;有什么活动了,我们拉拉标语。"②可见,多数情况下,上级部门的指示要求是推动农村普法宣传工作进展和实施的主要力量,国家政法机构主导着农村社区的普法阵地建设。

国家推行的农家书屋也被当地村委会用作普法宣传的阵地,但通常情况是在农家书屋设置一个法律书架,按照国家新闻出版总署关于农家书屋书目的要求,配备了一些法律方面的书籍,以应付上级部门的检查。在实地调研中,我们发现农家书屋的普法效果并不理想,首先源于农家书屋本身的无人问津。数据显示,只有32.5%的村民去农家书屋看过书,而有超过2/3的村民从来没有去过农家书屋,其中包括12.7%的村民根本不知道农家书屋为何物,可见这项国家推行的惠民工程并没有真正惠及农民群众,基层部门也未能充分利用农家书屋这一平台开展法治宣传教育(图4-1)。

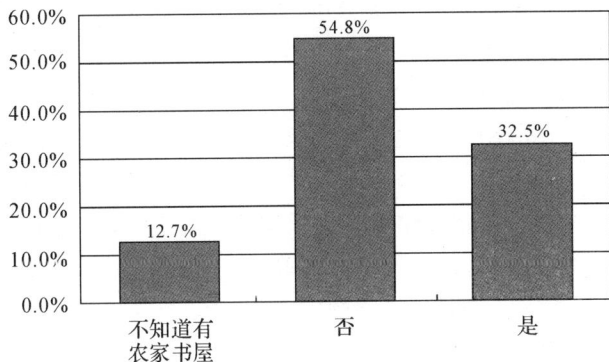

图 4-1　农民是否去农家书屋看过书的情况统计

普法讲座也同样如此,在常州市金坛区柚山村我们了解到,目前的法律传播主体多以上级政法机构为主,律师、法官、检察官等政法人员每年会定期下乡进行法治宣传。"法律讲座,每年会有两场,戴拥军来讲,他是负责我们这里的律师嘛,他是儒林镇派下来的。"③据当地村干部介绍,常规的普法讲座都是镇上或县(区)里的政法部门派专门的法律人员下乡做宣传,给村民开设讲座,或者面对面咨询,当地村委会则主要负责提供场地和水电,并协助他们组织动员村民参与,帮助他们发

---

① 摘自访谈资料,2015 年 1 月 14 日,扬州市曹南村,受访者是当地村委会干部。

② 摘自访谈资料,2015 年 6 月 5 日,常州市金坛区柚山村,受访者是村委会干部。

③ 摘自访谈资料,2015 年 6 月 5 日,常州市金坛区柚山村,受访者是当地一名辅警。

放法律宣传册以及维护现场秩序等。这种以政府的普法要求为指导,以国家推行为主的自上而下的传播体系和宣传方式,是目前农村法治宣传教育的主要模式。

将中国当代基层司法制度放在当下中国的现实背景和具体的社会条件下进行考察,按照苏力的解释,"由于种种自然的、人文的和历史的原因,中国的现代国家权力至少对某些农村乡土社会的控制仍然相当屠弱,'送法下乡'是国家权力试图在其有效权力的边缘地带以司法方式建立或强化自己的权威,使国家权力意求的秩序得以贯彻落实的一种努力"①。开展农村普法阵地建设,完善农村法治服务体系,正是国家试图将法律传播的媒介延伸至基层社区,通过橱窗、横幅、标牌等形式的传播载体和讲座、咨询、培训等形式的传播活动,有目的、有组织、有计划地宣传国家法治政策和方针。这既有利于国家法律自上而下地向基层灌输,也方便广大农民群众近距离、有条件地接触和使用法律信息。

但是,普法阵地和普法活动由于具有可计量的性质,逐渐成为考评基层普法成果的重要指标。因此,迫于政绩考核和经济利益的压力,基层纷纷加大力度来建设普法阵地和举办普法活动,甚至形成只看重传播形式而轻视传播质量的失衡状态。村委会干部过多谋求普法宣传的数量,他们关心的是建成了多少个橱窗展架、张贴了多少条普法横幅、举办过多少场法治讲座、发放了多少本法治宣传册等,算计着普法数字是否达标,却忽视了普法宣传教育的实际效果。正如当地一名驻村检察官所言:"可能我们的工作效率还有待提高,因为许多老百姓还不太知道,老百姓都在家里,我们下去的(普法)活动呢一般在大队部、在社区,他们不经常出门的可能不太清楚。"②

总体来看,各村在普法建设中都开展了实质性的工作,按照国家和上级部门的要求,做出了诸多努力,也都建设了各自的普法阵地,取得了一定的成果。但是,由于缺乏创新,橱窗、横幅、讲座等传统的宣传形式已经成为农村普法的固化套路。我们调研的12个乡村,都是类似的普法宣传形式,可谓"千村一律",缺少个性。另外,大部分乡村普法活动是在上级政法部门有布置、有要求、有安排、有检查的时候才进行宣传动员,甚至橱窗里的海报也是上级部门统一制作好下发到各个行政村,各村统一进行张贴和展示。可见,基层组织的普法宣传教育不仅形式单一,而且部分村的社区宣传人员的工作重心偏离,重数量而轻质量,重表象而轻内容,宣传工作也不能有效地从"被动"变为"主动",缺乏长期有效的传播机制。

2. 村民接触法律的媒介和途径

在目前的农村社区法律传播中,除了基层政府最为依赖的普法阵地宣传和组织传播,以电视为代表的大众传媒也是农民群众接触最广泛的媒介形式,深受农民

---

① 苏力:《送法下乡:中国基层司法制度研究》,北京大学出版社2011年版,第23页。

② 摘自访谈资料,2015年6月11日,电话访谈,受访者是金坛区一名姓杨的驻村检察官。

群众的喜爱。长期以来,电视作为农村地区的"第一媒体",成为村民接受信息的最主要渠道。

1983 年,中央批准通过了"四级办广播、四级办电视、四级混合覆盖"的方针,极大地推动了中国电视事业的全面发展,迅速提高了广播电视的覆盖率,尤其是在农村地区的普及率。时至今日,电视以高覆盖率和强传播力渗透到农村社区的每根毛细血管里,成为农民日常资讯的主要来源之一。其中,法律类节目作为电视内容的重要组成部分,也是农民群众经常收看的电视节目。伴随着新时期以来国家加大立法的步伐,开展大规模的法治建设与普法宣传工作,电视作为最强有力的大众传播媒体,自然身担重任,成为为农民群众提供法律知识的主要信息来源。资料显示,截至 2014 年上半年,中央电视台社会与法频道的覆盖率达 84.63%[1],居于央视 16 个频道的第 7 位,其中,广大农民群众是电视法治节目的重要收视观众。

有研究发现,虽然对于农民来说,平常看电视主要是为了娱乐和消遣,但是当他们面临法律问题,需要寻求法律方面的信息时,电视也是他们最便捷的选择,即电视媒介是当前农民了解或接受法律知识的最主要的渠道[2]。在调研过程中,笔者通过对部分村民的访谈了解到,农民对电视上播出的法律节目保持一定的兴趣度和信任度,部分村民甚至非常忠实于某个法律频道或者某档法治节目。

> 看电视,我只看《社会与法》和《天气预报》的,其他不看的。为什么呢?这个《社会与法》它是真的,是真人真事哎,不是瞎编的……反正人只能做好事不能做坏事哎。[3]

此前学界的调查结果也显示,电视媒介在农村地区拥有广泛的受众基础和社会影响力,并成为农村普及法律知识的重要阵地,对农民的法律知识教育和法治观念培育发挥着重要作用。我们了解到当地一位浴室老板,他曾经因为自己是法盲吃过亏,所以"平常会时不时多关注一些(法律知识),碰到了就多学学"[4],访谈中他跟我们表述了电视法治节目对于农民学法的实用价值:

---

① 搜狐网,《央视占据全国 1/3 收视份额　重视主旋律"正剧"》,2014 年 11 月 16 日。
② 陶爱萍对徐州农民法治意识调查显示,农民了解法律的主要途径中,通过电视法治节目的占 85.00%,远超报纸(50.00%)、广播(22.86%)、网络(15.71%)等的比率。王平对江苏睢宁农村所做的同类调查发现,选择"电视"了解法律知识的农民占 88.7%;选择"广播"的占 17.6%;选择"报纸"的占 25.4%;选择"网络"的占 20.5%;选择"政府普法宣传"的占 14.6%;通过"别人谈论"渠道获知的占 35.1%;"日常工作、生产或生活"渠道了解的占 12.3%;"其他"占 6.9%。(多选题形式)
③ 摘自于访谈资料,2015 年 6 月 5 日,常州市金坛区柚山村,受访者是当地一名 50 岁左右的水产养殖户。
④ 摘自于访谈资料,2015 年 6 月 6 日,常州市金坛区柚山村,受访者是当地一名浴室老板。

平时生活中,亲戚朋友总归会遇到这种情况,像我就遇到过,被人家冤枉什么的。我(是)受害者啊,受害者肯定要多学学这方面的东西嘛,从电视上。我们都是文盲,多看看电视对我们多少有点帮助的嘛。你看像我这个浴室,原来搞装潢的时候,就是因为自己法律上不懂,就直接从认识的朋友那里进的货,跟他写了一个欠条,后来麻烦事就来了,他就不承认他这个(材料)是次品,你说我愿意付这个钱嘛,但我又写了欠条。打官司,结果肯定是我输嘛,因为我写了那个欠条嘛,白纸黑字的证据,我没办法的嘛,只好认栽……总之呢,你说我们农民又不爱看书,也没有人专门去研究那个(法律知识),碰到电视上放的(法治节目),我们多看一看,多学一学,肯定有好处。①

在现代社会,大众传媒发挥着重要的社会作用,即环境监视、社会协调、文化传承,C. R.赖特补充了第四种功能——提供娱乐的功能。此外,使用与满足理论认为,受众的社会及心理的基本需求,会引发其对大众传播媒体或其他来源的期待,导致其对不同形态的媒体使用不同的行为,从而获得需求的满足。电视法治节目作为大众传播媒介,向农民传播了知识,提供了娱乐。而农民作为受众,他们收看法治节目这一行为本身也出于某种媒介使用动机,包括寻求媒介的抚慰。我们访谈发现,很多村民通过收看电视普法剧,来进行自我满足和自我安慰,通过他人的正义得到伸张,大快人心的完美结局而收获心理上、情感上的补缺。"就比方说,碰到电视上经常放的那家子女不孝顺,家产什么的你争我抢,让老年人受罪,我们也跟着来气。那家子女孝顺,一家子和和美美,我们看着也高兴。"②可见,除了传递知识和娱乐,以电视为主的大众媒介在农村社会和农民生活中还发挥着心理疏导和情绪抚慰的作用,潜移默化地影响着村民对法律的感知和认识。

我们调研发现,柚山村的老年活动室配有一台电视机,这台公共电视有专人负责管理,偶尔也会播放法治节目,平常村里的老年人喜欢聚集在老年活动室喝茶、打牌,间隙也会看看电视,"有时也会放法律节目,老年人们也都喜欢看的"③。对于农民来说,相对于宣传栏上的文字内容,或者普法讲座的宣讲教育,声图并茂的电视普法节目更能调动他们的听觉和视觉,吸引他们的注意力。尤其是在老年活动室这样一个公共空间,一屋子农民围坐在一起观看法治节目,可以集体讨论节目内容,各自发表看法,交换意见。此时,既有大众媒介的影响,也有人际交流的渗透,这种集体空间里轻松自由的传播形式,更能深化农民对法律的认识和理解。

总体上看,电视法治信息传播的影响是长期的、累积的和潜移默化的,涉案剧、

---

① 摘自访谈资料,2015年6月6日,常州市金坛区柚山村,受访者是当地一名浴室老板。
② 摘自访谈资料,2015年6月8日,常州市秦巷村,受访者是当地一位留守老年人。
③ 摘自访谈资料,2015年6月5日,常州市金坛区柚山村,受访者是当地老年活动室的管理员。

普法栏目剧、普法小品等节目寓教于乐,通过群众喜闻乐见的形式,农民往往在不易察觉或娱乐放松的状态下接受电视媒介的教化,从而在更普遍的意义上培育了农民的法律意识和法治观念。社区应该充分利用公共电视的资源,组织村民集体观看电视普法节目或者鼓励村民自发观看,借助大众媒介的传播力度,搭乘大众媒介的顺风车,深入开展乡村的普法教育。

3.乡村社区日渐式微的普法传统

在农村社区开展乡村普法阵地建设,目的是将国家依法治国的理念延伸到乡村社会,提升农民的法律素质和培育农民的法治观念。但是受上级部门政绩考核和验收考评的压力,多数时候,农村的普法阵地建设流于表面,注重面子工程而不重视实际的普法效果。基层组织按上级指令开展的普法活动往往无人问津,造成"阵地"和"普法"的脱节,表面形式花哨漂亮,但实际上收效甚微。

我们调研当地农民对村里普法活动的知晓情况(图 4-2)时发现,只有 49.7% 的村民表示村里普及过法律知识,人数不足一半。有 26.1% 的村民表示村里从未普及过法律知识,24.2% 的村民不清楚村里是否普及过法律知识。可见普法活动信息的宣传到达率并不理想。而就知道村里普及过法律知识的这部分村民 (49.7%),在询问他们是否参加过法治宣传活动(图 4-3)时,仅有 39.9% 的村民表示参加过,60.1% 的村民回复知道但没有参加过。换算过来,全体调查对象中,仅有 19.8% 的村民听说过并且参与过村里的普法宣传活动,不足 1/5 的参与率说明农村普法宣传活动的实际效果很不乐观。

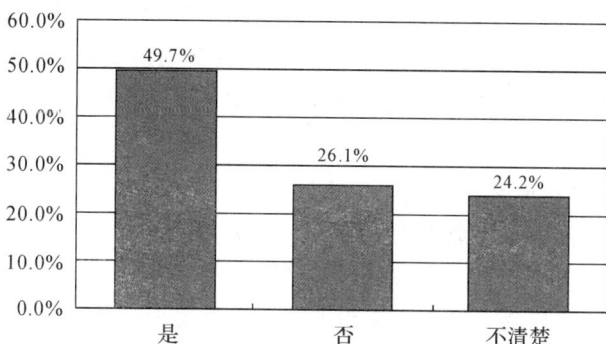

图 4-2　关于农民对村里普法活动的知晓情况的统计

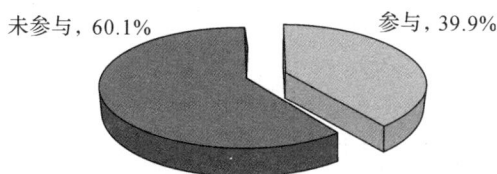

图 4-3　关于村民对村里普法活动的参与情况的统计

而就参与过农村普法活动的村民的年龄数据（图4-4）分析来看，参与人群中46周岁以上的群体占59.7%，说明近3/5的参与者是中老年群体。而35周岁以下的年轻人只有19.1%，人数不足1/5。这一统计数字也反映了当前中国农村人口老龄化的结构特征。今天的农村社会，年轻人或外出工作，或外出学习，或迁居城镇，基本上与乡土社会处于脱离或半脱离状态，剩下空巢老年人和留守儿童独守乡村，形成了当前农村哑铃状的人口结构。事实上，老年人的学习能力较低，媒介素养较弱，针对这类人群的普法工作将会面临更大的挑战。因此，面对日益严峻的农村人口老龄化问题，农村的普法工作应该立足老年群体，关心他们的特殊需求，根据他们的实际情况，通过他们喜闻乐见的方式开展有针对性的法治宣传教育和法律援助。

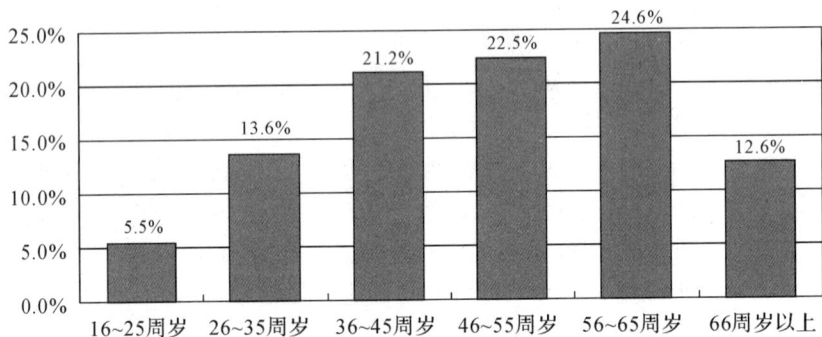

图4-4　不同年龄的农民对村里普法活动的参与情况统计

针对村民为何不参与村里的法治宣传教育进行调查，有53.8%的村民表示不知道村里有法治宣传活动，这表明村委会对活动信息通知不到位，村民信息闭塞是导致活动参与率低的主要原因。很多时候村委会组织大张旗鼓搞普法活动，花费了大量的物力、人力，但是却在最后一步的通知环节掉了链子，广大农民对活动信息毫不知情，于是普法讲座成了无人收听的空谈，成了没有观众的自言自语。

据了解，在柚山村，活动的通知形式一般按"村委会—片长—村民代表—村民"的流程进行传播，即村委会接到上级指示需要进行普法宣传教育，会将通知工作交代给片长，片长再将任务分配给各个村民代表，要求村民代表挨家挨户上门通知。在农村地区，由于居住相对集中，依然还延续着传统的口耳相传的人际传播模式，村委会干部也会通过入户通知的方式进行日常信息的传播。

　　　　一户一户打电话也不现实，手机也不（会给）每个人都打，主要（打）给村民代表，村民代表去发放材料，都在一个村上，蛮集中的嘛，家家跑跑嘛。一般都是通知的形式。①

据了解,当地共有 4 名片长分管 4 个片区,每个片区有大概 35 个生产队,一个生产队有三十多户人家,每个生产队都配备 1 名村民代表。这个分管流程看似严丝合缝,似乎可以将信息精确地传送到每家每户,但是真正到执行阶段则会出现脱节的情况,片长和村民代表,更多是将纸质通知张贴到宣传栏或布告栏上,而不是挨家挨户地宣传和告知。而实际上,大多数村民不会时时刻刻去关心村里布告栏里都贴有什么通知,也不会定时定点去查看布告栏上是否有新出的消息,而且农村很多老年人识字困难,即使他们看到了墙上有通知,也根本看不懂纸上写着什么内容。有两位受访者表示:

> (我)不识字看不懂的,有什么事情都是别人告(诉)给我的②,墙上那些通知很少专门去看,平常比如说停电、停水的,都是听别人讲才知道的,在茶馆里啊,或者在我店里,听到那些顾客讲的。③

此外,关于农民为何不参加村里普法活动的原因统计(图 4-5),还有 5.5％的村民表示离家太远不方便,7.5％的村民表示没有什么实用价值,20.3％的村民表示没时间。可见,就村民自身而言,对乡村普法宣传不热心、不关注、不在意、不感兴趣是主观原因。另外,工作生活繁忙没有时间,也是造成农村普法活动参与率低的现实因素。在与村民的访谈过程中,有村民表示了对于法律知识讲座的看法:

> 总归有人去的,像我基本上不去,不感兴趣。说句实话,像我们也不算懂法,一点点小事不可能就去动用那个法律,还要找律师还要什么的,太麻烦,太复杂了,不可能的。农村人就这点实在啊,吃了亏了,我只能找你理论,不可能法律不法律的。④

比较法学家勒内·达维德认为:"中国人一般是在不用法的情况下生活的,他们对于法律制定些什么不感兴趣,也不愿站在法官面前去。"⑤在中国农村,大多数农民是不希望打官司的,不仅仅是他们受传统无讼思想的规训和囿于自身法律知识的匮乏,还在于打官司要付出巨大的代价,消耗大量的时间和精力,以及承受来自家庭、社会的多重压力,所以不到万不得已他们不会去打官司。当村民普遍缺少法律信仰和法律认同,将法律工具排除在日常生活之外时,自然对农村社区的普法

---

① 摘自访谈资料,2015 年 6 月 5 日,金坛区柚山村,受访者是当地一名姓徐的片长。
② 摘自访谈资料,2015 年 6 月 8 日,常州市秦巷村,受访者是当地一位留守老年人。
③ 摘自访谈资料,2015 年 6 月 6 日,金坛区柚山村,受访者是当地一名小吃店老板娘。
④ 摘自访谈资料,2015 年 6 月 5 日,金坛区柚山村,受访者是当地一名姓蒋的水产养殖户。
⑤ [法]勒内·达维德著,漆竹生译:《当代主要法律体系》,上海译文出版社 1984 年版,第 487 页。

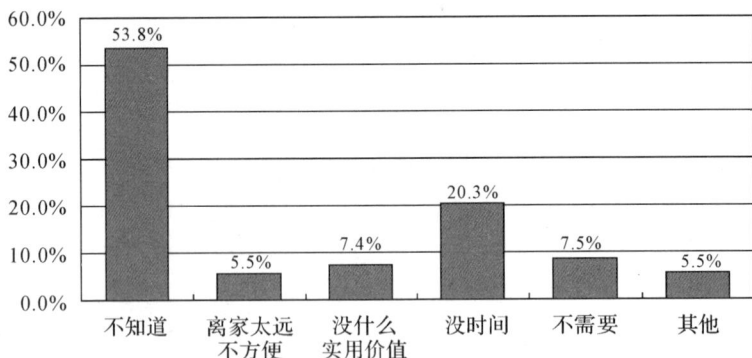

图 4-5 农民不参加村里普法活动的原因统计

宣传无动于衷。

平常情况下，大多数村民浏览宣传栏、参加普法教育讲座以及观看法治栏目剧等，抱有"随便瞎看看"的心理，没有明确的学法目标，甚至一位村委会办公室的工作人员都坦言："（普法讲座）讲什么内容我也不大去听，跟我没啥关系，不关心。"① 当地一名干部也认识到传播效果的不理想，在给我们分析农民学法的动机时说道："现在的农村普法工作不好做啊，平时没有涉及利害关系的，他（农民）不会管的，一旦涉及自己利益的，他才会看的。"②

总体而言，送法下乡和轰轰烈烈的"文化、科技、卫生三下乡"一样，一般由政法部门主导，多部门协助，通过建设法治橱窗、横幅等宣传阵地，举办普法知识讲座、法律咨询会，以及给村民发放普法资料等传播形式，推动法律延伸至基层社区。但是事实上，对于村委会来说，上面千根针，下面一根线，一方面囿于上级部门的政策压力，被动进行宣传组织，工作积极性不高；一方面也由于村委会干部自身法律素质不高，专业人员欠缺，项目资金有限，导致活动形式单一，内容乏味，缺乏创新。对于农民来说，趋利动机明显，法治观念淡薄，忙于生计而无暇关注社区教育等方面，也是造成乡村普法活动"阵地"与"宣传"脱节，实际宣传效果一般的主要原因。

总之，"六五"普法已经接近尾声，我国的普法工作也已经开展了近三十年的时间。对于乡村法治宣传教育而言，各村委会按部就班地遵循上级指示进行相应的宣传和动员，做出了一些努力，并且也取得了一些成绩。但是农村社区法治化建设仍然是一项艰巨的任务，农村社区的法治宣传工作仍然任重而道远。我们需要不断总结经验，尤其是对目前灌输式的普法形式进行反思，以期提高农村社区的法律传播效率，逐步培养广大农民的权利意识和主体意识，树立起农民群众对法律的认同和信任。

---

① 摘自访谈资料，2015年6月5日，金坛区柚山村，受访者是一名当地村委会办公室的工作人员。
② 摘自访谈资料，2015年6月5日，金坛区柚山村，受访者是村委会干部。

二、农村社区法治服务体系建设的经验比较

基层普法运动的经验表明，法治传播活动和基层法治建设不是一蹴而就的，也不是一帆风顺的。农民法治观念的培养是一项长期工程，需要依赖于基层普法工作中每一个环节的有效配合。而如何调动各个环节的能动性和创造力，提高农民法治教育的传播效率，我们有必要结合国内外的成功案例，并对照常州、扬州两地的基层普法经验，进行系统的总结和分析。

1.队伍建设：基于社区意见领袖的两级传播

法学家苏力认为"政法系统"是一个政治性范畴，其基本视角还是政府控制，从社会研究来看，这些与农民直接接触的法官、检察官、警察、公证员、律师等政法系统内的人员，及其边缘的法律人可以称为"乡土社会中的法律人"。这些乡土法律人将法律服务延伸至乡村社区，平时村民遇到法律上的问题可以到村委会的民意调解室寻求帮助。但是事实上，这些"乡土法律人"只是挂职到各村庄，他们日常还是在县镇的行政单位办公，如若有事，才会"下去"农村。

而落地到农村的日常法律事务，农村会安排专人负责当地村民和政法机关的法律人员进行对接。我们调研发现，柚山村在民意调解室设有一名编制之外的辅警，即村民调解员。所谓编制之外，是指这名辅警不同于政法系统内的公职人员，属于职业法律队伍之外的乡村法律服务者，按照应星的解释，就是"政法系统边缘的法律人"，但是也属于"乡土法律人"。这位辅警在民意调解室负责日常接待，向下直接与村民接洽，向上与政法系统内的乡土法律人联络，既协助检察官、法官、律师处理乡村法律事务，也配合民警协调乡村民政工作，还可以直接调解村民之间的纠纷，从而形成检察官、法官、律师、民警和村民调解员相互配合的农村社区法律服务队伍。

据了解，乡村社会的法律纠纷通常是"先我们（民意调解委员会）出面调解，调解不够，再找法院检察院"①。按照这名辅警的解释，当村民遇到矛盾和纠纷时，先经村级民意调解委员会出面调解，调解失败，村里会请求镇上的派出所予以援助，派出所会派出片区民警继续调解，如果民政调解仍不成功，将走司法程序，委托法院检察院进行法律判决。但是一般情况下，村委会调解和民政调解已经基本能够解决村民间的矛盾纠纷。可见，社区调解工作在化解社区居民纠纷、维护社区和谐方面发挥着不可低估的作用。

---

①　摘自访谈资料，2015年6月5日，金坛区柚山村，受访者是当地一名姓田的片区民警。在我们调研当天，即碰上一起村民间的土地纠纷。田警官当天上午九时许接到辅警的电话后，立即驱车从儒林镇赶到柚山村，在当地村委会的民意调解室进行协调。中午十二时右右，两家村民基本达成意见一致，承诺到年底将有争议的蟹塘里的鱼虾打捞干净，留作公用。调解完成后，田警官开车离开柚山村，返回儒林镇。

大多数老百姓其实是双方憋着气在里面,有的时候大家讲话必须要有一个中间人或者说有一个台阶,让他们来谈这个事情。老百姓他不是说非得上纲上线地想达到什么目的,想化解他们双方的矛盾,就要找到矛盾根本在哪里,第二个把这个气顺平了。老百姓过日子,只要说是能相安无事的,一般老百姓都愿意和平协商来解决。①

事实上,农民的法律意识并不完全来源于对法律知识自上而下的灌输,他们也会从发生在身边的具体的法律事件中学习法律知识,加深对法律的了解。可以说,村民接触"乡土法律人"的过程实际上也是一个学法的过程。同时,乡土法律人作为意见领袖可以说服、引导农民和为农民作示范,不仅能在思想观念上影响农民,而且能在行动上起示范带头作用。

在人际交往中,乡土法律人通常通过面对面的交谈来处理村民之间的民事纠纷,通过具体事件的解说和对具体问题的解惑,向村民传递法治方面的知识和信息。而且乡土法律人作为法律方面的知识权威,在具体事务的处理过程中,更能获得村民的信任,通过面对面的人际传播和问答性的互动,以聊天和对话的形式进行讲授,更容易引导村民对法律的认识和理解,潜移默化地影响村民的法治观念和法律意识。这些乡村法律的意见领袖在双向交流过程中能迅速了解信息接受者的想法和态度,可以随时调整信息内容的重点和表达方式,解开村民的疑惑,满足村民的需求,增强说服力,使村民逐渐理解和认同法律知识。

除了乡土法律人,在乡村社会中扮演法律方面意见领袖角色的还有另一类重要群体,即乡村赤脚律师。应星解释"赤脚律师"的名称来源于毛泽东时代的"赤脚医生",取其凭借粗疏的技艺在乡间进行无偿的服务之意②。在《"迎法入乡"与"接近正义"——对中国乡村"赤脚律师"的个案研究》中,应星详细介绍了山东省阳谷县周广立的赤脚律师生涯和"周广立现象"。

从1995年到2006年,山东省阳谷县的普通农民周广立经历了十年的乡村律师生涯,也创造出了一个让地方政府头疼、让当地百姓称快、让新闻媒体追逐、让学界人士惊讶的"周广立现象"。最初促使周广立走上诉讼代理道路的,来自他偶遇的一次"送法下乡"活动。而后通过代理案件和不断获得胜诉,他的名人效应迅速发酵,不少人都来向他拜师学艺。于是,一批赤脚律师很快被复制出来。在周广立的影响下,在以阳谷县为

---

① 应星:《"迎法入乡"与"接近正义"——对中国乡村"赤脚律师"的个案研究》,《政法论坛》,2007年第1期,第80页。

② 应星:《"迎法入乡"与"接近正义"——对中国乡村"赤脚律师"的个案研究》,《政法论坛》,2007年第1期,第82—94页。

核心的周边地区已经初步形成了一个赤脚律师网络,一股乡民自发地学法用法的热浪正在鲁西悄然兴起。1999 年前后,包括中央电视台和《中国青年报》《南方周末》在内的新闻媒体都报道了"周广立现象",肯定了周广立在农村法治化进程中的贡献。由于赤脚律师所具有的方便、免费、亲切、少顾虑的特点,他们在法律服务尤其是行政诉讼代理上的功能是律师事务所和法律服务所均无法替代的。尽管他们的非职业化也会使其在从事法律服务的技术层面上存在着一些缺陷和不足,然而,比起中国律师队伍某种过度职业化以及远离乡村从而带来的种种问题而言,赤脚律师反倒是铺设了具有中国社会特色的公民"接近正义"的桥梁。①

与送法下乡自上而下的强制性灌输不同,赤脚医生的法律实践和传播效应更多体现了农民"迎法入乡"的主动学法过程。按照应星的解释,这其中既有合谋又有对抗,"一方面,迎法入乡确认了法治对农村的支配性权力,而另一方面,农民在某种程度上又通过这种主动的行动重建了农民的主体性,把法律从国家手中拿过来放在了自己的实用工具箱中"②。可见,赤脚律师对法治的实用化改造以及对农民的二次传播在一定程度上颠覆了传统的送法下乡的支配性权力,当无数周广立这样的乡村赤脚律师扮演起意见领袖的角色,将经过改造后的更贴近农民现实需求的法律知识在农村地区传播开来,会更加有利于加快农村社区的法治化进程,提升农民的权利意识和主体意识,培育出知法、懂法、守法、用法的新型公民,建设起法治化的农村社区。

2.阵地宣传:依托社区教育平台的法治宣传

"六五"普法明确指出,开展农民法治宣传教育时,要加强农村"法律明白人"的教育培训,发挥他们在开展法治宣传教育、法律咨询和化解矛盾中的作用。送法下乡的重要内容之一就是向农民输送法律知识,减少农民中的法盲比例,培育知法、懂法的新农民。因此,建设和完善农村社区的教育设施,为农民搭建起学习和求知的平台,鼓励农民接受教育和自我学习显得尤为必要。

目前乡村已有的普法阵地包括宣传栏、标语、法治文化长廊、法律服务室、法律书屋等形式。其中宣传栏、标语、文化长廊等传播载体受制于篇幅,多以广告口号和短篇文章为主,内容多简洁精练,不方便村民进行深入学习。以法律服务室为代表的咨询服务则有带有强烈的目的性,一般情况下,村民只有在遇到实际法律问题时才会去寻求帮助。而法律书屋的建设不仅可以帮助农民解决"买书难、借书难、读书难"的问题,而且丰富的书籍和资料还能为村民提供纵深阅读的平台,方便村

---

① 应星:《"迎法入乡"与"接近正义"——对中国乡村"赤脚律师"的个案研究》,《政法论坛》,2007 年第 1 期,第 85 页。

② 摘自访谈资料,2015 年 6 月 5 日,金坛区柚山村,受访者是当地一名姓蒋的水产养殖户。

民根据兴趣、爱好,利用业余时间进行自助学习,改变传统的宣教式、灌输式的普法宣传。

在实地调研中,我们了解到 12 个村都建设了各自的农家书屋,并都配备了上千册图书供村民免费阅读和学习。但是实际的使用效果却并不理想,当地社区没有充分利用农家书屋这一媒介资源开展法治教育活动,甚至部分村民根本不知道农家书屋的存在,访谈中"没听说过""不知道""没有"是经常听到的答案。

根据前文的数据(图 4-1),只有 32.5％的村民去农家书屋看过书,而有超过 2/3 的村民从来没有去过农家书屋,其中包括 12.7％的村民根本不知道农家书屋是什么。并且还有一部分村民对农家书屋的性质认识不清,对农家书屋的使用权存在误解,"村委会里面的农家书屋啊,没事往那里跑干什么,那个书他们自己看的,我们老百姓不会去的"①。由于各村庄的农家书屋多设立在村委会和大队部,远离村民日常生活的活动区域,因而部分村民会产生误解,认为所谓的农家书屋实际上是村委会干部们的私人图书馆,只有村干部们才有权使用和阅读,与普通老百姓无关。

事实上,在法律知识下乡的过程中,农家书屋作为社区教育的优质平台,本该在农村法治宣传教育中担当重任,但是在当地,农家书屋却并没有能够充分发挥其媒介平台的作用,反而几乎已经变成一座空壳子。一方面农民几乎不知道这一设施的存在或者没有兴趣进去学习,另一方面村委会也只是将其作为交差的作业,书屋内的书籍、电脑、桌椅等硬件变成应付上级检查的道具。并且,根据我们的实际考察,虽然书屋内配置了一定数量的书籍,但是大部分都是农业科技、生产养殖、生活常识、民间艺术、养生保健、幽默笑话类的图书,法律类书寥寥无几。通常情况下,农家书屋在配备图书时,应该依据国家新闻出版总署推荐的农家书屋书目来配置图书,并与相关人员进行沟通,确保配置的图书能基本满足当地村民的需求。但是在实际操作中,由于资金的短缺和渠道的闭塞,有些农家书屋的图书来自社会捐赠,捐赠方在进行捐赠时,很少到村里调查了解农民的阅读需求,因而所捐赠的图书会与受捐村民的阅读需求相背离,忽视了受众本位,使得某些方面的书籍配给不到位,不能够完全满足村民的需要。

农家书屋作为社区内重要的公共空间,是一种重要的媒介资源。殷晓蓉认为"'空间'对于传播和传播学研究有着特殊的意义。在最基本的层面上,'传播'是信息得以在空间传递和发布的过程;也是特定空间内对于关系和文化世界的建构、维系或批判"②。对于乡村法治传播而言,农家书屋不仅是方便法治信息得以传播和流通的平台,在这里面发生的传播活动也在建构或维系着社会关系。但是在当地,

---

① 摘自访谈资料,2015 年 6 月 5 日,金坛区柚山村,受访者是当地一名姓蒋的水产养殖户。

② 殷晓蓉:《传播学视野下的"城市空间"》,《复旦学报(社会科学版)》,2013 年第 5 期,第 136 页。

农村社区的普法宣传明显忽略了农家书屋这一重要的空间媒介,既没有配置足够数量的法律书,也没有在此空间内,举办法治主题的读书会和知识讲座等活动。

参照其他地区的经验,也有将农家书屋建设成法治文化传播阵地,依托社区教育平台进行普法宣传的成功实践,其中,成为"江苏省法治农家书屋建设示范点"的丹阳市司徒镇谭巷村农家书屋就是典型案例。

2010 年前后,丹阳市就将"法治文化书屋"建设作为法治文化阵地重点加以推进,按照"图书分馆与农家书屋同建、送书和读书同抓、图书配置与图书流转同行、法治专柜与星级书屋同创"的"四同"思路,解决了农民学法的瓶颈。其中,以丹阳市司徒镇谭巷村农家书屋为成功代表。

> 丹阳市司徒镇谭巷村农家书屋是丹阳市 2 个四星级农家书屋之一,有各类图书近 1 万册,其中法治类书近 1000 册,包括丹阳市司法局发放的百余本《公民普法实用手册》以及各类政策、法律、法规读本,普及法律知识。该村将农家书屋作为农民身边的"普法课堂"加以推进,并在每个书屋专门设立"法治书籍专柜",配置《劳动法》《安全生产法》《文物法》《物权法》等各类法治图书 1000 余册。此外,丹阳市先后组织各村农家书屋管理员参加省和镇江市专业法治培训。并在此基础上,建设长效机制,制定下发"读书引领"活动方案,开展"我最喜爱的一本法治书"读书征文等主题鲜明的读书普法活动,以及组织农民听法治讲座,进行普法宣传,让农民在阅读中获得快乐,在快乐中获取法律知识,在学习中增强法治观念。①
>
> 据该书屋管理员介绍"我们谭巷村农家书屋是'江苏省法治农家书屋建设示范点',这里有各类图书近万册,其中法治类书籍就有 1000 多册,是我们当地农民学法的好地方"。②

从丹阳市谭巷村的法治宣传教育案例中,可以看出,其成功的模式在于依托社区教育平台,一方面借助和发挥农村社区的教育资源,避免资源的闲置和浪费;另一方面开展法治教育,丰富了农村社区教育的内容,将传播渠道和传播内容有效整合,实现社区教育和普法宣传的合二为一。

3.公益传播:方便社区居民咨询的法律援助

追本溯源,当代中国的普法运动作为近代以来整个中国法治现代化建设的一个重要环节,是在西方法律文化冲击的情况下展开的。③ 这种冲击,在传统乡村礼

---

① 中国新闻出版网,《江苏丹阳农家书屋成夏季"普法课堂"》,2013 年 7 月 16 日。
② 法治网,《镇江——法律宣传进乡村消除盲点》,2014 年 1 月 23 日。
③ 张明新:《对当代中国普法活动的反思》,《法学》,2009 年第 10 期,第 30—36 页。

俗和现代法律的博弈中更加明显。依据这种情况,探讨中国社会尤其是农村社区的法律传播活动与法治建设,有必要借鉴西方发达国家的成功经验。

> 罗俊华在对加拿大安大略省的法律援助制度进行考察期间了解到,安省专门设立有公益法办公室以提供法律志愿服务,为那些不符合法律援助经济困难标准而又没有能力聘请律师的社区居民提供司法保护,为其与法律援助提供者(如社区法律援助诊所、社区组织)之间的联系牵线搭桥。公益法办公室本身并不处理公益案件或问题,而是作为一个中介机构,详细了解需要帮助的人有哪些法律需求。然后与一些律师事务所或律师联系,如果律所或律师对提供这类志愿服务感兴趣,他们就可以与这些机构一起解决相关问题。律师提供的服务都是免费的,方式包括提供免费的服务时间和进行法律知识的免费培训。公益法办公室的建立是为了促进中、低收入个人和志愿组织服务的公益项目开展,也包括开拓机会让律师提供免费法律服务来推动公益项目。①

加拿大作为民主法治国家,其法律服务体系相对完善,公益服务架构也相对成熟。因此,为个人和独立机构的自愿性法律服务提供了较为完备的传播条件和运行机制,有助于民主法治精神在全社会传播和扩散,培植全体公民对法律的认同和信仰。

虽然加拿大和中国的国情以及法律援助制度有着相当大的差异,但其志愿性法律援助活动的开展,仍然有值得我们学习的地方。据了解,常州市金坛区在开展乡村(社区)法律工作时也正在探索"一村(社区)一检察官"的服务体系创新。2014年年底,金坛区检察院开始选派67名检察官与全市6个镇67个村(社区)开展"一对一"挂钩定点联系服务,将法律服务延伸至基层,目的是解决农民法律咨询的实际需求,为村民提供公益性的法律咨询服务。在我们跟金坛区某一驻村检察官的电话访谈过程中,了解到:

> 我们单位下乡去之后,马上就有人打电话给我们驻村检察官,寻求法律上的援助,根据他们实际上的困难……他们(老百姓)也需要这种方式跟他们接触,因为叫他们从乡下跑到城里来找我们也不太现实的,现在分区负责后,他们可以打电话给我们,我们可以告诉他怎么弄,怎么解决……下去后,当时就有老百姓问了。因为这个送法不是我们一家单位

---

① 罗俊华:《加拿大法律援助志愿活动情况及对我国的借鉴意义》,《中国司法》,2007年第3期,第101—102页。

在送,他们司法局也有,公安也有,农村他们好多老百姓对检察院都不知道是什么单位,但当我们检察院也去送(法下乡),深入群众,跟群众多联系多接触,他们就知道检察院是干什么的了。①

可见,政法部门送法下乡不仅向村民传输了法律知识,宣传了法治教育,提供了法律援助,其送法活动本身也在加深和农民之间的联系,强化了各个政法部门的职能定位,这有助于消除农民对各个政法单位模糊混淆的印象,加强农民对各职能部门的认识和理解。

同时,并非只有当村民遇到法律问题时才需要法律专业人士的帮助,在日常的生活中,部分村民由于自身文化程度不高,法律素养不够,对法律的认识存在一定程度的"知识鸿沟",他们往往会根据自己的生活逻辑和价值标准作主观判断,对法律的认识存在偏差,甚至会出现一些令人"啼笑皆非"的见解。"法律也不公平哎,就是说那个小偷的事情,老是小偷小摸,你抓了不能打,派出所抓了又不罚。我看到小偷,我不要追啊,他出了车祸还要我来负责,哪有这样的道理呀。那我东西被偷就偷掉了,国家又不赔我。做贼的都比你有道理,现在人不怕你凶,就怕你穷。"②针对部分村民存在的法律对立情绪和认识偏差的情况,更加需要驻村检察官以及其他公益团体及时发现和纠正,通过人际传播,耐心解答村民心中的疑惑,面对面地对村民进行解释和教育,宣扬法律的公平性、公正性和权威性,引导他们正确地理解法律、认识法律,帮助他们树立起对法律的认同和信仰。

当谈及实际的普法效果,该名检察官坦言一方面由于"一对一"活动刚刚开展,经验不足,目前收获的实际效果有限;另一方面送法下乡和农村普法工作确实也存在困难:

我们名单挂在那里是方便他们具体有什么事情可以电话打给我们……平常很少有村民打电话,很少接到电话。我们下去开展工作,一般老百姓遇到什么事情,涉及自己需求,他才会找你说'法',对法律有重视,如果没有什么事,他也就跟顾客一样子,到那里去看看。③

可见,志愿性的乡村法律援助并非一帆风顺,由于农民的趋利性以及自身学习能力有限,法律意识淡薄,往往对普法活动缺乏热情,较少关注,农民的"无动于衷"也会引发政法人员普法积极性的削减,一旦形成恶性循环,将会加重农村普法工作的困难。

---

① 摘自访谈资料,2015年6月11日,电话访谈,受访者是金坛区一名姓杨的驻村检察官。
② 摘自访谈资料,2015年6月5日,金坛区柚山村,受访者是当地一名姓蒋的水产养殖户。
③ 摘自访谈资料,2015年6月11日,电话访谈,受访者是金坛区一名姓杨的驻村检察官。

比较来看,虽然加拿大安大略省公益法办公室和金坛检察院这两者都是出于公益的目的,为社区提供无偿的法律咨询和法律援助,但是较之于金坛检察院组织性的志愿服务,安省的律所或律师还带有明显的"自愿"色彩。由于国外深入人心的公益传统以及相对成熟的社区服务机制,以加拿大安省的公益法办公室为代表的非政府组织,里面的律师和服务人员多从个人意愿出发为社区提供无偿服务,具有较强的个体主动性。而金坛区开展的"一村(社区)一检察官"活动虽然也是无偿的社区服务,但多少具有组织的强制色彩。作为一种组织性质的志愿活动,参与服务的人员不可避免地会带有被动的压力,工作的积极性和热情度不会太高。因此,化被动为主动,将志愿升级为自愿,才是使公益服务在乡村普法过程中发挥最大作用的长效机制。

三、农村社区法治服务体系建设的突破和创新

当代中国普法活动规模之巨大、形式之繁多、内容之广泛、持续时间之长久,在中外法治史上都堪称创举。[①] 法治宣传教育活动,意在提升全民族的法治观念和法律意识,推进依法治国,建设社会主义法治国家。法律知识进入乡村,开展农村法治宣传教育,重点是传播与农民生产、生活息息相关的法律法规,引导农民依法参与村民自治和其他社区管理活动,提高他们参与民主选举、民主决策、民主管理、民主监督的能力。

但是以哈罗德·拉斯韦尔的 5W 模式来对照目前农村社区法治传播的模式,我们发现在传播者、传播渠道、传播内容、信息受众等方面或多或少存在偏差,从而导致农村社区法治传播的效果不尽如人意。为提高对农民法治传播的效果,优化农村社区法治传播方式,切实提高农村社区的法治化进程和农民的法治观念,我们有必要回过头来进行总结和反思,并对农村社区的法治传播体系提出对策和建议。

1. 基于村民需求的法治信息传播

从 1985 年启动至今,普法活动走过了三十余年的历程,其中,"五五"普法首次将农民列为重点普法对象,"六五"普法继续强调要加强对农民的法治宣传教育。因为我国城乡是二元结构,农村地区的经济发展水平和农民的科学文化素质都落后于城市,国家基层治理和依法治国基本方略的要求决定了政府在基层普法工作中的主导作用,在现阶段,依靠国家力量的送法下乡是农村法治宣传教育的主要路径。

我们调查发现,虽然国家力量主导的乡村普法工作取得一定的成绩,但是"扫盲"式的普法活动往往是灌输式的,传播者对传播的内容、形式、流向起着主要的控制作用,受众在法治传播的权力结构中处于边缘地位。而事实上,信息传播的实际

---

① 张明新:《对当代中国普法活动的反思》,《法学》,2009 年第 10 期,第 30—36 页。

价值和现实意义,在于它能为受众所接收、所认可、所使用。因此,农村法治传播的整个过程应该围绕农民展开,基层法治传播者采集、制作和发布信息的出发点和落脚点,都是为社区村民提供服务。这就需要基层法治传播人员完成从传者本位向受众本位的重心转移,赋予村民参与基层法治传播的权利,并建立健全双向互动机制,完善基层法治传播流程。

(1)转变基层社区法治传播工作的重心。对于轰轰烈烈的乡村普法运动而言,适应农民切身需求的法治宣传教育和在根本上树立农民群众的法治观念,才是"送法下乡"能够取得成功的关键。要切实提高农村的法律传播效果,我们认为应该从转变基层社区法治传播的工作重心做起。要基于农民的现实需求,树立受众主体意识,开展有针对性的法治传播服务,基层法治传播工作者需要实现从传者本位向受众本位的工作重心的转移,树立以受众为导向的法治传播理念。此外,普法下乡不仅是传播法律知识,更主要的是教育农民如何树立法律意识、规范法律行为和规避法律风险,在对农民提供法律援助的同时,应该清醒地认识到开展法律风险防范教育的重要性,通过培养基层群众对法律风险的防范意识,做到防患于未然,帮助农民有效地规避法律风险。

第一,树立以受众为导向的法治传播理念。

传统的"传者本位论"认为传者是信息传播活动的中心和出发点,并根据传播者的需要和利益来决定传播的内容、方式和目的。但是事实上,村民在信息的传播链条上不是"应声而倒的靶子",他们会因为特定的动机产生差异化的法律需求。这就要求基层普法运动在传播过程中,应该根据农民群众的生活特点进行有针对性的服务,改变过去"我宣传什么,老百姓听什么"的传者中心思维,树立以受众为导向的法治传播路径,努力做到"老百姓需要什么信息,我提供什么信息"的受众本位观。改变过去枯燥的"灌输式""填鸭式"宣传教育的方式,创办农村"普法超市"、法治夜校,由农民根据自己需求,进行"菜单式""订单式"法律知识宣传教育。针对农村、农民结构的层次性和法治宣传需求的多样性,在制订法治宣传计划时,既"求同",也"存异",既安排《宪法》《民法》《婚姻法》《治安处罚法》等共性内容,又要因人、因需而异,安排诸如《村民委员会组织法》《劳动合同法》《企业法》《土地管理法》《农业法》等个性化内容。在农村社区的普法过程中,真正做到老百姓缺少什么,我补给什么;老百姓需要什么,我提供什么,时刻把握不同层次农民的需求重点,按需施教,按需传播。

同时,在法律内容的编排与设计上,要做到解放思想,创新思路,根据受众的喜好和特点,把法律条文通过一些行之有效的宣传途径变成通俗易懂,并以群众喜闻乐见的形式传播到千家万户,以此来激发农民的学法热情,使农村法治宣传教育逐步由"要我学"的被动状态转变为"我要学"的主动状态,使法治宣传教育真正进村入户,深入人心。

以受众为导向的农村社区法治传播，不仅要满足大多数农民的兴趣、爱好和需求，还要关怀到农村的弱势群体，对低社会关联度的农民，如文盲、儿童、穷人、残疾人这类有特殊困难的受众，也要给予相对应的法治信息服务和法律援助。针对目前农村老龄化的人口结构，要开展农村老年群体喜闻乐见的信息传播活动，做好老年人的普法教育工作。总之，农村社区普法宣传要力图消灭每一个盲区，兼顾各类受众的需求，使农村法治服务能够最大限度惠及广大农民受众。

第二，加强对农民普法宣传中的法律风险防范教育。

在前文关于村民的访谈中获悉，因为请律师、打官司等法律事务需要耗费大量的金钱、时间和精力，还要承担各种社会压力，以及受乡土无讼思想的束缚，对于大多数农民而言，不到迫不得已，他们是不愿意通过对簿公堂来解决问题的。因而，在中国农村这种特殊的社会环境下，既要顺应农民排斥打官司的心理，又要切实保障农民的合法权益，最为关键的就是从源头上做到正规合法，保证农村各项事务的规范化。所以，在农村法治宣传教育工作中，不仅仅要将法律知识传递给农民群众，向农民群众提供法律援助，还需要加强农民的法律风险防范意识，培育农民的法律素养和法治观念，并使广大基层群众能自觉以法律武器保护自己免受侵害，同时也时刻提醒自己切忌触犯法律红线。

对于农民来说，他们由于缺乏法律知识与法律意识，或者受人情面子的影响，在重要事务面前，如婚姻、收养、承包、租用、转让等方面通常会缺乏专业的法律手续，往往埋藏隐患，容易引起法律纠纷。因此，农村普法教育与其说是要帮助农民如何打官司，不如说是教育他们如何避免打官司。基层法治工作人员要向农民群众传播法治思想，培养他们的法律意识和法律观念，并在权限划分、签订合同、履行协议等方面给予农民实际的指导和提醒，在继承、遗嘱、离婚等民事法律关系和土地承包、农业技术转让、房屋拆迁等经济法律关系领域向村民提供公证服务，使农民日常的法律行为做到合法化、规范化，帮助他们从源头上避免法律纠纷的产生和法律事件的恶化。

对于基层单位来说，目前普遍面临的最大问题是法律法规的遵循问题，也就是合规性问题。基层部门通常没有严格的行为标准，办事方法存在较大的随意性，在土地、财产、承包合同等方面，村民与村委会之间经常会产生纠纷和矛盾，以致走上法律诉讼的程序，闹得不欢而散。因此，基层部门需要优化法律顾问模式，聘请专业律师对农村法务进行把关，以规范日常工作流程，履行必要的公证手续，严格遵循法律法规，防范法律风险，并做到全程防范、时时防范、事事防范。尤其是与村民利益息息相关的社会事务，要向农民实时播报其进展情况，既保证村委会各项事务的合法、规范，又保证农民的知情权和监督权。

总之，与自然风险、商业风险等其他风险不同，法律风险是可控、可防的，因此任何事件发生之后的法律援助，都不如防患于未然。乡村法治工作者要加强法律风险防范教育,培养基层群众对法律风险的防范意识,充分发挥法律作为保卫权利的盾牌作用,避免法律纠纷的侵袭。

(2)赋予农民参与基层法治传播的权利。由于农村社区的复杂性和多样性,以及农村经济社会发展较为落后,农民的法律素养普遍较低,法治经验不足,因此需要政府力量的介入来提供资金支持并规范乡村社会的法律传播秩序。但是就目前来看,政府部门在农村法治传播过程中往往大包大揽,各种要求、命令、指示过多,控制和管理着传播链条上的每一个环节,农民处于被动的位置,农村法治传播显得十分呆板和僵化。同时,又由于农民通常是信息传播过程中的弱势群体,在资源的享受和利用、信息接收工具的拥有量、享用传媒的消费时间、接收信息和自我表达声音的能力等方面均不如城市受众。因此,在农村社区法治传播活动中须通过赋权来弥补其能力劣势和先赋残缺①。

在此情况下,需要更新农村社区法治传播的工作思路,对政府职能进行重新设计,加强政府在农村社区法治传播过程中的公共服务供给方面的作用,减弱政府对社区法治传播的直接管控,赋予村民参与基层法治传播的权利,集民力,聚民智,汇民意,使得法治信息的传播能更好地满足受众需求。

第一,提倡村民参与基层普法工作。

在传统的农村法治传播过程中,信息的选取、加工和发布都是由传播者所决定,受众没有选择的主动权,基本上处于被动接受的地位。而事实上,农民就像生活在水中的鱼,最清楚农村发展的现实,也最能够反映农村的需求,因此,应该提倡村民参与基层普法工作,赋予农民参与法治信息传播的权利。一方面,邀请当地村民参与信息的"把关",筛选出农民需要的、爱好的、感兴趣的法律信息,以确保法治信息的实用性和接地气。另一方面,提倡村民亲身参与普法活动的传播过程,鼓励他们参与传播信息的制作与生产,亲身经历普法宣传能够使村民增加学法信心,加强村民对法治信息的认识和理解,从而提升普法效果。此外,通过提倡村民参与法治宣传工作,在全社区形成良好的学法氛围,以少带多,带动更多村民学习法律知识,吸引更多受众关注法治教育。

第二,鼓励村民自发组织普法活动。

农村社区的建设离不开政府的介入和推动,但是农村社区作为一个基层群众性自治组织,也需要村民进行自我管理、自我教育、自我服务。根据我们的调查,农村社区的农家书屋、道德讲堂等公共资源的使用率较低,长期处于闲置状态。因此,社区应该开放已有的公共资源,鼓励农民自我组织、自我参与,互相学习,互为老师。提倡农民发挥自身已有的知识和技能开展社区学法教育活动,如利用农家书屋开展法治主题读书会,利用法治文化广场自编自演法治生活小品,利用公共活

---

① 陈崇山:《受众本位论》,社会科学文献出版社 2008 年版,第 64 页。

动室集体观看普法栏目剧等,鼓励农民根据自己的兴趣、需求,充分利用社区现有资源,自己组织学法活动,以达到普法教育的目的。

第三,建立健全双向互动机制。

农村社区的普法宣传是针对社区内全体成员的法治教育,目的是要使法治信息精确地传达给社区内的所有受众。然而,大多数情况下,农村社区开展社区普法活动都是为了完成上级部门下达的任务,村委会将社区普法工作当成向上级汇报的作业,只管将法律内容传播出去,而不考虑农民是否接收到了这些法律信息,这些信息是否对农民的生产、生活切实有用,以及农民对社区普法宣传的真实评价和意见建议。在这种单向的社区普法宣传结构中,信息传播主体操控着整个传播过程,决定了社区普法活动的传播对象、传播渠道以及传播内容,缺乏与受众的交流与互动,也不关心受众的评价和反馈,农民处于这一传播进程中可有可无的位置。

而事实上,农村普法宣传不应是单向的信息传播,而应是一种注重互动的双向沟通。一方面,要建立健全反馈机制,鼓励农民对农村法治传播活动进行监督,方便村民反映需求和提出意见建议,并激励受众根据自身感受提供反馈信息,加强传播主体和受众间的交流和互动。另一方面,传播者须及时掌握农民对于法治传播活动的反馈信息并进行系统评估,从而了解普法过程的实施情况和绩效,并根据农民的反馈,找出传播过程中存在的问题,及时对法治传播策略进行调整和完善。通过建立健全的社区法治服务评价机制和全民参与的社区普法效果反馈机制,加强受传双方的有机互动,来提升农村法治教育的传播效果。

2.普法宣传渠道的整合和创新

总体上看,法律传播主体为将法律送至基层,付出了诸多成本和努力,但是往往由于传播链条的脱节,致使法律虽然走到了乡村,却没有完成"最后一步"。因此,在农村法治传播过程中,须完善法治传播渠道,保证信息可以顺畅流通。既要优化农村社区现有的法治宣传阵地,也要顺应新媒体的发展趋势,建设法治传播的数字平台,同时还要积极发挥基层意见领袖的带头作用和家庭内部的文化反哺,整合农村社区的普法宣传渠道,创新法治传播思路。

(1)优化现有的法治宣传阵地。基层社区要改变形式主义作风,注重法治宣传的实际效果。充分发挥社区内现有的传播阵地,而不是盲目追求基础设施的数量。将节省下来的资金和人力,真正用于乡村法治传播需要的地方,如扩充农家书屋的图书藏量,设立法治图书专架,制作刊印法治宣传手册,以及成立村民自发组织学法活动的专项基金等。

此外,我们发现目前的普法宣传栏、法治橱窗等传播载体都建设在村委会大院,远离村民日常的活动范围,不方便农民浏览和学习。因此,可以适当将这些普法阵地向村民日常活动的区域迁移,以扩大农村普法宣传的覆盖范围。

对于法治培训、讲座咨询等形式的普法组织活动,要让农民及时获取活动资讯,知道什么时间、到哪里可以了解到法律信息。基层需要规范乡村普法的传播流程,责任到人,保证层级传播的流通和顺畅,不仅要让村民知道有"法",还要让农民明确哪里有"法",什么时候有"法",保证农民知晓什么时候,在什么地方可以获取法治咨询和法律服务。

此外,根据前文所述,搭乘大众媒介的顺风车,利用电视等大众传媒工具开展农村社区法治宣传教育也是有效的途径。社区可以在会议室、活动室、集体茶馆等公共空间,配备公共电视机,安排专人负责管理,定期播放法治节目,组织村民集体观看电视普法栏目剧或者鼓励村民自发组织观看,借助大众媒介的传播力度,深入开展乡村的法治宣传教育。

(2)建设法治传播的数字平台。随着农民收入的提高和农村网络的普及,不少农民购买了上网设备,包括电脑、手机等,尤其是中青年农民几乎是人手一台手机,方便及时获取资讯,甚至部分条件好的农民还配备了平板电脑、可穿戴设备等时兴的移动终端。因此,通过新媒体渠道开展农村社区的法治宣传教育成为必然趋势。

新媒体具有其独特的优势,海量的数据使得农民可以根据自己的需求进行搜索和阅读,提高村民学习法律的积极性和主动性。此外,传统的普法渠道无论是文化长廊、宣传栏、横幅还是培训讲座,都受到时空的约束,只能对某一特定区域在特定时间产生影响,而利用新媒体进行法治宣传教育,则能够实现跨时空传播。因此,农村社区可以将传统的在现实空间内的普法教育搬至网络空间,通过建立 QQ群、微信群等虚拟社群,方便村民线上学习法律知识。一方面组织专人运营,在社交网络上定期发布文字、图片、视频、音频等形式多样的法治信息,组织社区农民在线讨论和交流。另一方面,邀请乡土法律人和法律专家加入群组,方便农民足不出户就能在网络上向法律专业人士进行咨询和学习。此外,将外出打工人群拉进群组,通过一张无形的大网,维系着和外出打工人群的联系,突破地理界限,将法律信息传播给远在他乡的社区居民,扩大乡村普法的覆盖范围,共同建设乡村的法治环境。

(3)发挥基层意见领袖的作用。我国农村社区法治传播体系是一个多元结构的社会信息系统,由人际传播、群体传播、组织传播、大众传播等子系统构成。但是由于农村地区较为偏远,是大众传播影响的弱势区域,因此农村法治信息的传播,主要经由人际传播、群体传播、组织传播这三个主要的信息传播系统向农民受众扩散。在此过程中,意见领袖发挥着重要的作用。

目前,乡村社区的法律意见领袖多是政法系统内的人员,他们通过人际传播和组织传播将法律服务延伸至乡村,成为送法下乡的乡土法律人。因此,在农村社区法治传播中,要扩大乡土法律人的队伍建设,增加向乡村派送驻村律师、驻村法官、驻村检察官等专业法律人的数量,完善"一对一"法律定点服务。要改善乡土法律人的法律服务水平,提高乡土法律人深入乡村普法的频率,深化乡土法律人与农民受众的交流与互动,尤其是通过"一对一"的责任机制,明确乡土法律人的服务对象,加强乡土法律人对所管辖社区受众的情感联系和意见领导力。

此外,还需要鼓励农村社区内生的法律力量,在农民中挖掘和培育法治传播的意见领袖,并提升其法律知识水平和信息传播能力,尤其是综合素质,以适应农村法治信息的传播要求。鼓励乡村赤脚律师现象,并积极培育乡村学法中心户,利用村民中间内生的意见领袖,通过两级传播,扩大乡村社区法治宣传的辐射范围。

同时,要积极组建农村社区法治宣传工作小组,将那些法律知识丰富、意见地位较高、社交能力较强的意见领袖吸收到小组中来。对那些综合素质较高的意见领袖,可以让其担任社区法治宣传工作小组的重要职务。通过组织机制对意见领袖的传播行为进行规范、激励、调控和约束,为发挥他们的法治宣传作用提供适宜的组织传播条件。

(4)提倡家庭内部的文化反哺。文化反哺理论认为,在知识信息急剧发展的今天,子辈由于对新事物的敏感性,思想的开放性,思维的活跃性,能够获得在信息时代的话语权和优势地位,从而在知识技能、价值观念、生活方式等方面对亲代进行文化反哺。周晓虹教授认为家庭内部的文化反哺"在赋予孩子们以自信、知识和力量的同时,也开阔了父母们的眼界,提高了他们对这个变得越来越陌生了的世界的应对能力"①。尤其在农村地区,年轻人由于接受过城市化和现代化的洗礼,与留守农村的父辈之间的知识鸿沟更大,因而子辈对父辈的文化反哺现象将会更加明显。

因此,对于乡村法治传播而言,应该充分利用年轻人的资源,将青年群体作为农村普法宣传的突破口,将农村青年学生、务农务工青年、返乡青年农民工等年轻群体作为重点普法对象,特别是利用学校课堂、工作单位等年轻人聚集的场所,通过法律专业人员的教育,来提高他们的法律知识和法治观念,帮助他们树立法律信仰,形成法律认同。然后再由这部分年轻人对身边的中老年受众以及家庭里的祖辈父辈进行法律知识的讲解和传播,通过家庭内部的文化反哺,扩大农村社区法治传播的覆盖范围。

总之,在农村普法宣传中,除了普法形式要求丰富,普法内容要求充实,普法传播渠道的整合和创新也同样重要。既要完善农村社区现有的普法宣传阵地,又要积极拓展新型传播渠道,定期开展讲座培训和法治宣传,加大管理力度,优化传播策略,强化宣传效果。此外,还应充分发挥人际传播的作用,重视社区法治传播意见领袖的地位,鼓励家庭内部的文化反哺。整合各种法治传播渠道,创新传播思路,统合大众传播、组织传播、群体传播和人际传播等各项信息传播系统,使法律深入农村,走进农民心里,从而不断推进乡村法治化进程,逐步提升农民的法

---

① 周晓虹:《文化反哺:变迁社会中的亲子传承》,《社会学研究》,2000年第2期,第51—66页。

律意识和法律素养。

3.法律服务体系的优化和完善

农村法治传播不仅仅是靠说教、灌输来普及法律知识,基层法律人员的实际工作,包括服务内容、服务态度、工作效率、工作方法等行为本身也在潜移默化地影响着农民对法律的认知和感受。但是,我们通过访谈和调查发现,由于基层法律工作者和乡土法律人自身的法治传播经验有限,专业技能和职业素养参差不齐,目前,农村社区的法律服务并不能深入人心。

要提高农村社区法治传播效果,首先应从提升农村法治服务质量做起。因此,要格外重视对农村法律服务体系的优化和完善,要细化基层法律服务的内容,开展有针对性的法律服务;要提高基层法律工作人员的服务水平,做到令社区居民满意;还应加强法治传播队伍建设,扩充基层社区的法治传播力量,以提升农村社区法律服务的实际传播效果。

(1)细分基层法律服务的内容和受众。根据学者们对目前农村社区法治现状的研究,可以总结出,当前农村主要存在的法律事务主要有财产纠纷、人身权纠纷、婚姻家庭纠纷、邻里纠纷、土地承包经营权纠纷等几种纠纷类型。这些纠纷严重危害农村社区的和谐发展,也成为目前农村法治化建设的主要障碍。在这种情况下,农村法治服务工作需要创新思路,调整和规范农村基层法律服务所负责的业务范围,细化基层法律服务体系的内容和受众,扭转目前乡村法治服务内容过于宽泛、没有重点的状况。在宣传方面,关键要宣传那些既与老百姓利益相关又是老百姓不懂的法律知识,重点关照目前农村比较集中的法律问题和可能会面临法律风险的潜在人群,传播有针对性的法律知识,提供有针对性的法治服务,以期有效地预防法律矛盾和化解法律纠纷。

一方面,要根据基层法律服务的内容进行细分。要针对事件的不同性质,传播相关的法治信息和开展对应的法治教育。在有关土地承包、劳动协议、农业技术转让、房屋拆迁、继承、夫妻财产分配等涉及经济关系的法律领域,重点要宣传可预见的法律风险,提高农民的危机意识,从而打消农民的侥幸心理,教育农民进行法律公证、签订法律合同,以及办理其他相关手续,做到防范法律风险于未然。如若不幸产生纠纷,则要教育农民进行民意调解或者诉诸法律,树立正确的维权意识,切忌用暴力手段解决问题。对关于家庭婚姻、邻里关系、赡养老年人、抚养儿童等涉及伦理道德的法律事务,重点要将法治和德治相结合,对农民进行宣传和教育。既要积极开展正面的预防教育、宣传和咨询,也要加大反面警示的教育力度,通过采用法治教育专题讲座、相关案件图片展览以及影视录像片等手段,广泛进行更为生动直观的宣传和教育,形成法治教育和道德教育的合力。

另一方面,要根据基层法律服务的群体进行细分。在农村普法宣传中,既要有对房屋拆迁、集体财产分配、计划生育等共性问题的宣传教育,也要考虑不同受众群体的需求,开展有针对性的法律援助。根据细分群体的特点,制定法律宣传的侧重点。在个性方面,对于外出打工的农民工群体,要加强人身权、婚姻法等方面的宣传教育,通过手机短信、电子邮件等形式向他们定期推送法律信息,或者利用微信、QQ等社交网络将他们纳入到虚拟空间的普法教育中来。对于农村的务农人员,要加强土地承包、技术转让等方面的普法教育,利用普法阵地和组织培训,结合传统渠道和新媒体渠道,帮助他们树立正确的法治观念和权利意识。对于农村妇女,要教育她们如何对待家庭暴力和家庭虐待,维护合法权益,对于其中的留守妇女,还要向她们加强婚姻法知识的宣传,提高她们的婚姻观念和维权意识。同时,对于农村社区内的其他群体,如儿童、老年人、残疾人等特殊群体,也要积极开展相应的法治教育,切实提高他们的法律素养和权利意识,通过对细分群体开展有针对性的法治服务,加速推进农村法治化进程。

(2)提高基层法治工作人员的服务水平。在我们的走访过程中,了解到部分农民对国家法律以及法律工作人员和调解员怀有成见,认为政法部门办事"效率低""不公平",工作人员"态度差""水平低"等。而村委会工作人员在处理村民的法律事务时,对村民的法律纠纷也颇有微词,表现出不耐烦,认为村民"不配合""蛮不讲理",村民之间的矛盾"乱七八糟"等。

这反映出,目前农村基层法律服务普遍存在工作人员素质不高、服务不到位、管理规范不严等问题,而这也是造成农民对基层法治工作存在偏见的主要原因。部分乡村法律工作者和调解员的职业素养有所欠缺,对农民的法律纠纷缺乏耐心和理解,服务缺乏热情和关怀。这种权大于法的工作态度不仅不能有效地解决问题,还可能会加剧村民对法律的对立情绪,形成负面的刻板印象,增加农村社区法治传播的"噪音"。更为严重的是,倘若政法机关出现执法犯法、徇私枉法等违法行为,将更容易破坏农民的法律信仰,加重乡村普法工作的困难。所谓"坏事传千里",农民通过人际网络传播的负面信息将会极大地影响法律公正权威的形象,一旦形成塔西佗陷阱,政法部门将会永久丧失公信力。因此,提高基层法治工作人员的服务水平和职业素养,优化基层法治工作的服务质量显得尤为必要。

只有先做到提高农村法律服务的质量,才能提高农村法律服务的效果。在此过程中需要建设便民学法的服务平台,扩充社区法律服务资源,对基层法律机构进行业务规范,对基层法律服务者和调解员进行素质拓展,由所在地法院和司法局等司法部门合作,定期开展关于调解知识和法律知识的培训,提高其信息处理和传播的能力,并实行村民评分和监督机制。必要时还应对农村社区的法律人员进行指标和业绩的考核,实行证上岗,施行奖惩措施。同时也要培养社区法律工作者和调解员的主动性和积极性,激发基层法律人员服务乡村法治建设的伟大理想,推进农村法治化进程,让法律服务更好、更方便地惠及广大农民群众。

(3)扩充农村社区法治建设的传播力量。维护政府在农村法治传播和农村法律服务过程中的主导地位，是国家依法治国基本方略的要求，也是政府的公共职能和责任义务，不可动摇。但是在实际的传播过程中，仅仅依靠政府一方力量的法治传播很难深入农村社区，从微观上把握各地农村社区的实际情况。因而，随着农村社会经济的改革与发展，社区发展经验的不断丰富，依靠社会力量和多主体共同参与农村社区法治传播，协助政法部门共同进行农村社区的法律服务，逐渐成为促进农村社区法治建设的重要途径。

在农村社区法治传播过程中，社会力量是有益补充，是"添砖加瓦"①。因此，应该培植和引入社会传播的力量，配合政府进行对农村法治的传播和对农村法律的服务，力图以社区为载体，分担过去由政府部门承担的很多职能和服务工作，改变以往政府统包统揽、直接介入微观事务的运作模式，实现"小政府大社会"的格局和两者的有机互动。发挥乡村法律志愿者、乡村法律精英、民间法律代理人、非营利组织等社会力量的作用，并给予其资金、人力、物力和政策等方面的支持，通过引入政府、社区之外的第三方机构，实现乡村普法渠道的整合和创新。同时，要认清、引导和鼓励社会力量的参与，不是放弃和改变政府的主导作用和主体地位，而是为了使政府更好地进行宏观调控，优化农村社区法治服务的效果，加快农村社区法治化进程。

综上，从 1985 年至今，三十余年的普法实践告诉我们，农村法律传播的开展是潜在的、缓慢的，农村社区的法治传播效果不是短期内就能立竿见影的。这一方面是由农村地区的经济社会发展和农村人口整体结构所决定，另一方面，国家关于农村社区普法教育的传播工作也有待改进和完善。总之，农村社区法治建设是一项长期且浩大的工程，我们必须认识到农村社区法治传播的艰巨性和复杂性，在国家依法治国基本方略的指导下，分阶段总结农村社区普法经验，及时发现问题并解决问题，创新思路，寻求突破，加速推进农村法治化进程，建设社会主义法治国家。

---

① 罗建强：《长春市社会力量参与公共文化服务研究》，吉林大学硕士论文，2014 年，第 12 页。

第五章　社区养老服务：
农村新型养老服务体系的搭建

　　老有所养、病有所医是人民最关心、最直接、最现实的利益问题。在农村,社会养老保险制度正在积极探索,新型农村医疗改革试点也在加快推进。随着农村社会的发展,老龄化社区特征浮现,养老制度出现了新的发展趋势。也就是强化市场机制的调节作用,使各项国家层面的保障制度从"国有化"向"私有化"转变。国家力量的退出必须以其他力量的进入为支撑,社区则是其中一个重要的潜在服务主体。

　　传统的社会保障服务主体是各个行政村,然而在农民原子化生存的现实下,依附于行政村的传播网络已经产生了诸多断裂。同时,由于农民对"社区"概念的不明晰与不熟悉,社区目前也难以填补这个空白。要深刻理解为何农村会对社区的作用难以产生意识,必须先弄清楚他们对社会保障服务主体的现有认知情况,弄清楚他们接触这类信息的传播机制。在此基础上,找到让社区介入养老服务的突破口,即找到重塑村民对服务主体的认知的关键所在。

　　此次调查的扬州市地处苏中地区,经济结构正向以工业为主导转型,常州市的经济发展水平更高,除了国家层面的养老保障,两地都开始出现其他力量在农村社会保障领域渗入的现象。譬如集中居住区的物业管理公司筹办居家养老服务项目,残疾人联合会与社区联合打造服务中心等。研究两地农村地区当前社会保障体系服务的构成及村民接触使用情况,进而了解两地的农村社区在介入这一领域的过程中呈现出哪些不同特征,又面临怎样的共性问题,从农民受众出发分析这些困难的来源和可能的解决方式。

一、农村社区居民养老服务的现状与困境

　　社会保障体系可以大致从两个层级来理解:最基本的农村特困群众救助制度,以及满足更高一层级需求的社会保障制度。前者包括面向农村特困群体的农村五保供养制度、定期定量救济制度、临时救济制度以及医疗救助制度等;更高一层级的社会保障即指农村最低生活保障制度等农村社会救助制度;其他还包括失地农民和进城务工农民的社会保障问题等。

1.农村社区养老的常规做法

农村养老保障工作也是社会保障体系中的一个重要分支,具体包括缴费型、非缴费型农村养老保险,以及养老金的发放。农村养老问题是一个当下中国农村社会普遍面临的现实问题,这是国家工业化、城镇化发展所必然带来的,也与中国人口结构的变迁密切相关。

调查过程中发现,农村的老龄化现象十分显著,村里的卫生服务中心全是独自在吊点滴的老年人,农户家的院子里经常只能看到两位留守在家的老年人。在与村干部交谈的过程中发现,这些农村的管理者、政策的执行者对农村人口结构的变化带来的问题有深刻体会。

社区服务中心的工作人员介绍:"服务对象就是老年人。"在了解为何村里仍然使用广播时,村干部回答村里都是"6010 部队",张贴标语、告示会使老年人看不懂,达不到宣传效果;了解为何村里的文化娱乐活动办不起来,村干部直言年轻人都外出了,没有人带头组织这些活动,村里剩下的大多都是老年人。甚至在走访当地农村的工厂时,都能发现村里的厂子不乏本村六七十岁上下的老年人,从玩具厂到砖厂,从工艺活到重体力活,年轻人远走有打工机会更多的城市,因此导致农村工业化发展所需的大量劳动力空缺,则由这些已经上了年纪、出不动远门的当地老年人填补。走访中了解到,只要身体尚且没有出现任何大毛病,村里的大多老年人都会在村里或镇上打工。农村社区老龄化已经成为不争的现实。

这与问卷调查到的情况也是相符的,在调查当地农村的家庭人口特征时我们发现,46.6%的家庭有老年人(如图 5-1 所示)。我们的被调查者年龄多集中在 46～65 周岁(如图 5-2 所示)。

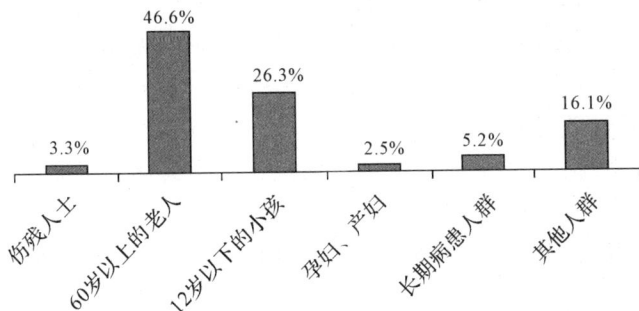

图 5-1　关于家庭人口结构的调查统计

问卷中"希望村里以后能有哪些机构配备"一题的调查结果显示:近 19.6%的人希望村里以后能有养老院(见图 5-3)。据访谈了解,目前农村老年人养老一般都集中到镇上的养老院,村里没有相应的养老机构,而大多数老年人都希望能就近养老,离家近一点。可见,对于养老方面的服务,村民对自己的需求也是有意识的。

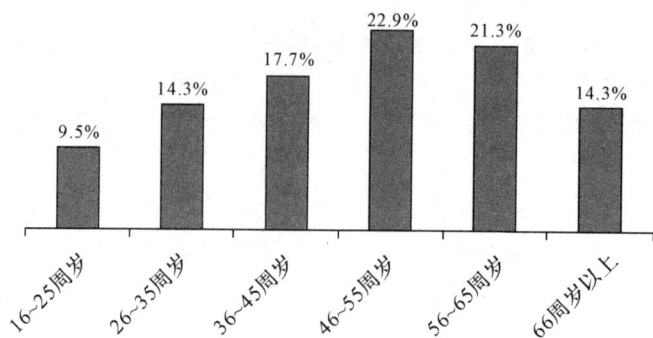

图 5-2　关于被调查者年龄的调查统计

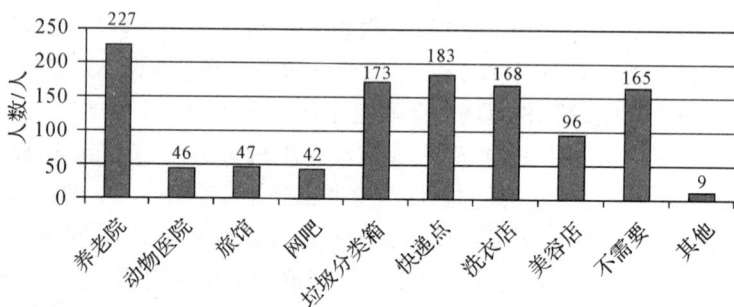

图 5-3　关于对村中基础设施配备的期望调查统计

　　在过去,行政村凝聚着大部分村民,跟户籍挂钩的所有公共事务的管理权都掌握在行政村手中,养老保障体系在基层也同样依赖于村委会的执行。这就决定了跟其他所有大小事务的通知模式一样,关于养老保障的大部分信息传达都遵循这样的传播模式:由组长组织本组农户开会下达相关通知,再由这些来开会的一小群人将信息传达给村里其他人。还有一些针对某个特定农户的信息传播则主要以入户的方式进行,生产大队的队长或生产组的组长去到具体农户家中以口头的形式进行通知。

　　从对村民的访谈中我们了解到,很多人对养老保险方面信息的理解都依赖于与社区中其他人进行的交流:

　　　　几个人一交流,就全知道了。你说说你拿多少钱,我说说我拿多少钱,大家都很愿意相互之间交流自己知道的东西。①

————————————
　　①　摘自于访谈资料:2015 年 6 月 7 日,扬州市曹甸镇滨河花园社区,受访者是居住在社区内的一位村民。

　　滨河花园是扬州市曹甸镇的一个集中居住区,上述矛盾在这个社区体现得尤为明显。集中居住后,有的农民是随着原来村组整组的人搬过来,据社区内的居民介绍说,甚至有这样的情况:"整庄迁过来,有些队长都过来了,小区里面队长、村支部书记、村主任都有"。在这样的情况下,原来的整个传播机制并未遭到破坏,原有的社会网络得以完好保存从而支撑现在的信息传播。滨河花园物业管理处工作人员在访谈中提到:"队长都有各家各户的电话,虽然搬来了这边,村干部的工作职责还需要继续履行。"

　　问题在于,那些从原来行政村搬迁过来的散户,由于脱离了原来的群体而遭遇了信息接收上的许多不便。尤其是那些过分依赖人际传播且对媒介工具使用不熟练的老年人群体,对他们而言,由于原来可以面对面通知他们的组长、队长不再同他生活在一个社区,信息传播的一个渠道被切断,借助人际传播进行扩散的信息也将大部分错过。大多数情况下都是由原来村的组长打电话通知离开本村的村民回去办理相关事务,或是由回去参加会议的村民代为转达,这样的传播模式是效率低下的,同时存在大量信息的损耗。

　　面对这样的矛盾与不便,社区由于并未实质性地管理社区居民的养老保障,目前的作为并不多。一位女性村民表示:"不太清楚相关政策,这边也没人告诉我们,全是从电视上看的。"当前社区的角色主要是辅助性质的,承担一些问题咨询和情况反馈的工作。村干部介绍:"会有人过来主动问我们。对于一些有困难的老年人,我们会帮他们登记,告诉他们该怎么做。"

　　与村民对社区提供就业服务的认知情况类似,所有被访问到的村民均表示①一直以来都是村里(原来所属的行政村)在管,认为这是生产大队负责的事情。

　　　　村民一(四五十岁,女):"这个不需要问,生产组都帮弄好了。"
　　　　村民二(七十岁,男):"社区中心一般不会通知什么。"
　　　　村民三(五六十岁,女):"原来村的村干部通知,电话联系。"

　　其中,一位已经开始领养老金的男性村民在访谈中这样说道:

　　　　都是(生产)大队给办的,他们(社区)根本不管这个事,都要回村子办,这边处理不了的。这方面的政策看电视也会了解一点,但主要还是靠村里。谁回村里了回来都会告诉我们,组长开会通知了什么。但还是很多事情都不知道,现在又不回去也不开会,这边哪有人管你⋯⋯当然还是跟原

---

　　①　摘自于访谈资料:2015年6月7日,扬州市曹甸镇滨河花园社区,受访者分别是居住在社区内的三位村民。

来同村的人来往比较多,要是没有同村人一起在这边,肯定不来这里住了。

可见,虽然觉得所有事情都要回村里办不方便,离开了原来的居住地后很多信息获取也不方便,但村民仍然认可生产大队、村委会在很多方面的权威性,尤其是老年人。在他们的认知中,这些事情理所当然都是村里帮他们办的,对社区是否有作为并没有什么太多期待,主要是由于他们并不认为社区具备这样的功能。

2.老龄化社区的信息传达困境

在赡养老年人方面的参与其实是社区的一项传统,尤其在农村地区,邻里之间互助行为中很大的一块就是照看老年人、小孩。然而随着城镇化在农村地区的逐步深入,有能力帮助照顾老年人的中壮年居民需要将大部分精力放在工作上,社区内居民在生活上的互助互动变少,"照看"的责任落到社区管理者头上。

调查过程中走访到的各个农村针对老年人提供的服务,主要可以分为以下三类:一是定期慰问,主要内容是对老年人物质层面的关怀,一般为全镇统一;二是主要依靠社区成员,渗透日常生活的老年人服务,需要有较好的社区公共生活基础作为支撑;三是相对持续化、规范化的做法,即建立专业的社区养老服务体系。

第一类村的做法是针对社区老年人定期发放慰问物资或慰问金。比如扬州市东舍村,妇女主任在重阳节时会带着礼品上门慰问,针对村里100多个80岁以上的老年人,村委会都会定期提醒他们领取养老金等社会保障福利。扬州市花彭村每年开展访贫活动,资金来源包括企业赞助、干部捐赠以及上级政府扶贫拨款。常州市后庄村,则是出资让社区中生活困难的孤寡老年人住进镇上的养老院。"无子无女的孤寡老年人"这一群体并不庞大,约有6~8个。针对这些老年人,由政府出钱帮他们养老,对于护工的工资,村委会也会帮助支付一部分。常州市五叶村、陆庄村的村委会每到年底的时候,都会组织村干部上门慰问孤寡老年人、五保户,给他们送钱、送粮。陆庄村还有专门针对退休老干部的慰问,每年拿出2万~3万元给他们每人送两三百元,关心老干部的生活。以上列举的都是在上级政府的政策引导下对农村老年人群体展开的物质层面的支持;这些社区往往难以顾及老年人的精神生活,有村干部也反思到:"老年人们平时就是看电视、散步,在家还是比较无聊的。"[1]

第二类村普遍仍保持着较好的社区公共生活基础,社区生活较为丰富。如扬州市花彭村,村里有两个跳老年人健身舞的点,均为大家自发组织,由幼儿园老师免费教大家跳,以六十岁以上的妇女为主。又如常州市柚山村,村干部介绍说村委会很少组织针对孤寡老年人的活动,多为村民自发,村干部也很少干涉[2]。在柚山

---

[1] 摘自于访谈资料:2015年6月8日,扬州市东舍村,受访者为村支部书记。
[2] 摘自于访谈资料:2015年6月7日,常州市柚山村,受访者为村支部书记:"不像城里面,大家互相不认识,还需要中介啊什么的,农村不是这样的,大家都熟悉。"

村,茶馆是老年人们主要的活动场所之一,里面喝茶的喝茶,打牌的打牌,也有人坐在那里闲聊,甚至一些其他村的老年人也会过来坐坐。扬州市曹甸镇的滨河花园社区也设有老年俱乐部。这些社区针对老年人所提供的是渗透到日常生活中的服务,相对于第一类村,这些农村社区提供的更多的是精神上的支持,娱乐休闲生活上的丰富。

第三类村的做法是寻求将社区养老规范化、持续化、商业化,扬州市的双富村、滨河花园社区以及常州市的五叶村等都在建立自己的居家养老服务中心。

双富村的居家养老中心主要面向老年人和残疾人,提供日间照顾,可在此打牌、聚会、看电视、吃午饭、午休、洗澡。目前处于试运营阶段,来的人并不多。但村里已经针对性地做过宣传,一般由组长入户口头进行通知。下一阶段的计划主要是向周边其他村展开宣传,吸引更多农村地区留守老年人享受这些服务。在人员安排方面,社区服务中心的妇女主任和村支部书记等都是工作人员。

常州市的五叶村也于今年开办了针对当地老年人的居家养老服务,收费标准为每人750元/月,服务事项包括上门给老年人洗衣做饭、打扫卫生等。目前五叶村大概已有20多户老年人在使用该服务。发展了一段时间后,五叶村提供的居家养老服务已经可以根据具体需求进行定制,如提供中午一顿午餐等。为了推广这些服务,村里会给有护理需求的老年人提供部分补贴,约为300元/人。

此外,常州市目前正在搭建一个名为"一键通"的电话服务平台,专门针对空巢老年人提供服务。只需要拨打12349,即可将老年人需要的帮助具体告知村委会,村委会即安排相应人员为他们提供所需服务,并以上门服务的形式展开。

已搭建部分居家养老体系的社区大多在寻求进一步规范和推广,也有很多目前仍未开发这方面服务的村也在谋求改变,比如扬州市东舍村计划建立商业性质的养老院。

比较特别的是,常州市秦巷村有一支"志愿者队伍",志愿者们的职责是上门为需要帮助的老年人提供志愿服务,包括洗衣服、洗澡、剪头发、买东西等。志愿者队伍人数总共约有四五十人,也有大学生(四五位)暑假回来做志愿工作。

3.村民对养老服务主体的认知

社会保障服务在农村地区的践行大抵都面临相同的困境:村民自主选择后变换了居住形式,分散到本村以外的各个地区;但社保中的养老保障的管理其实并没有发生任何改变,行政村仍然承担了通知、办理、宣传的职能。目前社区与行政村只实现了极小部分的信息共享,社区在养老服务中难以发挥自己的优势。

对于这些分散的农村居民群体,依托原有架构在行政村的基础上的传播渠道,进行政策信息的传播和具体办理事宜的通知,这种做法的效率是不高的,效果是不佳的,老百姓是不满意的。离开原来居住空间的居民无法再接受组织传播的信息,而农村的大部分政策信息都是依靠"村委会—队长—组长—各家各户"这样的树形结构传播渠道进行传播的,这样一来就使得很多去城市打工或是搬进集中居住区等离开原来行政村的农民无法快速接收到相关通知、政策信息。经过一次次的转达,信息在一次次筛选、加工后干扰因素变多而可能导致传播内容传达不准确。

其实,农民对社区在养老服务这方面的功能是有期望的,所以才会出现"他们都不管这些"①这样的抱怨。然而他们对社区的认识又是不充分的,这导致了他们自己也不确定社区是否能够代替行政村执行管理职能,不确定自己是否应该去要求社区承担这些职能,他们对问题有意识,对通过社区来解决问题却缺乏意识。

部分对"社区"有一定意识的村民,对"社区"的理解也存在偏差,这是另一个导致农村居民想不到去要求社区承担相应职能的原因所在。不少人认为所谓"社区"与"大队"并无太大区别。经过长期以来与"生产大队"紧密相连的生活之后,他们普遍认为,负责管理大大小小的公共事务的人就是"大队"。由于他们对"大队"的内涵这样进行解读,他们很自然地把一切服务的主体都理解为"大队"。然而社区与大队是有差别的,不少基层的干部对这种认知上的误差也有了自己的认识。在一份题为"密切呼应群众新需求,着力创新服务新举措"的报告中,村干部这样写道:

> 目前农村社区党建工作存在的问题,主要表现在以下"三个不适应"。
> 一是表现在干部群众观念的不适应。认为农村社区与原来的行政村差不多,只是改了个名字换了块牌子而已;认为农村社区职能虽说比原来拓展了,但与行政村管理模式相比,对居民的制约途径逐渐消失,担心工作越来越难做。

可见,不仅是农民百姓,就连作为社区工作开展的主导者的村干部里有不少人对此都仍有这样的误解:"这个社区跟生产大队有什么区别?"②在对这位村干部进行访谈时聊到"社区与大队的区别"这个话题,他很快反应:"两者当然不同。"

就劳动就业保障而言,让社区承担这一职能确实是具有其合理性的。如今经常能够见到这样的现象:同一个村的大部分村民从事同一工种。之所以会出现这样的情况,是因为过去作为熟人社会的农村讲究乡情,村民间互相帮忙介绍工作,一个人在某个工厂做得不错就把自己的同乡也介绍来,这样的情况非常普遍。乡土社会的一些传统文化赋予了社区承担就业保障功能的基础,以居住在同一地域的"同乡"构成的社区原本就是一个交流就业信息的公共平台,拥有强大的情感基础。

---

① 摘自于访谈资料:2015年6月5日,扬州市曹甸镇滨河花园社区,受访者是居住在滨河花园社区的村民。
② 摘自于访谈资料:2015年6月5日,扬州市曹甸镇滨河花园社区,受访者是居住在滨河花园社区的村民。

在理想情况下,作为就业服务的主体,社区的信息传播机制是这样的:社区作为一个信息中转站,将村民与工厂等用人单位联结起来,实现信息的个性化分配,形成"村民—社区—工厂"的传播渠道。通过社区的沟通工作,实现"神经接触到每家每户"的目标(按农民的具体需求办事,解决农民的具体问题)。

这样的设想是具备实现的可能性的,江苏农村地区工业化程度较高,私营企业较多,很多工厂甚至处于常年招工的状况中;另一方面,村民逐渐趋于打工而不是留在家里种地,认同了"打工才能赚钱"这样的发展模式。因此,不但农民有了解招工信息的需求,工厂也希望让自己的招聘信息及时、有效地传达到当地村民耳中。然而两者间的信息流通是不太顺畅的,这时候社区的优势就自然凸显出来,社区接近百姓生活,能够第一时间搜集并登记相关村民的求职信息,再由社区出面将这些信息提供给用人单位,打通信息渠道。反向来看,社区还能整合纷繁复杂的招工讯息,利用社区的平台将这些信息传达至社区中的个体,甚至可以针对性地瞄准社区急需,为无业或失业人群进行目标明确的传播。

这样的就业信息传播机制是个性化的。走访过程中常州市L村的村干部给我们举了这样一个例子:

> 一个年轻妈妈从外面打工回来打算自己带孩子,想找一个临近的厂子打工。但她的情况是,每天只有一段时间可以工作,想找八到十个小时的工作。这时候我们就能帮她联系能够提供这样岗位的厂,把她的情况跟那边沟通一下。很多人白天没事来我们这边(社区服务中心)玩的时候,都会跟我们说这些事,说自己不想外出打工,想回来,想在当地找工作,我们就会把他们的情况登记下来,然后想办法帮他们联系。

目前大部分村民对"社区"这个概念的印象依然十分模糊,对"社区"这样一个新型服务主体、对"便民服务中心"这样一个机构的感知并不十分亲切,更加难以去明确社区到底承载了哪些职能,更不会去期望社区能在就业保障或是养老保障这些方面发挥作用。尽管觉得很多事情都要回户籍所属的行政村里办十分不便,依旧坚持认为:"社区不管这些事情。"①

其实,社区相较原有的农村服务结构是有自身优势的:在就业服务方面,可以主动帮忙联系,有个性化的问题解决方式("一家一户的具体问题");在养老保障方面,负责解答村民疑惑,进行个人信息的管理,甚至解决国家统一的养老保障制度所覆盖不到的个别居民的具体问题。在走访过程中我们发现,部分基层的干部已

---

① 摘自于访谈资料:2015年6月5日,扬州市曹甸镇滨河花园社区,受访者是居住在滨河花园社区的一位四十五岁女性村民。

经具备一定的服务意识和公共意识,会参照城市社区的标准来自我要求:"年轻人在外面看到了城市社区式的管理方式,会照着这个标准来评价你,所以必须要做好。"①

社区的核心应该为"公共",而生产大队的核心则是"集体"。对"社区"的概念界定,应该着重突出其服务性质,而非组织或管理的属性。建构"社区"的意义,进而继续培养农民依靠社区来接受信息的新习惯,是解决目前政策信息阻塞的关键所在。

如何能够通过一些宣传教育活动引导、帮助农村居民对"农村社区"与"行政村"两个概念进行区分,让社区居民形成"社区"的意识?走访过程中我们了解到,扬州市小纪镇花彭村的乡村广播使用对于社区认同感和归属感的建立很有帮助。而社区认同的建立,能极大地促进居民对小区事务的关注度和参与度,从而促进社区管理的良性发展,重塑村民对服务主体的认知。

跟别的村有所不同,除了跟大多数农村一样选择入户的方式来传达各种生活、生产信息,该村的集体广播近二十年来播音从未间断。这与二十世纪七八十年代之前的农村有线广播并不一样,当时的广播是镇广播站统一播音,播音内容从"当前形势"②到"戏剧、说书"③应有尽有,在电视普及之后逐渐在中国农村社会消失。现在村里的集体广播进行的并不是当时那样的大众传播,而是作为一种组织传播的工具,功能主要是宣传上级文件、公布本村通知、发布村委会倡议或要求、普及知识以及提供生活资讯。

花彭村的广播使用提供了一个很好的案例。村民主任徐主任自担任村干部职务起就开始负责广播的播音工作,另一位村干部这样介绍到:

> 徐主任就是本村人,一直在做村里的工作,以前是队长、组长,现在是村民主任,老百姓和他非常熟。自从他当主任之后,一直都是他负责,人家都习惯了他的口音,如果换我的话,口音就会不一样,讲话的力度又不一样。村民都熟悉他的声音,他是我们这里的"草根明星"。

以下是一位村民在访谈中提到的对这位"农村播音员"的评价和感情:

> 我就知道他的第一句话是什么,哈哈!一般他的开头就是"我们花彭

---

① 摘自于访谈资料:2015年1月16日,扬州市滨河花园社区,受访者是一位社区管理者。

② 摘自于访谈资料:2015年6月7日,扬州市花彭村,受访者是居住在花彭村的一位八十岁的老干部,原话为"放当前的形势,讲一些好人好事。"

③ 摘自于访谈资料:2015年6月7日,扬州市花彭村,受访者是居住在花彭村的一位四十三岁女性村民,她回忆广播内容时说道:"说书,《杨家将》,每周一歌,时事政治,小说,《夜幕下的哈尔滨》。"

村的各位农户们，请注意一下"。这个喇叭一响，我就知道他要说什么！
他人很好的，广播里传出来的声音不会很严肃。

村民对播音时间、播音内容等广播的细节都非常熟悉，访谈过程中都给了我们一致的回答："每天早上、晚上都放。"由播音员、播音内容等构成的当地社群的集体记忆，起到了社区情感维系的作用。

虽然跟新中国成立初期到二十世纪七八十年代那段时间家家户户都有的广播本质上并不一样，这种作为组织传播的村广播站播音活动，也成为凝聚一个社区的有效手段。这种曾经让无数农民对生产大队产生认同和依赖的媒介，在如今服务主体切换为社区的过程中，同样可以起到作用，即通过培养广播收听习惯来促使村民产生对这个"社区"的认同和依赖。可见，目前在我国社区建设如火如荼，社区治理改革日益深入的情况下，社区传媒必然会发挥着越来越重要的作用。

二、农村社区养老服务体系建设的经验比较

社区涉足的社会保障服务最先产生在城市地区，随着社会总体水平的提高，农村社区参照着城市的做法而引入了一些对农村居民而言全新的公共服务。比如在我们走访到的江苏省扬州市小纪镇，一个叫作"幸福港湾"的居家养老中心落地当地农村。

1.个案观察："幸福港湾"居家养老中心

长期以来，家庭养老和土地养老构成了中国农村地区的传统养老模式。前者是基于儒家的"孝"文化发展出来的由子女承担赡养老年人的义务的模式，这种"养儿防老"的心理在农村地区依然根深蒂固。后者是在家庭联产承包责任制推行后发展出的一种模式：土地作为农民一生赖以生存的基础，提供农村老年人养老的保障。

随着城镇化进程的逐步深入，年轻人越来越多地向城镇集中谋求更好的工作和生活；这导致传统的养老模式不再能覆盖到所有农村老年人，农村社区老龄化状况日益加深，农民的养老问题也逐渐凸显出来。国家试图通过社会保障的方式发展新的农村社会保险养老模式，以求改变广大农民的养老现状。现阶段，参与新型农村社会养老保险制度的农村居民年满60周岁后，在符合条件的情况下就可以领取基本养老金。然而由于农民参保意识薄弱等原因，一些农村孤寡老年人在农保推行那么多年以来都仍没有参保，在农村形成一些国家层面的社会保障政策覆盖不到的养老空白。

一些相对发达的农村地区开始考虑引入社区养老模式。即便面临农村居民对"社区"的理解存在误解和偏差的难题，社区仍在农村老年人的养老保障方面做出了自己的探索与努力：尝试去填补国家层面的社会保障政策覆盖不到的空白，如面

向没有低保、五保资格的孤寡老年人展开的居家养老服务；或是在地方财政支持的情况下去开展进一步的社会福利工作。

"幸福港湾"居家养老服务项目就是一次有益的尝试。项目由扬州市残疾人联合会与社区合作开展，旨在以社区为平台为残疾人和孤寡老年人提供社会保障服务。双富村作为扬州市的一个选点，已经建立起了这样一个服务中心（如图 5-4 所示）。

图 5-4　扬州市双富村"幸福港湾"居家养老中心

经过功能的扩展后，"幸福港湾"最终确定承载两个方面的服务任务：残疾人康复及居家养老服务。走访过程中了解到，如图 5-5 所示的"幸福港湾"老年人活动室是专门针对当地农村老年人建立的，新建不久，每周会组织一些面向当地老年人的集体活动，譬如打牌娱乐并且留老年人吃饭。这样做的初衷是为了让老年人熟悉这样一个场所，并慢慢形成习惯和增加亲切感，计划未来能同时接纳来自外村的老年人和残疾人，成为一个较大范围内农村居民共享的社会保障服务场所。

图 5-5　活动室中的棋牌桌

但是一天下来并没有看到任何老年人或残疾人出入"幸福港湾",各种设备和用品虽然齐全,但几乎全新。如图 5-6 所示老年休息室中的床上用品均崭新,图 5-7 所示的复健器材也几乎从未有人使用过。询问负责此项目的大学生村干部,他也坦承这个场所的使用率并不高,除了平时组织的活动,其余时间几乎鲜有人问津。

图 5-6 老年休息室

图 5-7 复健器材

经过对村民的访谈能够发现:由于只是每周组织一次活动,村民并不十分清楚这个场所及其提供的服务的性质。不少老年人并不清楚自己可以去到活动室随意使用里面的设备和器械,甚至有人误以为服务中心是村干部的办公场所。可见,一周一次活动的方式并没有有效地让当地老年人对这个场所熟悉起来。

扬州市小纪镇的双富村并不是唯一一个尝试为当地孤寡老年人提供社区居家养老服务的地区,曹甸镇的滨河花园社区也在筹划相关工作。查看相关文件得知,滨河花园筹建的社区养老服务中心是一个半商业化的机构,其运作资金主要有两个渠道,分别为民政部门补贴及服务费用收取。居家养老服务流程图中写道:"孤寡、高龄、困难等老年人可申请政府养老服务补贴。"此外,这个机构还计划提供有偿服务,由儿女为老年人"购买所需服务"。此外,还会引入一些公益支持,利用本社区的能人资源①。

在服务对象方面,社区计划建立一个老年人档案(或称"老年人花名册"),定位出特殊老年人群体(五保、低保、残疾人等),登记有意向申请养老服务的老年人的特殊需求②,并制定了《老年人自理能力评估办法》从而对社区内的老年人进行划分。

在推广策略上,与"幸福港湾"类似,滨河花园社区希望先让部分年老居民对这些活动室熟悉起来,在里面安装电视、牌桌等设施并鼓励当地居民经常在里面休息、活动。与之不同的是,滨河花园的策略更加有效。久而久之,活动室的人气慢慢高起来,不少老年人选择在活动室聊天、打牌、看电视,许多信息的传播都发生在这一个小小的空间里。

总的来说,阻碍新型养老推广的因素主要来自两个方面:一是传统养老模式的根深蒂固造成农村老年人对儿女、土地所产生的心理依赖。孝道等传统观念阻碍农村老年人对新事物的接受,将老了之后不会把不由儿女赡养和儿女不孝直接关联起来,心理上产生对其他养老模式的抵触心理。二是农村社区居民对"社区"功能的认知问题。这样的居家养老服务场所跟社区服务中心一样,在农村居民看来是近些年才开始出现的事物,过去在农村地区这样的公共服务场所是比较少的,因而农村居民在刚接触到这些事物的时候会出现一些认知上的偏差和障碍。

然而引入社区养老模式仍是一种有益的尝试,尤其在推广方式与话语策略方面,我们观察到的两个案例的做法值得肯定。充分利用以人际传播为主的农村社区传播格局,通过鼓励老年居民经常来到这些服务场所进行日常社交活动,来培养老年居民对场所的熟悉感和亲切感,这些服务场所终会成为一个日常性的社交空间;进而再将这些已经成为人们熟悉的社交空间的场所自然过渡为居家养老中心,为习惯在这里活动的老年人们提供各方面的养老服务,而不去强调这是一种"养老",对没有子女赡养等字眼避开不提,照顾老年人的一些敏感情绪。

2. 来自城市的启示:社区居家养老服务

无论是双富村的"幸福港湾"还是滨河花园的居家养老服务设想,本质都是社区作为服务主体为其居民提供居家养老服务。

随着中国人口老龄化进程的加剧和家庭养老功能的弱化,我国在加强国民层

---

① 社区平时就在做"能人登记",村干部表示"有事情可以请他们赞助、帮忙,平时会办名人座谈会、名人茶话会来保持联系"。社区还建有一个"名人名册",上面记录着小区内各领域能人的信息,大部分是当地玩具厂的中层以上工作人员。

② 当地社区出台的居家养老服务对象需求登记表。

面的养老保障的同时,鼓励多方力量加入从而提供多元性的养老服务。社区提供的公共性的居家养老服务应运而生,2008 年我国正式出台《关于全面推进居家养老服务工作的意见》,明确了居家养老服务在养老服务体系中的重要位置。

学界对"社区居家养老服务"有比较统一的界定。它是以家庭为核心、以社区为依托、以专业化服务机构为载体,通过政府购买服务、社会参与、非政府组织实体承办的运作方式,采取上门、日托或邻里互助等服务形式,为居家养老的老年人提供以生活照料、医疗保健、心理慰藉等为主要内容的社会化服务。[①]

公共生活更为成熟的城市地区,则在第一时间成为社区居家养老服务这样的新型养老模式的诞生地。有学者通过研究得到以下结论:城市社区居家养老服务项目比较齐全,服务项目的供给比较充分。[②] 城乡不均等成为共识,但至于为何出现这样的不均等,除了供给方面的因素,是否存在由于农民自身意识所导致的消极影响,并未见到成熟的观察和分析。

针对上海地区社区居家养老服务的研究[③]显示,在所有现有的服务类别[④]中,助洁服务是目前使用较多、服务对象对服务质量感知情况较为正面的一项服务。在解释这样的现象时,研究者提到助洁服务是"在居家养老服务中推行得最早"的一项内容,因而在市民群体的认知层面有较好的基础,这样的基础决定了这项服务在推行过程中阻碍较小,市民在对这个服务概念的意义进行解读时受到的心理上的干扰比较少,换言之,就是接受过程更加自然、顺利,在人群中的口碑传播也更加快速。相对应的,为老年人提供精神慰藉层面服务的"康乐服务"则没有得到足够的认同,而难以在诸多社区中推及开来。

正如城市社区提供的"康乐服务"也难以为普遍的上海市民所接受那样,"居家养老服务"作为一种城市的产物,一般农村居民对社区作为主体提供养老服务感到陌生,在初次接触这样的概念并对其意义进行解读时,可能会产生误解或不解。比如有些村民会认为这是"养老院",认为"子女不孝顺才会把老年人送到这种地方"[⑤];还会有一些人对这样的养老模式感到陌生,进而觉得没有必要"花钱享受"[⑥]。

---

① 丁志宏,王莉莉:《我国社区居家养老服务均等化研究》,《人口学刊》,2011 年第 5 期,第 83—88 页。

② 表 2:城市各类社区居家养老服务项目的供需情况,转引自:丁志宏,王莉莉的《我国社区居家养老服务均等化研究》,《人口学刊》,2011 年第 5 期,第 15 页。

③ 《社区居家养老服务质量模型研究——以上海市为例》。

④ 上海市社区居家养老服务项目包括助洁服务、助餐服务、助医服务、助行服务、助浴服务、康乐服务、护理服务,转引自《2010 年上海社会福利工作年报》。

⑤ 摘自于访谈资料:2015 年 6 月 6 日,扬州市曹甸镇崔堡村,受访者是居住崔堡村的一位三十七岁女性村民。

⑥ 摘自于访谈资料:2015 年 6 月 6 日,扬州市曹甸镇崔堡村,受访者是居住崔堡村的一位三十七岁女性村民。

在引入一些城市化特征比较明显的新鲜事物进入农村社区时,应注意结合农村社会的特点进行有策略的传播,让农村居民自然地接受这些现代性的产物;否则会因为各种各样的曲解而影响到服务的使用与满意度。

一方面要分步骤、分阶段地展开宣传,可以考虑先以娱乐吸引居民进入这样一个空间,在里面打牌、看电视、听广播,农民对于一些公共集会场所是感到非常亲切的。以前他们习惯于在各家各户的院子里、家门口聊天交流;相同地,可以通过有意识地在特定场所组织人际交往,聚集人群,培养情感并形成记忆,让农村的"公共场所"从各家各户扩大到一些后来修建的公共场所。成功建构出潜在服务对象群体对这一空间(场所)的认同后,再有针对性地对那些潜在服务对象的子女展开说服,因此可以选择外出打工人员返乡季节(如春节前后)推广社区的居家养老服务。这个过程中需要避开一些对于农村社群而言相对敏感且不熟悉的语汇(譬如"养老"),换一套话语体系,村民对同样的事物的接受程度可能就会不一样。

所有源自现代城市的社会福利概念可能都比较难在传统农村地区落地,这要求观念的传播者采取策略性的传播方式和话语策略。养老服务如此,其他社会保障服务亦然。

3.日本经验:社区养老的多元组织形式

日本是亚洲国家中最先进入老龄社会的国家,也是全球老龄化进程最快、老龄人口比例最高的国家,同时也与我国有着相似的文化传统。因此,日本城市在普及社区养老服务时的经验和对策对我国有着十分重要的借鉴意义。

与中国农村社区类似,随着老龄化和生育率降低问题的日益严重以及家庭养老模式的逐步退化,社区养老模式进入管理者的视野。早在20世纪60年代,日本就开始十分关注社区养老模式的发展。经过不断地发展,相关法律和政策体系得到了基本的完善,并形成了多样化的组织形式以及丰富的服务内容。

目前我们所走访的农村社区都是依赖大均一的行政网络开展居家养老服务,导致难以照顾到每个人的不同需求。政府投资不足、政府失灵等问题的存在,也导致服务的质量不高、效率较低。因此,单独依靠政府的社区养老服务难以满足现实的需要。日本的经验告诉我们,我国也应大力推进非营利组织、企业及个人等不同主体参与到社区养老服务中,使其从中发挥不同的作用。

作为社会特殊群体的老年人在年龄、身体状况、文化水平等方面存在很多差异,其对社区服务的需求也就有所不同。这就要求我们构筑一个多层次的服务体系,针对身体状况不同的老年人提供不同的卫生、医疗服务项目,包括定期健康检查、上门医疗服务、家庭护理服务、机构护理或康复训练等。同时,针对不同文化水平的老年人也应设计不同的服务项目。比如,书画、棋类比赛,举办健康讲座,组织各种主题游览等。

多主体的参与充分满足了上述多样的老年人需求,具体优势有以下几点:首先，不同主体的参与能够促进市场机制的形成，从而提高资源的利用效率，提升服务的质量。比如，政府可以向老年人提供"养老服务券"，老年人可以拿着服务券自己选择为其提供服务的机构，这就促使各主体在良性竞争中提高服务效率和质量。其次，不同的主体能够从各方面、各层次弥补政府供给的不足，减轻政府负担，同时也可以在公民和政府间架起一座信息的桥梁，将老年人的意愿和需要及时传达给相关部门，完善政府的信息渠道。另外，不同主体的参与在一定程度上扩大了资金的来源，例如各种基金会和捐助等。我们还应看到，我国蕴藏着巨大的志愿者力量。与日本不同，我国社区中没有庞大的家庭主妇队伍，但是我们却拥有大批的大、中、小学生以及许多身体健康的老年人，他们的参与将为社区养老服务带来新的生机和活力，成为社区养老服务的生力军。

除上述几点之外，得益于多主体的参与，日本社区养老形成了多样化的组织形式，这一点尤其值得中国农村社区参考借鉴——学习其中的社区居民积极性的调动策略，即如何通过各种传播方式转变社区居民的养老观念。

川崎市的"玲之会"就在这方面提供了一个十分具有借鉴意义的例子。"玲之会"的成员基本上都是家庭主妇，它的主要活动包括"mini-day service"和"diamond club"，资金完全来源于参加活动的志愿者和社会捐助。

"Mini-day service"是对"日托服务"的补充，其内容包括唱歌、做游戏、做手工、健康讲座等，通常还提供午饭。这一方面给了家庭主妇们一个"自我实现"的机会。另一方面也为有需要的老年人提供了必要的服务，充实了他们的晚年生活。这样提供日常活动的组织形式更有利于吸引和凝聚社区老年人。

"Diamond club"则是一个以信息交流为主的活动，它是联系不同社区的志愿者以及不同社区的老年人的一个纽带。志愿者们在此交流服务的经验和心得，互相学习以便今后更好地提供服务，老年人们在此认识新的朋友。同时，老年人也可以向志愿者表达自己的愿望和需求，使志愿者在今后的服务中能更好地满足老年人的需要。志愿者也会把老年人的需要传达至相关部门以弥补政府信息的不灵通。这一活动也是"玲之会"能不断发展壮大的主要原因。

在前文提到的现阶段江苏地区出现的社区居家养老服务中，主要局限于满足农村老年人最基本的生活需求，在今后可以借鉴日本的丰富组织方式，借助一些娱乐生活等满足其精神生活需求，赋予养老服务以"休闲娱乐""日常社交"的价值和意义，进而模糊服务中"养老"这一方面的内涵。

三、社区认同：重塑村民对服务主体的认知

如今，部分农村居民紧跟城镇化的步伐从而相继转变了自己的居住方式，但在养老保障与服务供应方面，包括其他很多行政上的管理，都仍未发展出适应这一变化的新型服务体系。行政村仍然承担着通知、办理、宣传的主体职能，社区在其中

只得到了很少一部分信息共享,因而尚未能在养老服务领域有所作为。

以养老服务相关信息通知为例,依托原有架构在行政村的基础上的传播渠道,在进行养老保险政策信息的传播方面,效率不高、效果不佳、老百姓不满意。离开原来居住空间的居民接收组织传播信息的过程变得曲折而困难。而在农村,大部分政策信息都是依靠"村委会—队长—组长—各家各户"这样的树形结构传播渠道进行传播的。离开这样的群体后,就使得很多到城市打工或是搬进集中居住区等离开原来行政村的农民无法快速、及时地接收到相关通知和政策信息。另一方面,信息在经过一次次转达的过程中,多次的筛选和加工中加入的干扰因素累积,可能导致传播内容传达不准确。

与此同时,农民对社区在养老服务这方面的功能延展怀有期望,他们之所以抱怨说"他们(社区)都不管这些",正说明他们认为若社区能代替行政村执行部分管理职能(如社区养老),许多沟通上的不便能够有效避免。

如何满足农村居民对社区职能的期待?农民群体的频繁流动已成为既定事实,原有的组织结构如今已经呈现出不能胜任政策及相关信息传播的颓势。在这样的现实背景下,社区作为以居住为核心标准的服务主体,更适合承担提供养老等社会化服务的职责。社区应通过一些宣传教育活动引导并帮助农村居民对"农村社区"与"行政村"两个概念进行区分,社区的核心应该为"公共",而生产大队的核心则是"集体"。对"社区"的概念界定,应该着重突出其服务性质,而非组织或管理的属性。实现"社区"在村民心目中合法性的树立进而确保相关服务工作的开展,充分将当地社区的闲置资源利用到为当地百姓的服务中去。如何强化农村居民对社区具备养老服务功能的认同,是进一步落实社区养老服务体系搭建与运行的关键。

1. 代际反哺:由中青年群体推及老年群体的传播逻辑

习惯家庭养老的农村老年群体接受新的养老模式,是以社区作为主体的养老服务体系在农村地区搭建的重要前提。以新的意识和观念面向农村老年人群的输入,则需要依循代际反哺的传播逻辑。改变农村老年人群体面对养老服务社会化趋势的态度,并尽快地接受这种新型服务模式以应对农村地区人口流动性快速增强的社会现实,需要依靠子代的积极参与。首先,子代对亲代展开观念输入;其次,子代充分参与到社区养老服务的提供过程中(尤其在服务需求调查和服务反馈两个环节)。

对于农村社会而言,社会化养老是一个现代性特征较强的概念,老一辈农村居民对此可能会感到有些难以接受;子代应该联合社区力量,帮助老年人理解这种新模式(从社会获取养老资源)的现实诉求和优势并逐步接受。

中国传统社会以农耕文明为基础,经验占据绝对支配地位,因此在指导耕耘、收获谷物、处理危难等时候,来自父辈的教导是后辈必须遵从的法则。然而,现代文明的冲击使得这样的原则效力越来越低。随着社会转型的加速，知识的发展出现了质的变化。知识经济和信息时代的到来为子辈对父辈的文化反哺提供了时代背景。① 文化变迁如此激烈，知识生产的多元化使得知识的更新迭代变得前所未有的快。子辈对新知识、新文化的学习与向往，不再限于从父辈那里获取的传统知识与经验。随之，父辈在代际文化传承方面的权威地位也逐渐衰落。

在城市先经历了这一变迁之后，乡村社会也开始呈现同样的发展特点。随着城镇化进程的深入，农村青年人去到乡村以外的广阔世界并逐渐意识到：仅仅继承父辈的知识与文化已经不足以立足于当下社会。他们开始培养自己敏锐的感知力，发展出对新知识、新信息和新技术快速响应的能力。因而，在农村地区他们往往是一些新事物的最早响应者和实践者。同时，由于自己来自乡村的身份，这些农村青年将大量的资金、技术、知识、信息从现代城市带到传统乡村，向一辈子身在乡村的父辈传播现代意识和科学观念。

子代从日常生活的点点滴滴入手帮助农村老年人理解"养老"为何会出现社会化的发展趋势，向他们展示并分析、接纳社区养老这样的新型模式对老年人自身、子女以及整个家庭的积极影响。社区可尝试有规律地面向本村中青年组织开展相关议题的讲座，鼓励他们在活动中互相分享在劝说、说服父母接受社区养老服务上遇到的问题与经验，并在日常生活中有意识地向父母传播积极正面的信息，帮助父母理解社区养老的本质和优势。

这么一种过渡期的做法，将两代之间的反哺式互动融入养老服务的落实中，加速养老社会化的进程。具体来说，借助子代与亲代之间的亲密互动关系，将子代作为深入了解老年人需求并实时获取老年人对服务的满意度/态度的中介；子代充分参与到社区养老服务提供的过程中，有利于促进农村老年人口尽快接受社会养老的新型模式。面向子代对老年人的养老服务需求情况进行信息搜集，老年人通过子女向养老服务主体（社区）进行服务情况的反馈，社区与子代之间建立起一套关于老年人身心状况的及时报告更新机制。

从操作层面来看主要可以从以下两个步骤着手。

首先，通过信息的汇总与整理，以子代与亲代互动亲密程度与质量为标准，对本村老年人口进行细分，以便养老服务的针对性开展；建立起一套完备、详细的社区居民亲子关系资料档案。子代对亲代的影响，与两代人各自的文化水平、职业特征以及个人爱好息息相关。在建立这个档案时，不仅要登记姓名、联系方式等基本信息，更要通过深入的了解，按照不同的亲子关系特征进行人群划分。大致上可划分为"互动频繁有效/代沟较小"和"互动较少、质量较低/代沟较大"两种类型。前者的情况一般也存在两种：年轻人外出生活的同时留守村中的老年人也属于比较

---

① 周晓虹：《文化反哺：变迁社会中的亲子关系》，《社会学研究》，2000 年第 2 期，第 51—66 页。

有文化的群体;或是年轻人跟老一辈一样,也没怎么出过农村。代沟较大的情况一般就是老年人一直待在乡里,而年轻人很早就出门打工。对"影响"也需要进行细分:农村中外出务工的青年对父母的影响大多限于当前流行的时尚及器物方面;而农村中的接受过重点中学教育甚至高等教育的年轻人对父母的影响则往往会涉及高科技知识和社会新闻方面,甚至涉及价值观、世界观层面的影响。因此,需要从年轻一辈的文化程度及社会经历出发,初步判断子代对亲代所发挥的反哺作用的广度与深度。

其次,通过搭建社区与年轻人、子代与亲代的传播渠道,实现围绕养老服务的信息传播趋于制度化。例如制定每月/每周反馈机制,并于每个社区养老服务合同期之间进行更为深入的信息反馈与交流;与此同时,教育子代从与亲代的日常琐碎交流中了解老年人的需求与满意度并及时、准确记录。从渠道的类型来看,需要搭建好两条传播渠道:社区与社区内年轻人(包括外出的)的传播渠道,以及农村年轻人与老一辈之间的传播渠道。针对前者,社区应该尽量投青年人所好,选择他们习惯使用的媒介形式,比如微信群、QQ群等网上社交平台。搭建村内青年人的网上社区交流平台,兼以短信或电话的形式维系社区与中青年群体持续的信息互通。比如调研过程中走访到的部分地区已经在构思"搭建网络化服务平台",即计划将所管辖区域内所有农村居民的联系电话号码输入一个平台,发短信通知各项事情,普及各种政策文件和知识,试图"改变过去那种死板的通知方式"①,迎合社区中的年轻人群体的生活、社习惯。从传播策略上看,首先通过有效的内容调动起人们交流的欲望,保持平台的社交属性;在此基础上再有意识地刺激围绕社区养老的代际反哺行为的产生,例如设立一个"常回家聊聊"栏目并通过这一栏目按时发布适宜两代人共同讨论且紧扣老年人日常生活、身心健康的议题。

具体落实"养老服务"需要包括两个方面:首先,保证信息的同步,保证两代人同时对服务的开展保持充分的、及时的信息更新。其次,通过一些制度化的手段,促使两代人一起讨论社区提供的养老服务。讨论的内容主要包括两个方面:一是需求,二是反馈。需求即需要哪些具体的服务事项,即社区对其展开何种程度的养老服务。服务内容可具体分为卫生医疗服务(包括定期健康检查、上门医疗服务、家庭护理、康复训练等)、生活照料服务(打扫、洗衣、煮饭等)、休闲娱乐服务(书画、唱歌、手工等)、社交辅助(棋牌、游戏、讲座等)四类。子女通过与父母的沟通协商,填写表格从而将服务需求告知社区。相较社区工作人员,农村老年人更倾向对子女表达自己对养老服务的满意程度及情感态度;社区需要利用子女作为反馈信息的中转站,搜集服务反馈并及时调整服务(具体包括对服务人员、时间、内容等方面的调整)。

---

① 摘自于访谈资料:2015年6月5日,Y市C镇BH社区,受访者是居住在BH社区的一位村干部;他在访谈中提到"已经跟移动公司交涉了这个事情,希望以后能够通过短信来发个通知,发个要求,发个安全知识什么的"。

2.社区媒体:重塑社区认知,增强社区认同

就农村地区而言,搭建基于社区的养老服务体系需要克服两个主要难题:一是构建一个内部成员相互支持帮助的老年社区,二是建立起具体养老服务的提供渠道并让村中老年人尽快习惯使用。对渠道的理解基于对养老服务内涵的界定,广义的养老服务不仅包含生理方面的日常生活照料及健康管理,还包括对农村老年群体心理状况的关照。因此,健康老年文化的建构、老年人群的心理疏导等也应囊括在社区养老服务的内涵之中。社区媒体在这其中有能力发挥重要的促进作用,承担起构建老年社区以及作为广义的养老服务中具体服务事项供应渠道的社区责任。

首先,社区媒体应作为老年社区的黏合剂服务于养老服务。建构一个内部沟通交流频繁的老年社区,对于养老服务的开展具有重要意义;而社区传媒在社区建构中具有重要的意义与价值——它是社区居民的发声筒,是社区公共领域的建构者,也是沟通意见的重要桥梁。

社区媒体与传统大众媒体的最大区别是其只针对特定区域的对象发行,不追求最大多数的关注,在传播思路上与其他媒体迥然不同。按照社区媒体的类型来看,社区传媒包括社区报纸、网站、广播电视等媒体形态。

对于建构社区居民对社区的共同想象,社区媒体的价值体现在以下方面。作为一种媒体,社区传媒最明显的价值就是其媒体功能,如提供信息、服务和公共议程的设置及公共领域的架构等;从更广泛的政治治理角度看,它可以帮助建构行之有效的公共管理平台,并通过民众参与度的提高从而增强民众认同感并促进民主化程度,而且这对于平常居民话语权的尊重和对社区事务的监督管理也有着非常明显的效果。

具体来看,凭借提供信息方面的优势,社区媒体对于社区居民是尤其亲切的。社区传媒最基本的功能就是其信息和服务价值,一般而言这种价值可以体现在社区传媒会及时地刊登天气、票务、演出、福利等群众喜闻乐见的服务类信息。正是由于社区传媒的针对性和及时性,它才会慢慢成为社区居民生活中必不可少的一种阅读需求,进而产生一种很强的阅读黏性,促进读者对于社区事务的关注度和参与度。而且这种信息是深入百姓的,并且以社区居民为报道对象。例如报道社区内幼儿园、小学的文艺比赛,刊登某人出生的喜报等。

其次是社区媒体的公共领域建构作用。公共领域是哈贝马斯提出的有关政治模式的重要理论,哈氏认为公共领域与其说是一个概念,不如说是一种描述,它强调一种公共舆论形成的机制,强调公民能够通过大众媒介自由、平等、独立地进行公开而理智地讨论,从而促进社会问题的解决。他强调公共领域是通过大众传媒建构而成,同样地,具体到社区而言,社区传媒在社区公共领域的建构中也是不可或缺的。

前两个方面都是构建认同感和归属感的基础。通过社区媒体对社区事务的介入，让小区居民感觉自己小区的事情就像自己家的事情一样，我为人人、人人为我，认识到社区治理是每一个人的事情，并关系到每一个人的幸福安居。社区自治的灵魂便是居民社区共识的养成，社区形成的原因正在于居民生活有赖于此、情感有赖于此，对此有归属感。社区传媒的一大特点或者说相比报纸的优势就是专注本地新闻、本社区新闻。就美国社区报而言，这种深入社区的特性可以表现在社区报会刊登社区居民的婚丧嫁娶、比赛、通知等信息，而且在报道时常常采用小区居民的真实姓名，从而赋予其荣耀感，并增强其认同感与归属感。另外，在报道方式上，社区报惯常采用亲近性的、故事性的话语报道方式，像一个老朋友一样对社区内的大小事务进行报道，并提出中肯的建议。可以说社区报在内容和方式上都深入人心，易于被小区居民接受和领会，读者会慢慢形成一种认同感和归属感。这种认同感和归属感的建立能极大地促进居民对小区事务的关注度和参与度，从而促进社区管理的良性发展。

社区传媒最早出现于美国，已经有大约 300 年的历史。如今在北美地区，特别是在美国、加拿大两国，以社区报为代表的社区媒体发展已近于成熟，在报业普遍亏损局面中可谓是一枝独秀。然而在我国，社区传媒起步相对较晚，而且发展也出现曲折，不过社区传媒特别是社区报顺应了报纸"下沉"、受众细分的趋势，在利润与效果上也越来越受瞩目。目前，社区媒体在中国的发展主要集中于城市地区。社区媒体如何在农村地区落地，需要针对性地考虑媒介形式的选择。

虽发端于城市，但农村发展社区媒体的基础也足够深厚，尤其是广播等基于口语传播的媒介形式。社区媒体如何在农村地区落地并主要服务于老年人群体，需要具体考虑受众特征。农村地区老年人普遍识字少、只懂本地方言，报纸等文字媒体难以成为他们获取信息及娱乐的日常渠道。对于农村的老年受众而言，广播是一种较为理想的社区媒介形式。选择当地老年人熟悉的同乡担任播音员，使得广播内容尽可能多地成为老年人之间相互叙说的社区故事，激发老年群体内部的频繁交流互动。社区能更好地融入老年人的日常生活，养老服务便得以在社区更顺畅地开展，村民不再只是"各管各家"。

社区媒体还可作为服务供应渠道服务于养老服务。这一点的实现依赖于社区媒体的具体运营，主要包括内容等传播策略的制定与执行。围绕"养老服务"这一目标，社区媒体开辟专栏，作为上门服务的辅助服务事项提供者。

在专栏的设置方面，可从两个方面考虑。在生理健康方面，社区媒体可以承担通知功能（如通知身体检查、棋牌类活动等）、宣传功能（健康知识等）。在心理健康方面，社区媒体在提供休闲娱乐、消除孤独感方面能够有所作为。休闲娱乐的提供需要因地制宜，基于对本社区老年人娱乐活动偏好的了解，针对性地提供相关内容。引导老年人开展集体性的媒介行为，例如大家一起听广播，以达到鼓励老年人互相陪伴消除孤独感的目的。

3.断裂与重建:搭建社区信息传播渠道

社会保障服务在农村社区一直以来依托的都是行政村,因此在农村居民的认知中,社会保障服务是生产大队、村组负责的事情,所有的通知和信息都是以队长或组长为传播者组织展开传播活动的。

农村地区以行政村为传播主体的信息传播渠道一般呈现出这样的格局:组织传播打头,把信息注入农民社群中,再利用农村社会活跃的人际传播来实现消息的进一步扩散。长久以来,这样的传播格局在乡村的实践是高效且成本较低的,也使得"队长""组长"等乡村精英得以被建构起来,在老一辈人心中成为"国家""政府"的代理人和"权威"的象征。

然而,这样的格局已经被城市化进程打破,农民原子化生存现状使得原有的传播机制不如从前有效。如今,部分农民的居住形式改变:年轻人大部分外出打工而寄居外地,部分老年人或随子女去到县城及以上地区,或搬入集中居住区与来自多个行政村的人居住在一起。这部分人离开了自己的土地,随之离开了与土地挂钩的"组织"(大队、生产组等),分散开来居住。问题在于,户籍并未跟随他们居住地点的改变而迁出,原来行政村的模式还在继续,而这部分离开的人便脱离了那个群体,脱离了原来的那一张传播网络。

然而,如今这种传统模式的延续给部分村民造成了信息接收上的不便。一些由于打工或搬迁的原因离开户籍所属行政村的农民,遭遇了很多由于不在场导致的信息缺失或信息损耗。建立在层级制的行政体系中的传播机制,对于这些离开家乡的人来说,信息传播渠道发生了断裂,导致他们无法及时、完整地接收相关信息。

在这样的现实情况下,社区按理来说就顺势具有了较大的发挥作用的空间。社区是以居住为标准的,一个人居住在一个社区所划定的地理范围内,就意味着他属于这个社区。这意味着社区是与居住、生活紧密关联的,由于社区的触角是伸向社区中的每个个体的,因此在信息传达这一方面社区是具有优势的。

实际情况却是,长期以来农村居民对养老服务主体认知的固化,使得社区难以真正介入这一领域,许多社区兴办的服务机构无人问津,社区提供的服务鲜为人知。

社会保障不是一个农村层面的东西,而是全体国民共享的,理应不受到行政区划的限制。以居住地为主要标准划分的社区,相较行政村更适合成为养老服务的主体;从传播学的视角考察,社区作为信息的传播主体,比村干部为主导的传播格局更能有效保证信息的到达率和反馈率。否则,继续将养老服务与行政村捆绑在一起,必然会影响政策及具体信息的传播效率。

让农村居民在自己所居住的社区办理相关业务,获取相关信息,向社区反映困难和需求,前提条件是能够建构起以社区为依托的信息传播网络。让农民个体成为信息接收的终端,而不依赖原有的绑定在行政村结构上的传播网络。通过社区能够将全国统一的政策信息以及具体到个人的办理信息以快速、有效、性价比较高的形式传达至农村受众,进而影响他们对政策的理解和态度,避免不必要的误解和抱怨。

在打通社区与农村居民的信息传播渠道时,既要照顾到青年人群体,也要顾及老年人群体。对于青年人而言,很多人并不在当地生活,对原有的基于人际关系的农村社区的熟悉度也不高,对基于行政管理需求建立的所谓"社区"更加感到陌生。针对这个群体,可以将具体的联络工作交给社区的大学生村干部,以微信群、QQ群的方式与身在外地的年轻人加强联系,进而更好地传达政策上、执行时的各种通知,并提升村民对政策执行的反馈的回收效率。

对老年群体而言,从传播效果和效率上来看,人际传播仍占据上风。因此,社区要注意打造社区内的公共场所,让社区内的中老年居民感受到社区为居民们提供了许多交流互动的平台。此外,还需经常性地派社区工作人员参与居民的日常社交活动。

第六章 社区教育服务：
农村学习型社区建设的传播和实践

    农村社区教育是农村学习型社区建设的重要内容，是对农村社区内共同生活的人群组合所进行的由学校教育、家庭教育和广泛的社会教育组成的"大教育"。它既是一种区域性、整体性的教育活动，又是一种组织协调社区内外各种力量参与本社区内的各种学习与教育活动，为提高社区成员素质，促进经济、文化发展而提供服务的教育新机制①。

    现代意义上的社区教育兴起于二十世纪二三十年代②，是伴随着工业化大生产的发展而陆续出现的。我国农村社区教育也正是萌芽于这一时期。当时，一些国内学者受到美国早期社区教育思想和教育实验风气的影响和启发，他们从改良中国农村乃至改良中国的社会状况出发，开始倡导乡村教育运动，影响较大的有黄炎培的"职业教育"、晏阳初的"平民教育"和陶行知的"乡村教育"等。这些乡村教育运动，已经初具农村社区教育的雏形，是区域性推进农村教育的大胆尝试，体现了农村社区教育的萌芽。

    抗日战争、解放战争时期，中国共产党在老解放区发动群众兴办村校，聘请教师，教少年儿童识字、学文化，请老干部对师生进行革命思想教育，组织师生配合革命战争需要开展宣传动员。中华人民共和国成立后，政府继续重视农村的教育工作，对农民进行知识普及，在各地组织扫盲并开展冬学等教育活动，农村社区教育开始逐渐兴起。到 20 世纪 80 年代中后期，我国逐步形成了"教育为社会经济服务，社会经济真正依靠和支持教育"的农村社区教育的发展思路③。

    在国家政策方面，"星火计划""丰收计划""燎原计划"等一系列农村社区教育发展规划，加强了农村社区教育与当地社会经济发展之间的联系，为农村教育改革和发展指明了方向。1993 年，中共中央国务院颁发《中国教育改革和发展纲要》，明确指出要积极推进农村教育综合改革，促进教育同农村经济的结合，明确农村社区教育主要为提高农村劳动者素质服务的目标和方向。1999 年，在湖北省武汉市召开了"全国农村（城郊）社区教育工作会议"，紧扣农村社区教育实际，对我国 21

---

① 刘洋：《中国农村社区教育研究》，西北农林科技大学博士论文，2003 年。

② 朱鸿章：《社区教育政策与公民学习权保障的研究》，华东师范大学博士论文，2012 年。

③ 冯晖：《社会主义新农村社区教育发展研究》，东北师范大学硕士论文，2006 年。

世纪农村社区教育的发展方向和工作重点提出了建议。此后,各地相继涌现出一批积极探索社区教育的先进县(区、市)、乡、村,农村社区教育在全国各地蓬勃开展起来。

在学术研究方面,社会学、教育学、经济学等领域也开始关注农村社区教育问题,对中国农村社区教育的研究开始逐渐深入,并奠定了一定的基础。但是就目前来看,农村社区教育研究多集中在社会学和教育学领域,传播学视角下的农村社区教育研究相对较少。毋庸置疑,农村社区教育与传播有着千丝万缕的联系。农村社区教育是一种面向社区全体成员,旨在提高社区成员的素质和生活质量,促进社区成员的全面发展和社区可持续发展的教育活动,其实质是一种在农村社区内开展的传播行为。

一、农村社区教育服务的现状与问题

农村社区教育旨在立足农村,扎根农村,成为农民群众"家门口的学校",满足广大农民群众"时时受教育、处处受教育"的需求。因此,与其他类型的教育相比,农村社区教育更有利于提升农民的科学文化知识、思想道德素质和劳动就业技能,更有利于培养有文化、懂科学、会技术的新型农民,进而加快社会主义新农村的建设步伐。

按照《江苏省社区教育示范区建设标准(试行)》的目标要求,到 2020 年,苏南 70% 以上、苏中 60% 以上、苏北 50% 以上的社区教育机构要达到高水平、示范性建设标准,全省基本建成覆盖城乡、机制完善、功能齐全、优质高效、具有江苏特色的社区教育办学系统①。为提高社区教育尤其是农村社区教育的组织效果,更好、更快地实现农村社区教育的建设目标,我们有必要回过头来总结以往农村社区教育的发展历程和传播经验,通过分析农村社区教育的传播载体和组织形式,了解农民的媒介接触行为和活动参与情况,以期全面深刻地了解农村社区教育活动的传播现状。

1. 农村社区教育的传播载体和组织形式

按照江苏省教育厅等相关部门的指示和要求,各个社区教育机构相继开展以职业技能、文化素养、现代生活、休闲娱乐等为主要内容的社区教育活动,服务社区里包括老年人、青少年、残疾人、失业人员和外来务工人员在内的等全体居民。在我们调研的两市 12 个乡村,均有开展不同形式的教育活动。以陆庄村为例,从与村支部书记的访谈中了解到:

村里每年都会开展 2～3 次针对葡萄种植等经济作物的种植培训,教

---

① 江苏教育网站,《省教育厅关于加强社区教育机构建设的意见》,2014 年 11 月 28 日。

种植户何时用药、施肥等,以技术传授为主。这类的农业培训一般是村委会组织,有时候是由农业部组织。此外,村里和镇里联网对党员进行远程教育,敦促党员做好学习带头作用。村里也有按照要求建立农家书屋,企业、社会捐赠了一部分图书,还有一些是村委会出钱购买的。村里很少举行专题论坛,但有时候一些大型的、财力雄厚的企业会开展一些商业性质的专题论坛。①

农村社区教育在促进农村社会发展过程中发挥着基础性的作用,从传播学视角来看,农村社区教育的内容为促进农业社会发展提供重要的精神动力和智力支持,农村社区教育平台也作为农村精神文明建设的重要阵地,成为传播信息资讯,教育农民群众,提高农民素质的重要渠道。

目前农村社区教育的主要内容包含思想道德、农业科技、生活常识、科学文化、专业技能等方面,形式主要为讲座培训、组织宣讲、一对一咨询,还有远程教育等。"远程教育主要是技术推广,通常在村委会的大会议室开展。"②主要运用的教育载体有农家书屋、道德讲堂、宣传橱窗、横幅标语以及各类补习班、培训班和专门针对党员的学习小组等,服务的群体涵盖社区内的所有村民。

以农家书屋为例,这是各级政府在行政村建立的公益性文化服务设施。书屋内要求配备符合农民需要的图书、报刊、音像制品和电子出版物,由农民自己管理,目的是使村民足不出村就可以免费读书看报,学习交流。据中国农家书屋网的信息,农家书屋配备的图书应不少于 1500 册,品种不少于 1200 种,报刊不少于 20 种,音像制品和电子出版物不少于 100 种(张),而且要做到登记完备、编号清晰、分类摆放③。

据统计,农家书屋于 2012 年 8 月底已覆盖全国具备条件的所有行政村,提前三年完成了"农家书屋村村有"的任务。目前,全国共建成达标的农家书屋 600449 家。④ 在我们的走访过程中,各个村庄都建有自己的农家书屋,配备图书上千册,并安排专人管理,免费对村民开放。据了解,扬州市花彭村的农家书屋还有专门的名称——书香阁,村委会干部介绍说:"暑假会有学生来看书,平常也会有老年人来这里看书、看报。"⑤李彬认为"人类社会的活动赋予了实在空间以社会内涵,实在空间也因此被纳入到社会信息的自我表达体系之中,成为社会的'皮肤'"⑥。农家

①　摘自访谈资料,2015 年 1 月 16 日,常州市陆庄村,受访者是村委会干部。
②　摘自访谈资料,2015 年 1 月 13 日,常州市后庄村,受访者是村委会干部。
③　中国农家书屋网,《农家书屋》,2011 年 8 月 11 日。
④　人民网,《农家书屋工程提前三年完成任务》,2012 年 9 月 28 日。
⑤　摘自访谈资料,2015 年 1 月 16 日,扬州市花彭村,受访者是村委会干部。
⑥　李彬,关琮严:《空间媒介化与媒介空间化——论媒介进化及其研究的空间转向》,《国际新闻界》,2012 年第 5 期,第 38—42 页。

书屋这一社区公共空间也具有媒介的属性,承载并传递着社区内社会关系的信息。村民的阅读和学习活动赋予农家书屋高雅性、权威性,同样一个好的农家书屋可以向村民传递知识的神圣感和提供安宁愉悦的阅读氛围,潜移默化地规训空间内人们的态度和行为。由此可见,农家书屋作为承载社区科学文化教育和精神文明建设的公共空间,也属于媒介的范畴,承载着社会意义,履行着传播信息的重要职能。

如果说农家书屋具有全国性特点,是按照国家统一规划建设的公共服务,那么常州市的"道德讲堂"则是自我探索的结晶。2009 年 11 月,"道德讲堂"在常州市钟楼区进行试点建设,2010 年 8 月开始在全市推广;常州市还颁布《常州市"道德讲堂"示范点建设标准(试行)》,相继在各社区、各村镇开设道德讲堂。我们调研了解到,目前各村庄都建有专门的道德讲堂,一般设在村委会大院,并配备了桌凳黑板,条件好的还安装了空调、电脑、投影设备等。据介绍,道德讲堂每年要定期组织教育活动,"要求道德讲堂开展活动,一年至少两次"[①],以此为平台宣传先进事迹和好人好事,组织群众自我学习和相互学习,通过组织传播和人际传播,进行道德宣讲,传递精神文明和先进文化。

此外,还有橱窗、黑板报、横幅、文化长廊等形式的传播载体,如扬州市小纪镇的"法之小纪"宣传橱窗、花彭村"平安法治文化巷"、曹南村"健康卫生知识专栏"、柚山村"免费孕前优生检查,提高出生人口素质"的横幅、秦巷村"崇尚科学、反对迷信、拒绝邪教"的横幅、礼嘉镇"消防知识进社区——公益宣传"、健康教育知识培训手册等,以及座谈会、咨询会、知识讲座、技能培训等组织性的传播活动,如陆庄村"慢性病自我管理"小组活动、儒林镇"乡村干部电脑培训班"、柚山村"渔业科技入户推进会"等。农村社区利用各种实物性质的宣传载体和组织性的传播活动,通过大众传播和组织传播的形式,向村民传递科技、法治、卫生、文化等各方面的知识,以提高农民的科学知识水平和思想道德素质。

目前,行政统筹模式是农村社区教育传播采取的主要形式,这些上行下效式的农村社区教育多以政府力量为主导,体现为信息传播者对众多信息进行搜集、加工和过滤,并组织发布给农民群众的过程,带有明显的行政干预色彩。但是,随着我国农村社区教育实践的深入,在农村日常的人际交往过程中,农民中间内生的村能人,凭借其优于一般村民的知识、技能和经验,充当起村民们的"意见领袖",在农村生产、生活信息的传播过程中发挥着重要作用,成为内生于民间的重要的传播力量。

"意见领袖"的概念最早由传播学先驱保罗·拉扎斯菲尔德在 20 世纪 40 年代提出,邵培仁认为意见领袖是大众传播中的评价员、转达者,是组织传播中的闸门、

---

① 摘自访谈资料,2015 年 6 月 5 日,常州市柚山村,受访者是村委会干部。

滤网,是人际沟通中的"小广播"和"大喇叭"①。在我国农村地区,大众媒介欠发达,大部分农民自身文化程度较低,而农村教育传播是一项长期、持续、深入、细致的工作,完全依靠大众传播媒介效果有限,尤其是农业科技传播领域,因此处于人际传播与大众传播中间环节的意见领袖在传播活动中发挥着不可估量的作用②。

总之,从宣传阵地到讲座培训,农村社区教育组建了多种形式的传播载体,从科学文化到思想道德,农村社区教育涵盖了不同类型的传播内容。农村社区教育的目的是要推行全面学习、终身学习的理念,构筑农村学习型社区,促进农民的全面发展,推动农村社区的社会主义精神文明建设。但是,随着农村社区的进步、农业经济的发展和农民视野的开拓,对农村社区教育的传播形式也提出了新的更高的要求,这需要基层组织在建设农村学习型社区,开展农村社区教育方面继续探索,不断创新。

2. 农村居民的媒介接触和学习活动参与

农村社区教育作为一种社会化的新型教育,其服务的对象是广大农民群众,但是农村社区教育不是流于表象的面子工程,要真正满足农民群众的实际需要。只有做到群众满意了,农村社区教育才算取得成功。为了解社区教育活动的实际传播效果,我们通过问卷调查和深度访谈的形式,对农民的知晓度和参与率做了简单的统计,并对村民的实际接触和参与情况,做了简单的分析。

从发展动力学的角度来看,社区教育能否长效发展取决于其是否具有完备的动力机制,只有当它拥有较为理想的社会动力的时候,才能保持其持续、稳定的发展趋势。农村社区教育动力来源何处?我们认为农民群众作为农村社区的主体,他们的参与和实践是农村社区教育动力的最主要的源泉,当农民群众保持较高的热情和积极性时,农村社区教育才能保持生机和活力。但是在实际的调查和访谈中,我们发现当地社区村民的活跃性并不理想,甚至对社区教育的知晓度都比较低。

在询问村民"村里是否举办过科学、技术、文化等方面的讲座或培训"(图6-1)时,有49.7%的村民表示知道村里举办过,有50.3%的村民认为村里未曾举办过任何相关讲座或培训。

而就知道村里举办过学习讲座的这部分村民(49.7%),继续询问他们的参与情况(图6-2)时,得到的结果是其中有28.0%的村民表示只是听说过但没有参加过,72.0%的村民曾经亲身参与过。折合来看,总体上只有35.8%的村民知道并且亲身参与过村里举办的知识讲座或学习培训,参与率一般。而大多数村民对社区教育并不敏感,他们更加倾向于娱乐和消遣活动:"我们不去的,没什么大用,没

---

① 邵培仁:《传播学》,高等教育出版社2000年版,第230页。
② 周董言,吴东醒,付志文:《新农村背景下农业传播主要模式探讨》,《南方农业学报》,2012年第6期,第877—880页。

事了的话,就看看电视,打打牌打打麻将,玩一玩。"①

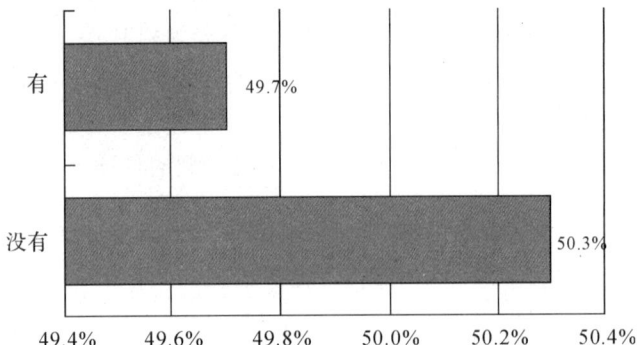

图 6-1　农民对村里是否举办过讲座培训的知晓情况统计

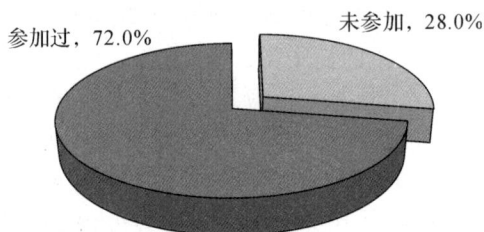

图 6-2　农民是否参加过讲座和培训的情况统计

随着经济社会的发展,学习型社区越来越受到重视,它倡导社区居民在生活中学习,在工作中学习,实现学习、生活、工作的一体化。但是就目前农村社区的发展现实来看,大多数农民群众对学习缺乏热情,宁愿将业余生活用于游戏和娱乐,也不愿意去读书看报、参加讲座培训,这导致农村社区内的许多学习活动无人问津,许多学习场所门可罗雀,农村社区教育反响平平。

在农村社区教育中,农家书屋也面临同样的尴尬处境。2007 年 3 月,为解决农民"买书难、借书难、读书难"的问题,实现农村文化共享,新闻出版总署会同中央文明办、国家发展改革委、科技部、民政部、财政部、农业部、国家人口计生委联合发出了《关于印发〈农家书屋工程实施意见〉的通知》,开始在全国范围内实施农家书屋工程,并于 2012 年 8 月底实现"农家书屋村村有"的任务。在我们走访的 12 个乡村,也都分别建设有各自的农家书屋,但是调查村民对农家书屋的使用现状时,发现实际情况并不乐观。

调查数据(图 6-3)显示,有 32.5%的村民知道村里开设了农家书屋并且去过农家书屋看书,人数不足调查总体的 1/3。有 54.8%的村民虽然知道农家书屋但

_____

① 摘自访谈资料,2015 年 6 月 5 日,常州市柚山村,受访者是当地一名 50 岁左右的水产养殖户。

是从未去看过书,还有 12.7% 的村民尚不知晓农家书屋为何物。总结来看,多数村民知道村里有农家书屋,但是真正去看书学习的很少,也即说明,农家书屋的实际利用率比较低,其作为农村社区教育的硬件平台没有真正发挥出预期的作用。

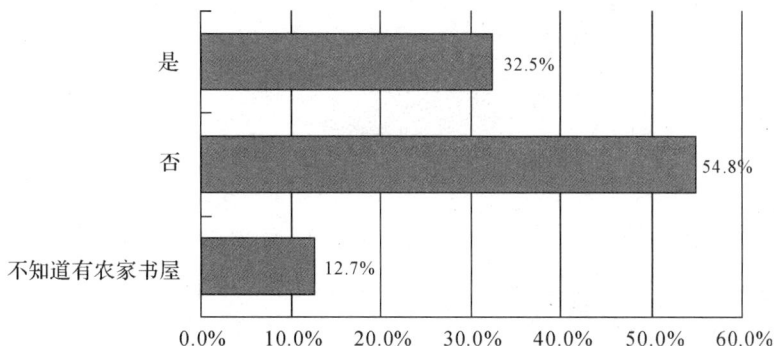

图 6-3　村民对农家书屋的使用情况统计

　　而依托于村里的宣传栏、文化长廊、橱窗展架等载体进行宣传的教育内容(图6-4),有 57.5% 的村民表示浏览过,"没事转过去会看看,那里(橱窗里)会贴一些报纸、画"①。但是也有 42.5% 的村民表示没有看过。相对于宣传栏这一类的教育形式,补习班和培训的参与率则下降很多(图 6-5),只有 24.9% 的村民表示自己或家人参与过村里的补习班或培训班,而有 75.1% 的村民从未参与过任何培训和补习,人数超过 3/4。可见村民对于村里举办的培训补习活动的参与情况不太理想,培训班这一组织形式在村民中间的作用和效果不太明显。

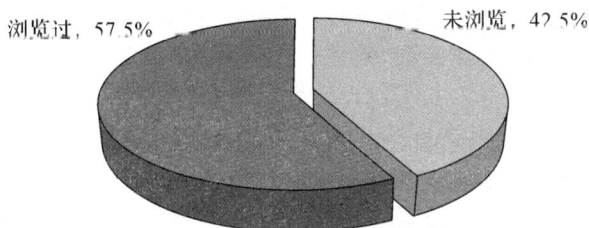

图 6-4　村民对宣传栏或文化长廊的浏览情况统计

　　综合来看,在乡村社区教育惯常使用的几种组织形式中,相对而言,农民对橱窗、横幅、标语、海报等展示性的宣传载体的接触率和阅读率比较高,"没事转过去会看看,看看上面的新闻啦,生活小常识啦"②,"黑板上那些教给我们怎么养生保健的知识,告诉你吃什么好,怎么运动,不要抽烟,要少喝酒,老年人要心情愉快,不

---

① 摘自访谈资料,2015 年 6 月 5 日,常州市柚山村,受访者是当地一名姓钱的水产养殖户。
② 摘自访谈资料,2015 年 6 月 5 日,常州市柚山村,受访者是当地一名姓钱的水产养殖户。

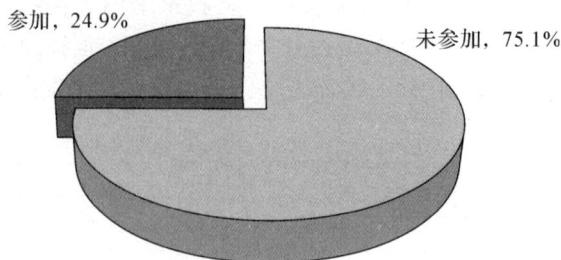

参加，24.9% 未参加，75.1%

图 6-5　村民参与村里补习班或培训班的情况统计

要经常生气,要多活动活动,这些都挺好的"①。可见,农民更加青睐户外展示型的宣传媒体,因为这种非固定时间、非固定地点的教育形式比较符合农民闲散随意的生活方式,他们可以在日常的碎片化时间浏览和阅读宣传物上的教育知识,这种开放性、自由性的教育形式可以起到润物无声的宣传作用,潜移默化地向农民传播教育信息。

　　而对于类似于知识讲座和技能培训等组织性的学习教育活动,村民的参与度则不太理想,有的村民表示,"有的(讲座)知道,没去看过,我们只知道玩,玩着开心就行"②。根据村民对社区教育媒介的接触情况、社区教育活动的参与情况,以及农村社区教育活动的传播形式进行综合分析,我们认为农村社区教育的效果之所以薄弱,首先是由于农民自身的文化素质较低,对知识缺乏认同,缺少学习的积极性。根据调查数据,当地农民的文化程度多停留在初中及以下水平③,总体文化素质并不太高。而人的学习驱力与其文化程度成正比,一个人的文化程度越低,其学习驱力就会越弱。因此,不难理解为何农民对社区教育缺乏热情和主动性。其次,社区教育的组织形式也存在疏漏,致使社区教育的"教"和"受"相脱离。社区教育通常是开放的、自愿参与的,不会对农民施加强制性要求,但是农民作为独立分散的原子,若是没有外力进行合理的组织动员,很难聚合到一起,于是有些活动会打出参加活动就给钱或送东西的旗号来吸引村民,事实上这种利用物质引诱的宣传方式不可能长期有效地进行下去,甚至会加剧受众的趋利动机,农村社区教育必须以合理有序的方式对农民进行组织和引导。

　　3.流于形式的农村社区教育活动

　　我国农村社区教育主要表现为政府发布命令,倡导农民参与的形式。为发展农村社区教育,响应建设学习型社区的号召,鼓励农民终身学习、主动学习、全面学

---

①　摘自访谈资料,2015年6月5日,常州市柚山村,受访者是当地老年活动室一名老年人。

②　摘自访谈资料,2015年6月6日,金坛区柚山村,受访者是当地一名小吃店老板娘。

③　根据本课题的调查问卷数据,被调查的村民中,文化程度是小学及以下的占25.1%;文化程度在初中水平的占45.0%;文化程度在高中或中专水平的占21.3%;文化程度是大专及以上水平的占8.6%。

习,社区相关部门先后为村民搭建学习平台,为农民提供学习资源,以及创建教育活动场所、配置教育活动器材等,并且也取得了一定的成绩。但是我国社区教育发展至今,在各种社区教育活动的实际操作中,主要是政府大包大揽,行政干预过多,而农民被动接受,主动性不足,缺乏农民与村委会间的良性互动。

为了解农民对社区教育的实际参与情况,以及社区教育存在哪些方面的脱节和不足,我们对 12 个村的村民做了相关问题的问卷调查(图 6-6)。通过数据统计和分析,我们发现,在客观原因方面,有 31.8%的村民表示没有时间去参加教育讲座和培训,这部分群体是主体。此外,不知道时间地点的村民占 18.8%,根本没有听说的占 16.5%,离家太远不方便的占 4.7%。而就村民主观态度的分析发现,有 14.1%的村民表示没有必要去听讲座和培训,8.2%的村民认为讲座和培训的内容没有意思。

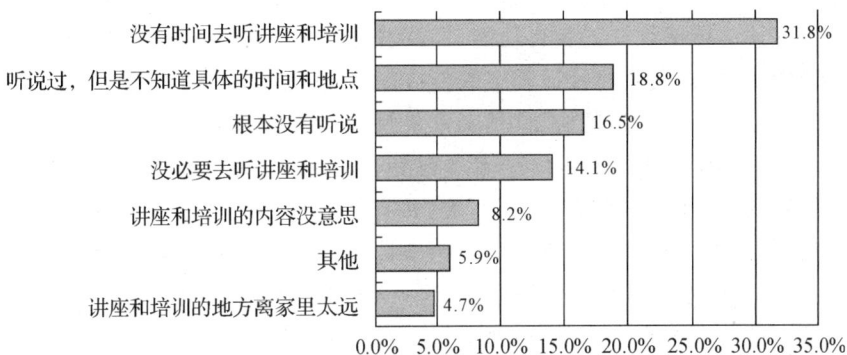

图 6-6　村民不去参加村里举办讲座和培训的原因统计

从中可以看出,农村社区培训讲座的参与率之所以低下,从受众的角度来看,是因为农民忙于生产、生活,空余时间较少,难以腾出时间参与社区教育,以及农民文化程度不高、理解能力有限,对社区教育缺乏兴趣和主动。同时,就信息的传播者而言,村委会通知的失职也是主要原因。一方面,村委会宣传工作不到位导致部分村民因不知道讲座信息而错过听讲学习的机会;另一方面,村委会举办的讲座培训形式单一,内容枯燥,脱离实际,激发不了受众的学习热情,导致部分村民认为"讲座和培训的内容没有意思"。

为了解农村社区农家书屋的传播效果,我们对图 6-3 所示的 32.5%去过农家书屋看过书的村民进行进一步调查。数据显示,去过农家书屋看过书的村民对农家书屋的评价倾向于肯定:有 22.9%的村民认为社区书屋的环境干净整洁,24.7%的村民认为社区书屋的书籍更新及时,36.4%的村民认为社区书屋的书籍种类丰富。但是,这并不能说明农家社区书屋建设得成功到位,因为这些数据仅仅来自于去过农家书屋的那部分村民的评价,事实上,这部分村民人数不足总数的1/3(32.5%),而有超过 2/3 的村民从未去过农家书屋或者根本不知道农家书屋为

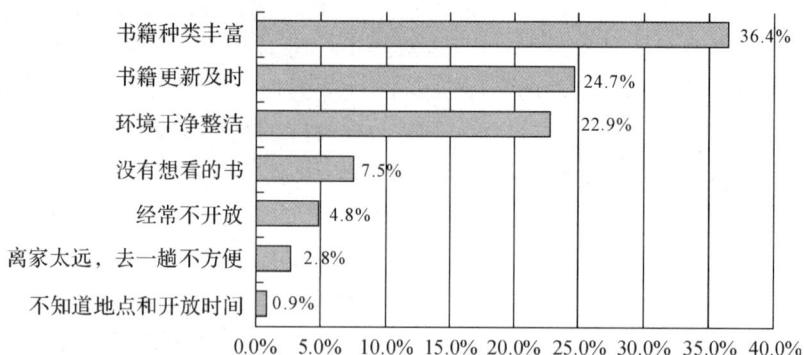

图 6-7　村民对社区农家书屋的评价统计

何物。因此,虽然农家书屋这一农村社区教育平台的建设成果相对值得肯定,但是要真正发挥这一传播媒介的教育功能,提高农村社区教育的传播效果,加快学习型社区的建设步伐,扩大农村社区教育的传播范围,还需要进一步完善。

此外,针对常州市"道德讲堂"活动的发展现状和传播效果,我们研究发现,从2009 年 11 月开始试点建设到 2010 年 8 月在全市推广,"道德讲堂"在常州各社区、乡镇相继展开,一度风生水起,热闹非凡,并且登上中央电视台新闻联播节目。国内各大报纸如《人民日报》《光明日报》《新华日报》《扬子晚报》等也纷纷给予报道,影响力空前。但是经过五年多的发展,这一活动也逐渐显现出一些问题,我们在与村委会工作人员的访谈中了解到了这一社区教育活动多少已经成为一种"负担"。

> 道德讲堂我们办的,讲好人好事、先进事迹,其实道德讲堂也有好的一面,教育人嘛,但是有没有效果都是个未知数。有时候上面公布下来,下面怎么做? 下面有时候也会应付,怎么没有压力呢? 不容易搞好,有的时候不如给老百姓做些实事,但虚的你又必须去做。上面千根线下面一根针,什么事都要我们做,上面每一个部门都有要求,对老百姓来说,这个有时候没意思啊。①

为了解农村社区教育的总体效果,我们调查了村民对农家书屋、道德讲堂、宣传橱窗、文化长廊以及补习班、培训班等各类教育形式的总体感知。其中,仅有34.9%的村民倾向于肯定的评价,这当中认为内容比较丰富实用的占 24.8%,认为讲解生动有趣的占 10.1%。相较而言,村民对农村社区教育实施效果的负面的

---

① 摘自访谈资料,2015 年 6 月 8 日,常州市秦巷村,受访者是当地村主任。

评价居多,达到 65.1%。其中,反映不知道举办时间的有 19.7%,认为社区教育活动都是应付检查的占 13.2%,认为"内容陈旧,缺乏新意","知识不实用"和"不太听得懂"的分别占 13.2%、12.5%和 6.5%(见图 6-8)。

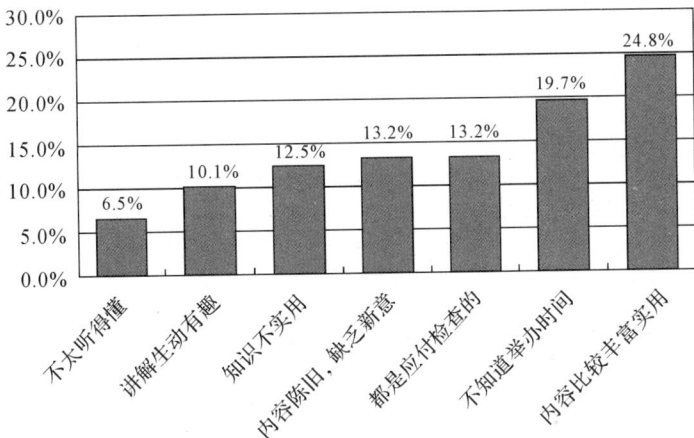

图 6-8 村民对农村社区教育的总体评价统计

据此,我们发现农村社区教育的实际效果总体而言并不乐观,社区教育形式虽然种类丰富,基本涵盖各个方向,服务人群也基本覆盖社区所有成员,基本符合构筑学习型社区的总体要求,但是事实上,村民的参与情况并不理想。多数情况下,因为要应付上级检查的要求,多数社区教育活动只求举办,不问效果,只注重数量,不注重质量,造成"教"和"受"的脱节。村委会有时为了应付基层教育工作的任务指标,只管将教育内容传播出去,接不接受是村民的事情,从而造成农村社区教育"有教无受"的尴尬境地。当村委会为应付学习型社区的建设目标,将开展社区教育活动当成向上级汇报的作业时,事实上既增加了自己工作的负担,又造成资源的浪费,还没有将社区教育真正惠及农民群众,甚至会引发农民的怨言。缺乏传播主体和受众良性互动的社区教育,注定无法长期进行下去,而忽视受众的感受和需求也将使农村社区教育失去其存在的意义。

二、农村社区教育服务体系建设的经验比较

现代社区教育最早起源于欧洲,随着经济技术的发展和社会的进步,社区教育开始在全世界落地开花,成为各个社区必不可少的组织形式。虽然社区教育的最终目的都是促进社区发展,但是作为社会变迁的产物,不同地区的社区教育在经历了历史时间和地域文化的洗礼后,必然或多或少沉淀出各自的精华,建设出独具地方特色的学习型社区。因此,创新农村社区教育服务体系,既要符合我国国情和各地方实情,也要放眼国内外各地方的先进经验,对比国内外的成功范本,借鉴、总

结、归纳、设计出具备当地特色的社区教育传播模式,构筑适应当地发展的学习型社区。

1.基层关怀:针对特殊人群的社区教育

社区教育政策的实践证明,社区教育具有"三全"特征,教育对象从婴幼儿到老年人,覆盖社区全部人群,具有"全员"性;教育内容囊括思想道德、科学文化、职业技术、生活休闲等方面,具有"全面"性;教育进程贯通人的一生,提倡终身学习,具有"全程"性。

根据第五次人口普查数据,2000 年我国 60 岁以上人口占到总人口的10.46％,已达联合国人口组织10％的老龄化社会标准,即说明中国从 2000 年开始已进入老龄化社会。第六次人口普查数据显示,截至 2010 年 11 月 1 日,全国 60岁及以上人口为 1.78 亿人,占 13.26％,其中 65 岁及以上人口为 1.19 亿人,占8.87％。而在中国农村,老龄化现象更加严重,青壮年长居外地,留下上了年纪的老年人独守乡村,农村人口逐渐呈现哑铃状的结构特征。根据我们的访谈和问卷调查,当地 56 岁以上的人群占 35.5％,其中 66 岁以上人群占到 14.3％[1],农村老年人口超过农村总人口的 1/3,高于全国平均水平。我们访谈了解到:

> 花六(村)那边有个老太太,个子矮矮的,一个人住,很可怜,很孤单。虽然有低保,但并不能解决其精神生活的需求。团委之前关注留守儿童,但对孤寡老年人暂时还没有精力关注。[2]

随着我国基层保障体系的逐步完善,农民的经济生活基本得到保障,但是根据马斯洛的需求层次理论,当人们的基本物质需求得到满足时,将会追求更高层次的精神需求,他们需要通过社会交往,建立社会关系,寻求社会归属和社会尊重。但是目前,虽然社区逐渐意识到老龄化问题的严重性和紧迫性,但是囿于资金、人员、精力等方面的压力,尚未能够从社区教育方面给予老年群体足够多的关怀,建立起专门服务老年群体的社区教育平台,丰富老年人的晚年生活。当社区提供不了足够的空间和平台时,村民们也表现出无奈,只能借助农村传统的玩牌打麻将等娱乐活动来参与社交。

> 孩子现在都出去打工了,家里就我和老伴两个。现在都没地种了,都养螃蟹了,每天下午四五点钟去塘上喂个食就行,其他时间也没事做,在

---

[1] 根据本课题的调研数据,被访村民中,年龄在 16～25 岁的人群占 9.5％;26～35 岁的人群占14.3％;36～45 岁的人群占 17.7％;46～55 岁的人群占 22.9％;56～65 岁的人群占 21.3％;66 岁以上的人群占 14.3％。

[2] 摘自访谈资料,2015 年 1 月 14 日,扬州市花彭村,受访者是当地团委书记。

家看电视也没意思,还不如出来看看麻将、打打牌,和大家瞎聊聊,一天也就这么过去了。①

针对农村人口结构的老龄化现状,要大力发展农村社区老龄服务事业,满足老年人口晚年的物质和精神生活需求。根据党的十八大报告要求,应该围绕"老有所养、老有所医、老有所为、老有所学、老有所乐"的健康老龄化战略,建立健全老年人群的服务体系。其中,"老有所学"即强调农村社区教育体系中专门针对老年人群的服务项目,传播老年人喜闻乐见的教育内容,为农村老年人创造一个健康、和谐、美好的晚年生活。

因为社区和社区教育都是"舶来品",国外的社区和社区教育在发展水平和科学研究方面都领先于我国。因此,学习和借鉴国外的发展经验,对于推进我国的社区教育建设,具有重要意义。在此,笔者将引鉴新加坡在社区教育方面的成功案例进行分析和比较。

为了加强政府与人民之间的联系,并使各民族相互融合、沟通,新加坡建立了简明、高效的社区管理体制。早在1960年新加坡就成立了人民协会,并在全国设立172个社区中心,又称民众联络所。社区中心的服务人员均由政府聘用。在人口结构方面,新加坡几乎与中国同步迈入老龄化社会。2000年,新加坡老年人口在总人口中的比例达到10.6%,开始了快速人口老龄化进程。据联合国的预测,到2020年,新加坡60岁及以上老年人口在总人口中的比例将上升到26.5%,届时将有超过1/4的人口为老年人口②。新加坡由于老年人实在太多,一度被称为"老年人的地狱",基于这一现状,新加坡政府从人口老龄化的实际情况出发,给予老年群体现实关怀,开展了专门针对"乐龄人士"的社区教育服务,以丰富"乐龄人士"的晚年生活。

新加坡社区教育中以服务老年人的教育最为典型。在新加坡,老年人被称为乐龄人士,因此专门创建了主题为"即使过了60岁,生活仍然璀璨"的乐龄俱乐部。乐龄俱乐部经常举办保健展览会、三代同堂舞蹈、退休者座谈会等,还组织老年人参与民防训练活动、提高公路安全意识活动、讲华语活动等,通过寓教于乐的方式进行组织和教育。俱乐部不仅是乐龄人士学习娱乐和进行社交的社区组织,也是新加坡政府树立政府形象、获得选民支持的媒介平台。从李光耀时代开始,多年来,新加坡政府都在旧历新年开展敬老运动,届时政府官员和国会议员都会到社区或自

---

① 摘自访谈资料,2015年6月6日,常州市柚山村,受访者是当地一名60岁左右的空巢老年人。
② 求是理论网,《新加坡人口问题与发展理念》,2012年4月24日。

己的选区慰问老年人。政府的这些行动,既在向全社会传播尊重老年人、关怀老年人的文明风尚,也在不遗余力地宣传政府的优良形象,以获取选民信任。①

值得一提的是,新加坡政府一方面为老年人提供丰富的社区教育活动,另一方面,也鼓励老年人积极参与社区教育服务,回报社会,如协助监督社区里双职工家庭的学生做功课,教学生做手工,或为学生讲故事等。通过从事这些义务性的社区教育服务,许多退休老年人不但不认为自己是社会的包袱,反而重新发现了自身的价值,拥有了一份活跃、健康的晚年生活。②

由此可见,新加坡的"乐龄人士"社区教育服务,既满足了老年人学习的需要,也丰富了老年人的社交生活,他们可以通过社区教育的平台和他人进行社会交往,通过人际传播和社会互动获得自我认同。因为传播的本质是寓于传播关系的建构和传播主体的互动之中的,传播是社会关系的整合③,人与人之间的关系也在传播活动中得以产生和发展。

尽管中国和新加坡两国间的自然条件、经济社会发展状况、人民生活习惯和意识形态都有所差异,老龄化发展的表现形式也各不相同,但总体而言,两国老龄化速度随着时间的推移都在不断加快,老龄化问题都十分严峻。对于中国农村社区老龄化问题,我们国家可以借鉴新加坡的先进做法和成功经验,结合本国国情,从社区教育着手,为老年人这一特殊的群体提供个性化和有针对性的社区教育服务,并在社区内进行尊老爱老的道德宣传,构建文明有礼的社区风尚,通过具体的社会服务来进行基层社区精神文明建设的组织和动员。

2.自发组织:非制度化的农村社区教育

21世纪,人类步入知识经济的时代,农村社区教育将更深刻、更广泛地渗透到农村经济和农村社会发展之中,成为农村社会经济改革与发展的动力,影响并改变着农村的社会生产、经济结构与生活方式。因此,基于农村社会改革、经济发展和竞争的需要,结合农民生产、生活的实际情况,发展适应乡村社会特点的社区教育体系成为推动农村社区进步的必然趋势。在此背景下,构建农村学习型社区,开展农村社区教育培训,成为新农村建设的"造血工程"。传播先进的科学文化,宣扬优秀的思想道德,对于培养有文化、懂技术、会经营的新型农民,对于提高农民的科学文化素质和推动社区的精神文明建设具有战略意义。

---

① 材料整理自中国社区教育网,《新加坡的社区管理和社区教育》,2007年1月17日。

② 材料整理自移民家园网,《新加坡的乐龄人士的生活》,2013年6月14日。

③ 李彬,关琮严:《空间媒介化与媒介空间化——论媒介进化及其研究的空间转向》,《国际新闻界》,2012年第5期,第38—42页。

在我们的调研过程中,通过了解农民群体对社区教育的评价和期待,发现一个矛盾的现象:一方面村民表示希望通过社区教育获取知识和信息,"(社区教育)肯定是需要的嘛,我们都是文盲,也希望多学学多看看的嘛"①;但是另一方面,村民对社区教育的某些方面却并不十分满意,"(养殖培训)以前去过,现在不怎么去了,他们讲的我都知道的,不需要……说实话,讲的没什么用,我知道的已经知道,我不知道的还是不知道"②。从中可以看出,村民对社区教育存在多样化和个性化的需求,笼统的教育方式很难满足所有人的求知需求。

以柚山村的水产养殖情况为例,20世纪90年代,当地农民就开始将农田变成水塘,进行螃蟹、鱼、虾等水产品的养殖。由于养殖户多为普通农民,并没有受过专门的技能教育,水产养殖对他们而言是一项高风险投资,他们需要专业的养殖信息和农业教育帮助他们增产、增收。但是每年村委会举办的科技讲座基本千篇一律,都是大体相同的内容和主题,使得农民的兴趣和求知欲逐年降低。并且依靠长年累月的经验总结和人际经验交流,村民们已经掌握了水产养殖的基本规律,村委会组织的农业科技讲座已经不能满足他们日益增长的知识需求。在当地,村民的养殖信息主要来自于另一类传播主体,即村中能人和养殖大户,这些人作为村民中间的意见领袖,在农村信息的流通中发挥着重要作用。当组织传播日渐失效,农民更多是通过私下里的自我摸索和人际交流来获得知识信息,以满足个性化需求。

在人类历史和社会发展过程中,无论是在自然界还是在复杂的社会系统中,事物从低级进化到高级,从无序走向有序存在着两种进化方式:一种是依靠外界的特定指令来推动,被动地从无序走向有序,称为"被组织";另一种是无须外界的干涉,事物自身就能进行自我组织以实现有序化,称为"自组织"③。

在传统的乡村社会,组织形式是按照科层体制建构起来的治理模式,权力的使用与组织传播的意义密切联系在一起,因此组织中的人际传播像是一种"铁笼里的舞蹈"④,普通的农民不具备控制传播行为和决定传播内容的权力,因而"被组织"起来的农民只能在"铁笼"里被动地接受信息,或是逃避"铁笼",逃避"被组织"的传播活动。

而与此相比,自组织则具有非制度化的、非中心化的特点,自组织内的人际传播更多体现为自发性、平等性和交互性,村民可以主动参与传播活动,根据实际需要决定传播内容。因为社区成员具有不同性别、年龄、社会地位等特征,这些相互独立且富有个性的人群组成的社区实际上是一个复杂的系统,这个系统拥有大量

---

① 摘自访谈资料,2015年6月6日,常州市柚山村,受访者是当地一名茶馆老板。

② 摘自访谈资料,2015年6月5日,常州市柚山村,受访者是当地一名姓蒋的水产养殖户。

③ 张潇峥:《自组织理论视角下我国社区教育的定位及其模式研究》,首都师范大学硕士论文,2014年,第11页。

④ 胡河宁:《组织中的人际传播:权力游戏与政治知觉》,《新闻与传播研究》,2008年第3期,第50—56页。

的人力资源、物力资源,且这些资源不断地与外界进行信息的交换,不需要外部力量的强制干预,自身就可以进行自我整合与协调,维持社区教育的正常化①。因此,可以鼓励社区共同体通过自组织形式的社区教育,进行自我协调、自我服务、自我教育和自我满足。

邓玮在研究社区自组织视野下的社区教育发展时,其中一个样本是泉州玉湖社区教育。据介绍,玉湖社区地处石狮市区东部,是一个村改居社区,前身为一传统村落。该社区先后荣获"全国青年文明社区""省文明村"等荣誉称号。玉湖社区在发展社区经济的同时,非常重视社区教育,先后建设了各种文化教育设施。该社区教育的一大特点就是草根色彩浓厚,教育项目形式多样。

玉湖社区先后组织了武术协会、高甲剧团、南音社、象棋协会、花卉协会、老年人艺术团、书法研究会等十多个群众性文化艺术团体,由于玉湖社区的经济发展较好,这些社区教育的经费大多来自社区自有经费及居民自筹,体现出极为浓厚的"民办教育"的色彩。在各种文艺社团的组织带领下,社区文体活动丰富多彩,各种灯谜活动、书画展览、南音会唱、小戏表演和高甲戏专场演出不断,且寓教育于繁荣的文化活动之中,寓教于乐,体现了极强的民间性、生活性及教育性。同时,社区充分利用社区中的文艺人才资源,如蜚声中外的南音艺术大师吴彦造,著名书画篆刻家、美术理论家吴清辉,全国优秀武术辅导员吴彦全等,为社区教育活动提供各种形式的支持。②

社区作为一个开放的系统,具有自我组织的机制和能力,社区内的居民可以进行自我整合和发展。从玉湖社区教育的发展模式可以看出,没有国家力量的强制扶持,社区自身照样可以产生和发展出各式各样的教育组织,方便村民根据各自的兴趣爱好,进行学习和交流。因此,农村社区教育应该发展成为一种社区共同体内村民自我组织的教育形式,村民可以根据自己的兴趣、利益而聚集到一起,按照实际需求,自我组织开展教育活动,并充分利用社区的人才资源和物质条件,发挥社区能人的意见领袖作用,强化社区自组织学习团体的教育效果。

如果说政府的管理和干预是社区教育正常运行的外在条件,自组织机制则是

---

① 张潇峥:《自组织理论视角下我国社区教育的定位及其模式研究》,首都师范大学硕士论文,2014年,第26页。

② 邓玮:《社区自组织视野下的社区教育发展——以厦、漳、泉三个社区为样本》,《教育与考试》,2009年第6期,第83—87页。

社区教育发展的内在动因①，利用国家和民间两方面来共同参与和协同努力，才是成功举办社区教育的有效途径②。农民自发组织的学习团体为农村社区教育提供了一个全新的方向，有助于解决目前我国农村社区教育中存在的问题。农民不仅是农村社区教育的接受者和参与者，也可以成为农村社区教育的组织者和发起者，他们既可以是受众，也可以成为传播者，这种自组织的教育模式不仅能够丰富农村社区教育的传播形式，也有利于加深人际的交往和互动，以帮助农民实现自我满足，强化村民对社区共同体的认同。

3.资源利用：农村社区教育的多方协作

社区教育的实质是在一定地域范围内，充分利用、开发各类教育资源，旨在提高社区全体成员整体素质和生活质量，促进区域经济建设和社会发展的教育活动。而要做好农村社区教育这项长期且艰巨的工作，仅仅依靠政府、村委会等农村基层组织的力量显然是不够的。正如在我们调查过程中有好几个村干部跟我们说过的一句话，"上面千根线，下面一根针"，基层工作本就多且繁杂，人员又少，要完成上面的各项任务、应付各种检查都很难做到，更遑论做好需要投入大量时间和精力的社区教育。因而，农村社区教育不应仅仅依靠政府、村委会，而是要利用一切可以利用的资源。

为了解决留守儿童的教育问题，扬州市的花彭村和曹南村进行了大胆的尝试，将农村社区教育与乡村公益结合起来。农村"三留守"人群是农村社区的主要服务对象，也是农村社区发展的主力军。其中，留守儿童是弱势群体中的弱势，又是农村发展的未来和希望。然而，农村留守儿童面临着教育资源匮乏、家庭教育缺失、社区活动不足，学校教育和家庭教育、社区教育分离的种种问题。为了解决这些问题，花彭村在扬州市团委针对留守儿童的公益项目"希望村塾"的带动下，于2014年成立了依托花彭幼儿园的希望村塾，2015年开始正式授课。辅导老师主要是扬州市江都区范围内的大学生村干部，也有一些从镇上幼儿园的青年教师中征集来的青年志愿者。为了便于管理和沟通，希望村塾建立起了学生档案和大学生村干部档案。希望村塾面向农村社区里4～10岁的儿童，是农村儿童的"课外学堂"，致力于"为留守儿童提供经常性志愿服务的新平台"。每周三下午和周四上午希望村塾都会安排相应的课程，包括书法课、朗诵课、古筝课、国学课、象棋课、绘画课，村里的儿童只要有时间就可以来上课。

与花彭村不同，曹南村没有幼儿园，也没有希望村塾，只有党员活动日。每个月20号是曹南村的党员活动日，在这一天，村里的党员会组织起来给村民提供服

---

①　张潇峥：《自组织理论视角下我国社区教育的定位及其模式研究》，首都师范大学教育系硕士论文，2014年，第27页。

②　吴遵民：《当代社区教育新视野：社区教育理论与实践的国际比较》，上海教育出版社2003年版，第24页。

务,其中就包括留守儿童。曹南村大概有二十七八个留守儿童,村里组织党员志愿者对这些留守儿童进行一对一帮扶,被选中的志愿者每个月会上门两三次辅导留守儿童学习、关心他们的生活。但因为留守儿童在曹南村并不是很多,更加常见的是孩子长期跟老年人住在一起。考虑到老年人在教育、培养小孩的全面发展上可能会有一些错误的观点和做法,对长期和老年人住在一起的小孩,村里会组织一些人上门服务,也有一些退休的老教师会主动对学生进行一对一的帮助扶持。除此之外,暑假的时候村里还会组织辅导活动,一个月 2~3 次,给这些小孩辅导作业,同时也会关注一下他们的心理健康 。

乡村公益可以成为农村社区教育强劲的推动力,从花彭村和曹南村的实践中就可以看出。花彭村主要依靠外来力量展开针对儿童的社区教育;曹南村则主要是依靠社区内部的力量,可以说是社区成员基于自愿精神的互帮互助。两者利用可获得的资源在儿童社区公益教育方面都进行了新的尝试,也取得了一定的成果,但相对美国等发达国家在社区教育中对各种资源的充分利用而言,这只能算是中国农村社区在利用资源开展社区教育方面的小小尝试。

美国学者杜威早在 20 世纪初就提出了"学校是社会的基础",这一思想打破了传统的学校理念,提倡学校为社区的基本雏形,学校为社区生活的缩影。美国社区教育发展至今,已经成为一项含义广泛的社会活动。对于民众来说,社区教育已是他们社区生活不可或缺的组成部分。对于教育机构来说,开展社区教育是他们神圣的职责与任务,是教育走向社会、服务社会的桥梁。美国社区教育的内涵可概括为三个方面,即学校教育(正规教育)的社区化、社区活动的教育化,以及公共事务的群众化。美国的社区教育生动体现了教育社会化与社会教育化的本质内涵。①

美国社区教育渠道不胜枚举,大致可以分为四类。一是各类学校提供社区教育服务项目。如普通公立学校、社区学院以及公私立大专院校提供各种社区教育课程、项目及推广计划。二是各种机构和团体提供的社区教育服务。如社区卫生、福利、青年等机构以及社区内工商企业单位和工商民间组织配合各类社团为社区居民提供教育服务。三是政府机构组织、管理的各项教育服务。四是社区其他各方面,如宗教团体、大众传播媒介等举办社区教育服务。其中,大学是社区教育的重要力量。美国大学以其丰富的教育资源,使学校传统意义的教育功能延伸,加强学校与社会的联系与沟通,服务于社会与社区,是美国社区教育发展的重要基石之一,在美国社区教育的发展中扮演着重要的角色。

美国实施社区教育的中心是社区学院,它是社区教育的重要载体,发展一百多年后仍方兴未艾,在美国社区教育中占据着特别重要的地位。它的兴起关键在于社区学院为社区需要服务,开设多样化的课程。同时,它将高等教育的大门向社会

---

① 梁艳萍,黄大乾:《发达国家社区教育比较研究》,《中国成人教育》,2009 年第 15 期,第 95—97 页。

开放,使每一个进入社区学院学习的人都能够获益。大多数社区学院提供三种类型的课程:学士转学课程、职业技术教育课程及社区服务课程。社区学院的办学宗旨是为其所在的地区提供教育计划和服务。社区学院具有多层次的社区教育组织形式。一是由社区学院负责组织、协调社区学院内各系、室分工负责实施社区教育项目。二是由社区学院负责组织,但在学院内设立社区教育部,配备专职行政人员,专门负责社区教育工作。三是由社区组织成立社区教育机构,作为社区学院的附属机构负责组织社区教育。四是由社区学院与当地政府机构、教育机构、俱乐部、企业、社团等合作,联合举办社区教育项目。五是由社区设立专门机构,配备专职行政人员,由社区政府领导组织、协调社区教育,社区学院则在教学方面进行配合。此外,社区学院还组织成立社区顾问小组,负责处理、解决有关社区教育的问题。

在我国,社区教育还处于起步阶段,欠发达的农村社区教育甚至可以说正处于萌芽期,无法立即达到美国的社区教育水平,有待于不断发展、壮大。我国常州市、扬州市和美国发展社区教育的经验给了我们一个重大的启示,即在农村社区教育发展过程中,不能仅仅依靠政府、村委会、自组织或者其他任何单方面的力量,唯有将社区教育作为载体构建终身教育体系,并将其融入社区发展之中,推进社区乃至整个社会的可持续发展,充分利用能够获取的各种资源,优化资源配置,加强政府、学校与社会的协同合作,才能有效推动社区教育的发展。

三、创建学习型社区:从以人为本到互联网思维

建设社会主义新农村是我国现代化建设进程中的重大历史任务,"生产发展、生活宽裕、乡风文明、村容整洁、管理民主"是党中央对社会主义新农村全景式的描述,也是我们建设新农村的具体目标和要求。社会主义新农村的建设迫切要求我们贯彻党的十七大精神("建设全民学习、终身学习的学习型社会")。学习型社区指以学习者为中心,以终身教育体系和学习型组织为基础,满足社会全体成员的学习权利和终身学习需求,从而有效地促进全体社会成员综合素质和生活质量的提高。社区是社会的基本单位,学习型社区是学习型社会的基础;而学习型社区的形成,又依赖于成熟的社区教育。发展农村社区教育,创建学习型社区,全面提升农村社区教育水平,提高农村劳动力整体素质,培养数以亿计的有文化、有技能、懂市场、会经营的新农民,这是时代的要求,也是社会发展的必然趋势。然而,就此次课题组调研的情况来看,江苏省虽然投入了较多的人力、物力和财力来开展农村社区教育,但并没有取得预期的效果,农村社区教育的现状和未来发展不容乐观。在这样的情况下,要发展社区教育,创建学习型社区,就必须加强社区与学校、社会的合作,充分利用各种资源,整合社区教育渠道,注重农民在接受社区教育的过程中的良好体验,针对农民的学习需求开展教育活动。

1. 开发资源：社区终身教育网络的建构

正如本章不断强调的，社区教育的实质内容是在一定地域范围内，充分利用、开发各类教育资源，旨在提高社区全体成员的整体素质和生活质量，促进区域经济建设和社会发展的教育活动。相比于经济、文化、教育发展水平更高的城市，中国农村要发展社区教育更需要充分利用、开发各类教育资源。从课题组此次调查结果来看，目前农村开展社区教育主要依靠的仍旧是政府，政府大包大揽虽然能比较有力地组织各种活动，但政府在社区教育这一领域并不专业，缺乏相应的学习资源，且过多的行政干预使农民处于极为被动的位置，长此以往，农村社区教育很难继续维系。因而，从长远的发展来看，农村社区教育不能仅仅依靠政府的力量，而是要去寻找、开发、充分利用各类教育资源，搭建社区终身教育网络。农村社区可以加以利用的教育资源，从机构方面来说，不仅包括中小学、社区学校、高等院校等专门的教育机构，还包括大量的非教育机构，如少年宫、文化馆、农家书屋等，它们同样具有教育的功能；从人力方面来说，不仅包括教师等显性的教育资源，还包括学生家长、离退休干部、专家学者、企业界人士等潜在的教育资源。开发社区的教育资源，不仅要充分挖掘和利用各种教育资源，还要对这些教育资源加以整合，以充分发挥它们的整体效益，创建政府领导下的多元共建型学习社区。

其一，寻找、开发农村社区内部教育资源。根据课题组此次实地调查的结果，农村社区内部教育资源主要是人力和硬件资源。农村社区里的能人，比如经验丰富的生产大户、精通书法的农民、广场舞的领队大妈、德智体美全面发展的大学生以及退休在家的老教师等，都是社区内部能够加以充分利用的人力资源；而像农家书屋、广场、老年活动室、成人教育中心等则是大多数农村社区都具有的硬件资源。村委会通过社区内的调查、走访，在村民中挑选出部分有特长的农民，将他们纳入到社区教育体系中，鼓励他们利用业余时间成立各种学习型组织，通过学习型组织将自己所掌握的知识教给有这方面需要的其他人。之后统计好同意参与的农民的联系方式、特长、教学内容、教学方法、教学时间等，并将统计结果发布到社区里的教育信息平台，诸如信息公开栏、公共邮箱、微信群、QQ群等，组织村民根据自己的兴趣和需要选择参与哪一个或者哪几个学习型组织。学习型组织成立后，村委会督促领头人建立起团体、小组成员日常交流的平台，根据社区的实际情况给它们提供活动场地以及一些必要的费用以维系其日常运作。为每一个学习型组织做好档案是村委会的另一项工作，记录领导者、成员、日常学习活动和反馈意见等重要信息。除此之外，为随时了解学习型组织的开展情况，村委会应当加强对交流平台的监督，定期召开有各个领导者和主要成员参与的社区教育会议，讨论社区教育的新政策和未来发展规划。

其二，政府牵头并联合学校开展农村社区教育。虽然目前由政府大包大揽的农村社区教育存在诸多弊端，但在我国，农村社区教育是一项涉及社区内各部门及全体成员的系统工程，需要所在地政府加大统筹力度，加强领导。没有政府牵头的统筹协调，难以达到农村社区教育、社区建设与社会经济协调发展的目的。从国内外社区教育发展实践及其经验来看，学校与社区必须密切联系，相互沟通，共同担负起推进社区教育发展的职责与任务。美国、英国、日本等政府大力提倡加强学校与社会的联系，以服务社会、追求教育社会化及服务社会为己任。在我国，学校也应在社区教育中扮演重要角色。农村社区可以组织当地的幼儿园、小学的师资力量和场地等教育资源，根据各地农村的特点，一切从实际出发，因地制宜，根据农活季节，灵活机动、形式多样、按需开课、力求实效，力求以学校基础教育为龙头，带动社区教育并形成有机的综合体，使学校成为社区教育的知识传播者、党的方针政策宣传者，村级基层政权建设的参谋者、社区活动的组织者，把学校建设成小学学龄儿教育中心、农民继续教育中心、科技成果推广中心、指导农民致富中心、"三个代表"重要思想的体现中心和三个文明建设的中心。除了农村社区周围的幼儿园、小学外，高等学校的教育资源也可以纳入到学习型社区建设中来，尤其是有多所高校的江苏省，理应对这些优质资源充分利用。高等学校向来把社会服务视作重要的任务之一，开展农村社区教育就是最适合的社会服务。在农村社区设立高校教育基地，通过政府牵头，每个社区与高校结对开展社区教育，社区为高校提供学生或教师在农村进行社区教育实践的机会，而高校则负责利用学校的优质教育资源和硬件设施，定期组织学生到农村服务社会，教学内容和时间可由双方自由拟定。

其三，广泛开展与企业在农村社区教育方面的合作。社区教育需要大量的经费来保证投入，而在经济欠发达的农村，村委会并没有多余的经费来发展社区教育，政府在这方面的投入也很有限，加之现阶段思想觉悟不高的农民愿意花在社区教育上的资金并不多，因而只能通过寻求社会力量的支持，有心回报社会的企业就是很好的资金来源。近年来，不少企业都把目光从城市转向农村，开始重视农村市场的开发，相应地也就有了广告宣传的需求。农村社区的学习型组织可以根据自身特点选择与企业合作，联合举办社区教育活动，企业主要给予资金或者商品上的赞助，组织成员则通过横幅、宣传栏、宣传单等方式帮助企业在农村社区打开知名度。在江苏省一些工业发达的农村，可由村委会牵头促成企业和学习型组织的长期合作。在需要耗费大量资金的农村社区教育场地上，通过政府号召企业募捐的方式筹集资金，充分发挥政府扶持和市场机制的双重作用，采取"政府拨一点，企业筹一点，个人拿一点"的办法，建立多渠道投入的农村社区教育经费保障机制，以使农村社区教育的办学条件不断改善。此外，在乡镇企业发达的农村社区可以尝试与乡镇企业联合开展农村社区教育，针对厂区职工居住集中、活动集中、子女就学集中和学校毕业生就业流向集中的实际，建立厂区型农村社区教育模式，有利于农村社区教育的开展和企业的发展。

总之,发展农村社区教育、创建学习型社区是一项长期而艰巨的任务。江苏省经济发达,拥有大量可供使用的教育资源,这些资源使江苏省在发展农村社区教育方面有巨大的优势,更应当发挥优势地位,充分利用各种资源发展多种形式、多种层次的农村社区教育。重新发扬农村社区互帮互助的传统,建立各种学习型组织,形成良好的学习氛围;联合高等学校办学,实现社区、高校的双赢;与企业合作以保障社区教育的资金,尝试联合开展社区教育……充分开发各种教育资源,搭建一个又一个的学习型社区里终身教育的子网络——学校之间的合作网络、学校与社区的合作网络、学校与企事业单位的合作网络、企事业单位与社区的合作网络、社区的教育资源网络等,形成一个开放性的学习空间,以最大程度地满足社区成员的学习需求。

2.以人为本:基于村民个性化需求的满足

目前农村社区教育的内容已经比较丰富,主要包含思想道德、农业科技、生活常识、科学文化、专业技能等,基本涵括各个方面;服务人群包括社区里的老年人、青少年、残疾人、失业人员和外来务工人员等在内的全体居民,也基本覆盖社区的所有成员。但是农民对目前的社区教育并不是很感兴趣,参与情况也不是很理想,相较于对他们没多少实际用处、枯燥的社区教育,他们更愿意跳广场舞、打麻将来打发时间。

然而,这些并不能说明农民对社区教育没有学习的需求。农民实际上有着各种各样的学习需求,社区教育的宗旨就是满足人的基本学习需要,全面提高人的素质和生活质量以及充分发挥人的潜能,促进人的自我价值实现。目前农村社区教育活动的参与度之所以低,一方面是因为社区教育的宣传和组织并不到位,村民并不知晓开展的很多活动;另一方面也是因为社区开展的讲座、培训等教育活动并没有考虑到他们的实际情况,无法满足他们真正的学习需求。因而,要做好农村社区教育,需要做好社区教育的宣传和组织动员,更需要始终坚持"以人为本",从农民的角度出发,深入了解他们对社区教育的实际需求。要了解农民对社区教育的实际需求需要弄清楚很多问题,比如农民希望接受哪些方面的社区教育,是农业生产技术方面的还是健康方面的;农民希望通过何种方式接受社区教育,是讲座培训还是一对一的指导或者是发放宣传资料等。

在农村社区教育过程中坚持受众本位时还应注意到一点,即不同职业、年龄阶段的农民对社区教育的实际需求可能会有很大的差异。在同一个农村社区里可以依据性别、职业、文化程度、年龄阶段等将农民划分为若干不同的群体,不同群体对于教育的需求是有差异的,开展社区教育活动必须考虑到不同群体的差异,因人而异,采取差异化的社区教育以满足农民需求,提高他们的参与度与学习热情。也即社区的不同群体成员对于社区教育的需求有比较大的差异,社区需要有针对性地对某一群体进行教育,而非用单一的教育活动和内容盲目覆盖所有村民。目前农村社区教育的对象和内容大致可以包括以下几类。

其一,从事农业生产活动劳动力的农业科学技术培训以及从业人员的业余文化教育和岗位技术培训。农民在农村社区的活动围绕农业生产展开,在不同的农村,农民主要从事的农业生产活动不一样,比如柚山村的农民主要是养螃蟹,秦巷村的农民主要是种植葡萄。在农业生产活动中,他们最希望得到农业科学技术方面的培训和指导,学习如何科学地进行农业生产,从而提高农业产出和经济收入。农村社区可以根据当地农民的主要农业生产活动定期开展针对农业劳动力的农业生产、科学技术教育培训,使他们逐步成长为现代的农民。同时,随着改革开放的不断深入,大批农村剩余劳动力向城市流动,以谋取更高的经济收入。对这类从业人员的教育和培训应包括农村实用技术培训、"农函大"、"绿色证书"教育、乡镇企业和个私企业的各类管理人员培训、第三产业各行业从业人员岗位培训、失地农民培训、农村基层干部教育和培训等。

其二,提高农民文化水平的教育活动和提高农民身体素质的群众文化体育活动。农民对社区教育态度比较冷淡、缺乏热情、消极被动,既有社区教育内容不实用、形式单一等客观方面的原因,也有农民忙于从事农业生产活动而没时间、文化程度较低等主观方面的原因,而其中农民文化程度普遍较低是一个关键性的因素。学习驱动力与文化程度成正比,文化程度越低,学习驱动力越弱。社区可以依托老年活动室、农家书屋等公共活动场所定期开展教育活动,提高农民的文化水平。在提高农民文化水平的同时,也要注重增强农民的身体素质,开展群众文化体育活动,全面发展社区教育。近年来,随着农村社区的建设与发展,农村的文化体育活动场地、器材等硬件设施都得到很好的改善,每个村子里都至少会有一个广场、一间活动室。这些硬件设施为开展文化体育活动提供了条件,社区可以充分利用这些场地和器材开展文体教育,包括社区内群众性体育锻炼、儿童少年象棋围棋培训、田歌辅导培训、舞蹈培训等。

其三,以中老年人为主体的休闲养生卫生保健活动和以青少年为主的文体艺术培训。随着农村青壮年劳动力大量向城市流动,目前长期居住在农村社区的居民以中老年人为主,因而中老年人也是社区教育的主要对象。以中老年人为主体的社区教育包括农村的老年教学(如老年大学)、家庭妇女家政家教学习、社区内卫生保健培训与推广等。在一些条件比较好的农村社区可以主要依靠政府的力量开展对老年人的休闲养生、卫生保健教育活动,而在一些条件较差的社区可以依靠农民、公益组织、企业的力量来开展社区教育活动。政府可以适当鼓励和扶持农民自组织成立老年人书画协会、锣鼓队等;公益组织、企业可以与社区携手共同举办教育活动。农村社区常住居民除了中老年人外,另一个主要的群体就是青少年学生,他们对社区教育的需求主要是文体艺术培训。在人口相对分散、经济相对欠发达的农村地区,青少年学生无法像城市里的小孩一样参加各种文体培训学习班,而这些内容可以通过社区教育来完成。社区可以利用各类教育资源开设各类文体艺术课程,对青少年学生进行校外的德育教育与体育、艺术培训。

其四,各阶层群众的精神文明教育和普法、环保等教育。社区教育的功能不仅是让社区成员学习他们所需要的知识,而且基本路线教育、农业农村现代化建设教育、精神文明教育、科普教育、普法教育、环保教育等都是社区教育的补充和完善。社区教育平台作为社区宣传的重要阵地,是教育群众、提高居民素质的重要渠道。在精神文明教育、普法和环保教育方面,行动上的示范往往比单调、枯燥的讲座更能取得良好的实际效果。比如在对农民进行垃圾集中处理的环保教育时,最开始是工作人员挨家挨户上门发放垃圾袋和垃圾桶,教育农民把垃圾集中起来扔到家附近的垃圾箱里,在逐渐养成这样的习惯之后,他们自然就会主动地把垃圾集中丢弃。

根据农民的年龄、职业、兴趣、学习需求等,把农村社区教育的对象划分为不同群体是迈向学习型社区的一大步,而学习型社区以人为本的最高层次是满足农民个性化的学习需求,提供他们更需要的个性、隐性知识,如生活小窍门、家传秘方等,吸引社区居民主动地参与学习型社区的建设,享受各种方式的知识服务,实现自我学习、自我提升的根本目标。社区建立针对每一个居民的学习支持服务体系,为每一个人提供个性化的信息服务、学习资源服务、学习策略服务、交互服务以及学习评价服务。

在学习型社区建设中,针对农民文化水平和学习需求建立完善的学习支持服务体系以促进社区居民自主学习能力的提高,需要从以下方面入手。首先,需要向农民提供定制的个性化的学习信息、生活信息和管理信息等,同时也包括对学习者咨询信息和反馈信息的回复;其次,依据个性需求为农民提供学习材料、辅导材料,包括网上虚拟课堂等资源库,帮助农民有效地使用这些学习资源,让知识和信息按学习者的认知水平进行内容和深度的自适应呈现;再次,给学习者提供各种适合自主学习特点的学习策略,帮助学习者了解自己的学习风格,找到适合个人需求与发展的学习策略;还要提供协作互助平台,让学习者之间通过互助平台进行知识和信息的求助、发布等,让学习者主动地进行与互助平台或与其他学习者间的学习交流;最后,指导学习者对学习进行自我诊断、自我调整,使学习者能够根据一定的评价标准对自己学习的各个环节做出评价,促进社区成员的自主学习,并让学习者学有所得、学有所用。

3.数字化学习:社区教育服务的互联网思维

农村社区开展的教育活动参与度低,除了在内容上不能满足农民实际学习需求,无法激发他们的学习兴趣外,还有一个最主要的原因是开展教育活动的形式和方法上没有充分考虑到要与农民的学习习惯、媒介接触状况相结合,且举办各类教育活动的信息传播不够及时。比如在课题组对乡镇干部、村两委和部分能人进行访谈的时候发现,每个村每年都会为农民举办农业技术、职业技能、文化素养等方面的讲座或培训,但问卷调查的结果却显示 50.3% 的村民认为村里从未举办过任何相关的活动。再比如国家出重金在各个农村社区建设的农家书屋,从 2007 年开始,到 2012 年 8 月完成"农家书屋村村有"的任务。在课题组走访的 12 个农村,每个村都有农家书屋,而问卷调查时发现到 2015 年,还有 12.7% 的农民尚不知晓农家书屋为何物。讲座、培训、农家书屋以及调查结果显示的目前农村社区教育知晓度、参与度、满意度"三低",都迫切要求农村社区教育在开展方式、信息传播渠道、交流反馈机制方面进行一些改变和调整。也即,发展农村社区教育,创建学习型社区除了要以受众为本、因人而异之外,还需要对传播渠道进行整合与升级,以农民最乐于接受的方式开展教育活动,激发他们的学习热情,进而改善社区教育的实际效果。

首先,对已有社区教育渠道和方式进行整合与升级。目前农村主要通过讲座培训、组织宣讲、一对一咨询,还有远程教育等形式进行社区教育,主要的教育载体有农家书屋、电影、宣传橱窗、海报、宣传资料、横幅标语以及各类补习班、培训班和专门针对党员的学习型组织等。参加讲座、培训、远程教育的大部分都是村干部、党员,主要是为了完成上面下达的学习任务。类似放电影这类活动,虽然不少村民会主动参与,但放的都是一些比较老的电影,而且常常都是重复播放同一部电影,久而久之村民就不愿意去了。问卷调查表明,在目前农村社区教育媒体中,农民比较喜欢户外展示型的媒体,比如宣传橱窗、横幅标语,这类媒体比较符合农民闲散随意的生活方式,他们可以在日常的碎片化时间浏览和阅读宣传物上的教育知识。而访谈发现,发放宣传资料、入户宣传也是农民比较乐于接受的方式。对已有社区教育渠道和方式进行整合与升级,一方面要继续采取一些行之有效的教育方式,比如宣传橱窗、横幅标语、海报、发放宣传资料等;另一方面,也需要对参与度不高、效果不那么理想的教育方式进行调整、改变,比如根据从事农业生产活动的农民需要丰富的讲座、培训、远程教育的内容等。整合、升级社区教育渠道和方式的目的在于使社区教育活动信息及时、有效地传递给受众,打破社区教育活动知晓度低、传而无受的尴尬局面。

其次,把握农民的学习兴趣,积极开发新的社区教育渠道。目前,讲座培训、组织宣传等是开展农村社区教育的主要方式,这类活动一般是政府要求、村委会组织,内容陈旧枯燥、脱离实际,不符合农民的学习兴趣,即使举办,农民也不愿参与,愿意去的也多是应组织要求,造成了极大的资源浪费。这种只求举办、不问效果的农村社区教育观念亟须改变,社区教育是为了满足农民的学习需求,帮助他们学习,既是如此,在政府主导的局面下对农村社区教育的传播内容方面不应一味追求整齐划一,可以保留基层在教育内容选择上的能动性的同时加强管理,让村委会依据各个社区不同农民群体的学习兴趣开展讲座培训、组织宣传等活动,吸引农民参与。此外,社区教育的渠道和方法多种多样,并不仅限于讲座、培训这类比较传统的方式,社区应该顺应时代的潮流、紧紧把握农民的心理,尝试通过新的媒介、渠道开展社区教育。随着农村网络的普及,不少农民家里都装上了电脑,也学会了使用电脑的基本技能,而社区就可以通过互联网来对农民开展远程教育,为他们提供各种网络学习资源,加之近年来不少高中、大专、大学都会有精心制作的免费教学视频,涵盖各个学科,内容丰富,在网络平台上对这些资源进行分类整理、共享,让农民充分利用闲暇时间自主学习。电脑、手机等上网设备的普及还给农村带来了新的交流和通信方式,诸如邮箱、QQ、微信等,为农村社区教育提供了新的渠道。农村社区在对村民的 QQ 群、微信做专门的统计之后,建立起社区教育的 QQ 群、微信群和公共邮箱,用以发布社区教育活动信息,分享各类学习资源。利用便捷的网络通信工具,可以对农民的学习兴趣和需求进行调查,并按兴趣和需求对社区成员进行分类,组成学习型组织,诸如农业科技小组、书法小组、绘画小组、舞蹈小组等。每个小组选举一到两名负责人,负责在学习型组织的 QQ、微信群和公共邮箱里发布相关的学习资源并定期组织开展小组的学习活动。

最后,建立健全社区教育评价反馈机制和全民参与的社区教育政策机制。社区教育是针对社区所有成员的教育,要能满足不同社区成员的教育需求。然而,大多数农村社区开展社区教育活动都是为了完成上级下达的指标,村委会将社区教育当成需要向上级汇报的作业,只管将教育内容传播出去,而不考虑农民的实际需求如何、是否有从中获益、对社区教育的评价。也即由政府大包大揽地对农村社区进行教育只是政府单方面地向农民灌输他们想要传递的信息,农民只能被动接受;作为信息传递者的政府操控着整个传播过程,决定着社区教育活动的传播对象、传播渠道以及传播内容,缺乏与受众的交流与沟通,也没有任何评价反馈机制,农民处于这一传播进程中的可有可无的位置。要解决这一问题,就必须建立健全农村社区教育评价反馈机制,让农民能够及时提出他们的意见和建议,加强传播主体和受众间的交流和互动;同时,也要建立全民参与的社区教育政策机制,充分发挥和调动农民参与社区教育的积极性。在每个农村社区里设立社区教育留言板、意见箱和网络意见箱,这样简单的设施可以成为农民表达自己意见和看法的重要渠道。社区教育 QQ 群、微信群同样可以让农民表达自己的意见,基层工作者可以在其中和农民就社区教育存在的问题进行交流和讨论,并对农民的需求予以回应。全民参与的社区教育则需要依靠各种学习型组织选举的代表,通过定期召开会议,组织代表汇报近期学习情况以及成员在学习方面的需求,对新的社区教育政策展开讨论。

总之,开展农村社区教育是我国教育全面发展的迫切需要,是提高我国全民科学文化素质的重要保障,也是促进农村经济健康快速发展的基础。在建设新型农村社区的历史条件下，社区教育承担着对社区全体成员进行长期教育的艰巨任务，在实际工作中还面临着诸多挑战。农村基层工作人员不能因此退缩，反而要迎难而上、解放思想、开拓创新、真抓实干，大力开展农村社区教育工作，积极创建学习型社区，以满足社区居民学习需求，为建设和谐社会做出更大的贡献。

第七章 社区文体休闲服务：
农村精神家园的创新与发展

　　农村精神文化生活是社会主义新农村精神文明建设的重要内容，也是社会主义新农村建设的重要保证，在社会主义新农村精神文明建设中具有不可替代的特殊地位和作用。近年来，随着农村生活水平的提升，农村的文体休闲活动越来越受到关注。长期以来村民的生活推动力往往来自于其自身利益，他们为了赚钱养家忙着种地干活，因而集体活动少了很多。不过，在如今物质条件得到满足的情况下，人们的需求逐渐丰富了起来。换句话说，空间、时间、经济收入都与农村精神生活密切相关。

　　然而当前的农村精神娱乐活动还存在一定的问题，比如娱乐活动单一、精神生活稀缺等。这主要体现在"打牌"与"跳舞"成为农村居民休闲娱乐的常态，而类似于"读书""旅行""运动"等文化休闲活动则比较少。因此，基于"农村文体休闲活动质量低、形式单一"的问题，也有人提出要尽可能地满足村民的精神需求，提高文体休闲服务的质量。从理论上讲，这种满足需求的策略能够解决精神生活匮乏的问题，然而从实际来看，这并不能与农村的实际情况契合。本章将会进一步阐述农村文体休闲的现实状况，以及在进行社区服务时遇到的困境，并试图提出走出困境的策略。

　　目前关于农村文体休闲的研究有以下几个方面。首先是对于农村娱乐休闲质量的批判性研究，这一类文献占多数，并从宏观的角度提出简单的对策和建议。比如，有学者提出来，农村人口的老龄化使得农村居民的文体休闲娱乐方式集中为看电视、打牌、聊天、参加宗教活动、赶集，并认为与这一现象有关的因素为农村的基础设施状况、文化水平、经济收入及空闲时间。因此，作者提出政府方面要增加财政的投入、强化监管、创设敬老环境、增加对老年人的精神赡养以及亲情陪护。其次是从建设性的角度追寻农村文化休闲的可能性，这一类研究为对策导向的研究，落脚点为新农村建设。例如有研究者提出，农村的文体休闲文化的建设是建设社会主义新农村的重要途径，并认为按照社会主义新农村建设的要求，应该从发挥政府的主导作用、发挥社会的辅助性作用和发挥农民的自主性作用以及发挥农村特色优势这四大方面进行相关对策的提出①。另外，从公共服务的角度探讨农村公共娱乐空间建设的价值也是一种常见的研究视角。公共娱乐空间建设对于满足个体休闲需求和推进社会和谐具有重要价值。随着农村经济社会的发展，农民获得了更多的闲暇时间，这导致了农民文体休闲活动的增加和对更多休闲娱乐设备的需求。拓展农村的公共娱乐空间、丰富农民的闲暇生活是新农村文化建设的一项紧迫任务②。

一、农村社区文体休闲服务的现状及问题

与国内大多数村庄一样，被调查的 12 个村庄几乎都表现出健身舞活动和棋牌娱乐的单一现状，当然这也是村人口老龄化带来的问题，村民年龄大，没时间，同时他们缺乏自己的兴趣，常常坐下闲聊，而一聊就是一整天。而改善农村文体休闲服务质量的一个很重要的路径就是充分关照村中的老年人，找到适合他们的且能够提供精神慰藉、创造精神价值的休闲方式。

1. 健身舞与棋牌：单一化的农村文体休闲形式

已有的文献指出，农村文体休闲活动形式单一是普遍现象，通过对常州市和扬州市 12 个村的调研发现，其也并不例外。近几年来常州市和扬州市下属的文化站纷纷增加相关投入，不仅建设了文化广场，还会定期举办一些文艺活动。例如 L 镇举办了职工运动会、社区天天乐活动，加大投资建设了休闲广场，村办企业为活动赞助。C 镇每年都会有纳凉晚会，天气转暖还会有电影放映活动，镇郊刚刚修建了公园等公共娱乐场所。总体来看，硬件设施上较为丰富，这解决了公共娱乐场所有限的问题，同时文化站的文艺活动也丰富了村民的业余活动。然而以村为单位的社区服务建设还存在问题，如村中的文化娱乐活动的形式单一、村民参与的积极性不高等。这是中国农村的一种普遍现象，当然也需要长期的努力才能够解决。

从本次调查结果来看，以农村为单位的文体休闲形式多为村民自发组织，具体形式多集中在健身舞和棋牌娱乐两个方面，并且表现出明显的性别差异。健身舞通俗来看其实是当下最流行的"广场舞"，这种活动是一种自下而上的传播形式，并且在农村十分流行，这种活动集娱乐、文化、群体性于一体，不仅可以锻炼身体，而且还可以愉悦心情，充分调动了乡村居民参与文化活动的热情，能够增强农村社区的凝聚力③。

在本次调查中，也特别关注到了健身舞的参与状况，在所有的被调查者之中有30.5％的村民参加健身舞活动，接近农村居民的 1/3（图 7-1）。

①　许秀群：《新农村休闲文化建设的发展途径》，《九江职业技术学院学报》，2010 年第 3 期，第 91—93 页。
②　吴碧英：《新农村公共娱乐空间建设的功能及其价值》，《福州党校学报》，2007 年第 5 期，第 53—57 页。
③　蒋旭峰，袁梦倩：《社区传播与乡土社群文化建构》，《南京社会科学》，2013 年第 1 期，第 54—62 页。

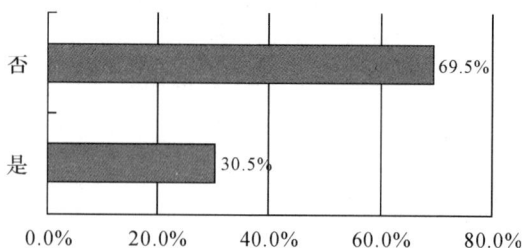

图 7-1　关于是否参加健身舞的调查

在此基础上对参加健身舞的村民进行进一步分析发现,参加健身舞的女性村民占所有被调查女性的 38.7%,而参加健身舞的男性村民占所有被调查男性的 24.2%。通过以上数据可以发现,健身舞已经成为农村娱乐休闲中最为普遍的方式,而其中女性占据大多数。一些男性村民表示"健身舞应该是女人去跳,男人并不适合",也有一些老年人认为"自己已经年老体弱,连路都走不动,根本就不能够再去跳健身舞"。L 村的史某也提到"虽然村里的健身广场不大,但是在附近村庄里面人气最高的广场,不下雨的时候几乎每天都有人去跳广场舞、健身舞、交际舞等,夏天跳舞的人最多,有三四百人,挤满了广场"。可见,无论是在哪个村庄,健身舞都成为全民娱乐休闲的最主要方式。

除此之外,棋牌活动也早已被认为是农村娱乐休闲最为普遍的方式,一些研究表明这是一种赌博的风气,不宜盛行,不过通过数据却可以看出棋牌活动与健身舞一样普遍受到村民的关注,其普遍程度甚至超过了健身舞。

从图 7-2 可以看到 49.0% 的被调查者都表示自己有过在闲暇时间打牌的经历。不过对参与打牌的群体进行进一步分析的时候,发现打牌的男性占所有男性被调查者的 55.2%,而女性的比例为 40.8%。

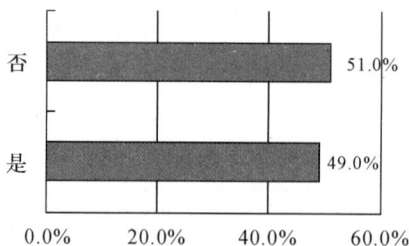

图 7-2　关于是否打牌的调查

其实,无论是打牌还是跳健身舞,都具有比较明显的性别倾向,男性村民喜欢在闲暇时间打牌,女性村民则偏爱在闲暇生活中跳健身舞。从调查的数据与访谈的实际状况来看,农村的娱乐活动十分单一,因此研究小组对其日常的娱乐休闲状况做了进一步提问。

通过图7-3可以发现,这几种说法都在不同程度上被被调查者认同,其中34.7%的村民认为"过去经常在一起玩的人,现在不少都出去打工了"。可以看出,外出打工、赚钱养家可能还是很多农村家庭的常态,因而也是后期村镇老龄化问题严重的推动因素。当然也有1/3的村民认为"闲下来的时候比较无聊,找不到事情做",这一态度充分说明了农村居民休闲生活单一的现象,然而通过对村民的访谈也发现,尽管"无聊""无事可做"是村民常态,但是"不知道做什么""没什么兴趣爱好"却也是导致农村娱乐休闲单调的重要原因,C镇B社区的张大妈就表示"每天没事情做,就是聊天,不会打牌,小孩大了也不需要带孩子,跳健身舞也不好看,每天没什么事情可以做"。

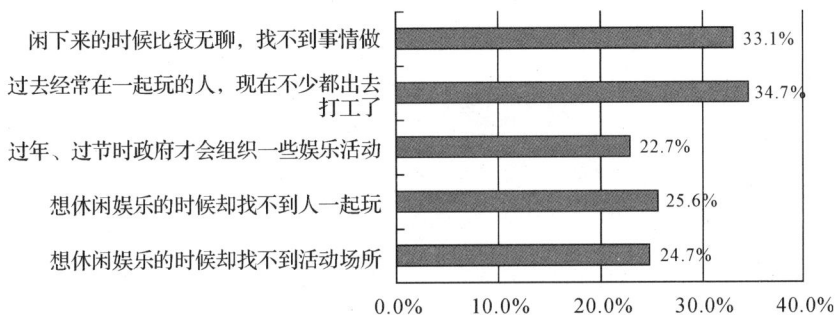

图7-3　关于娱乐休闲活动遇到过的情况的调查(多选题形式)

总体来看,尽管常州和扬州两市在"文化下乡"的方面曾有过比较多的活动,如放电影、文娱比赛、纳凉晚会等,但这些都是一种正式的、自上而下的、政府组织的大型活动,从村民自身而言并不能从根本上改变他们的日常文体休闲生活。因此也还是形成了广场舞和棋牌娱乐的小团体,社区服务的领域还未从文体休闲的角度覆盖到村民生活的日常行为中去。

2.文艺能人:农村文体休闲生活的顶梁柱

无论是大型娱乐活动还是日常的文体休闲行为,文艺能人都是在其中发挥重要作用的角色,他们负责村中文娱活动的组织、排练与表演。而在调查过程中研究小组发现,尽管部分被调查地区有以村为单位的文艺团队,但是村民的参与热情并不高,相反他们认为自己没有艺术才能而不适合加入,而那些团队都是文艺能人的分内工作而已。

从图7-4可以看出接近一半的被调查者,即45.7%的被调查者表示村中有表演团队,例如扬州市的H村就有三个庙会,每个庙会都有二十余人的会员和一个会长,每年在固定的日子会举办大型的文艺活动。C村有擅长吹拉弹唱的老年人,偶尔与朋友相约在户外自娱自乐。调查小组进一步追问了村中有文娱团队的被调查者,其中只有27.3%的村民表示自己是表演团队中的一员(图7-5),换句话说参与表演团队的村民只占所有村民的12.5%,他们可以被称为村中的文艺能人。他们尽管人数很少,但是却几乎承载着整个村庄文娱活动的事务。

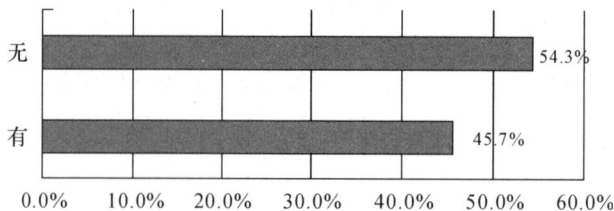

图7-4 关于村中是否有表演团队的调查

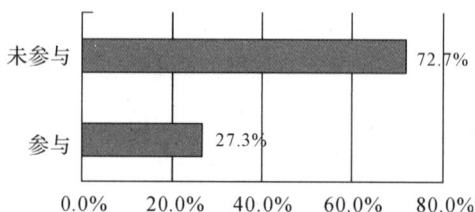

图7-5 关于表演团队参与程度的调查

  H村是以前的三个村合并而成的。复兴庵和大悲庵都是村中比较大的寺庙,依托寺庙成立了庙会,每个庙会每年都会组织一次大型的文娱活动,这是村民每年最期待的集体狂欢。复兴庵每年的三月初三会举办活动,按照惯例,村里的娱乐活动都是庙会组织里面的成员自己筹备的,有的时候村里的老板会提供捐赠,请专业唱戏的戏班子过来表演,也有的时候老板会直接捐钱给庙会的会长,让会长负责事务。H村庙会和舞龙队的传统村民都知道,书记也为此骄傲,徐书记表示:"每年定时举办庙会,H村面积比较大,位置也比较偏,因为是合并而来的,所以是分成了三个片,每个片各自有一个庙会,所以一年有三个庙会。村里有个文娱宣传队,参加者主要是60岁左右的人,表演扬剧、小品、舞蹈,会在庙会上表演。举办地点在村里的寺庙。这样的庙会主要是佛教组织牵头,企业会赞助,少则八九千,多则一两万。最后多出来的钱会捐出来造路、造桥,用于慈善事业。"在每年庙会的时候村中的老年人都会聚集在一起观看表演,外地的年轻人也大多会赶回来参加庙会。

  调查小组的数据(多选题的调研形式)还表明,33.7%的村民都希望村中的文艺能人能够带动村民一起举办娱乐活动,36.3%的村民希望村领导能够请到老师来培养村中的文艺能人,36.2%的村民认为应该在非节假日期间也多办些活动以供村民娱乐。可见文艺能人在村中肩负重担,村中的文体休闲活动几乎要依靠他们来推动和执行。此外,调查小组还进一步追问了村民不参加文体休闲活动的原因,有58.5%的被调查者选择了"没时间",通过进一步访谈得知,村中的青壮年大多在外地工作,村中60岁以上的中老年人几乎都在家中抚育孙儿,此外村中邻近的工厂也几乎是村民的工作根据地,村中都有一个说法"只要还能动,就肯定不能让自己闲着",所以没有正式工作的中年人和退休且不需要育儿的老年人都去附近的工厂打零工。另外,有13.8%的被调查者选择了"这些都是文艺能人的事,与我们无关",5.1%的村民表示"不知道怎么参加"。C村的村民认为"庙会的文艺能人负责组织活动,我们不会文娱表演,只有到时候去凑凑热闹"。除此之外,H村和D村的舞龙活动也是长期由专门的舞龙兴趣团队组成,村民大多抱着围观式的心态参与这一类的娱乐活动。由此可以看到,一些村民对文艺团队并没有深入的了解和太大的兴趣,他们认为没有自己擅长的表演,这些事情就与自己无关,因而难免表现出漠不关心的态度。

总体来看,文艺能人之所以成为村中的"顶梁柱",很多时候是因为村民对文娱、文体、表演的不了解,因而他们将文娱活动想象成与自己的生活十分遥远的集体活动,大多数村民站在看客的角度看待这样的文娱活动,他们认为"村能人表演,村民观看"应该是一种常态,因而对于活动的参与意识和积极性并不强。

3. 老龄化与社区活动参与的被动问题

老龄化问题目前已经成为国内的一大难题,第五次人口普查数据显示,城市和农村60岁以上的人口比例分别是9.68%和10.91%,十年之后即2010年的第六次全国人口普查的数据显示城市中60岁以上的人口为11.68%,农村比重为14.98%,农村的老龄人口比重上升有加速之势①。显然,农村人口向城市的迁移导致了老龄化的加速。在实地调查的过程中,调查者也发现,农村家庭中留守家中的老年人居多,而年轻人都到外地城市和城镇中工作。

承接前文提到的文体娱乐活动的参与行为,调查团队还通过访谈了解了"不参与文娱团队的活动"的原因,最为常见的回答是"年纪大了""身体不好""体力不好",可见常州和扬州两市的农村老龄化问题也比较严重,这也是导致社区活动参与出现被动的原因。

图7-6是本次问卷调查的年龄分布,主要是通过随机抽样的方式来进行的。很显然,56岁及以上的村民占35.6%,46至55周岁的村民占22.9%,而年轻人则较少。关于娱乐活动单一程度与年龄关系的调查见图7-7。

大多数村民都认为村中的文体休闲活动单一,而老年人更倾向于认同"平时除了看电视、打牌、广场舞,几乎没有其他的文化娱乐活动了"这一观点,这一方面说明村中活动单一,另一方面也可能说明老年人不关注除此之外的其他文体娱乐活动。

扬州市H村的退休村主任身体不好,年近75岁,他与妻子常年待在家中看报、休息,他们的儿子在大连工作,每年回家一次。"老伴得了病,每次都要从北京

① 邹湘江,吴丹:《人口流动对农村人口老龄化的影响研究——基于"五普"和"六普"数据分析》,《人口学刊》,2013年第4期,第70—79页。

寄药回家,一次药就是几万块。除了看报纸就是躺着休息,身体不好,什么活动都不能参加。"C 村的村民李大妈不到 60 岁,也已经过着老年人的生活,她每天的生活就是烧菜,接孙子放学,因为实在无聊,她自己在家门口楼梯间开了一个缝纫铺,负责衣物的修整,以打发时间。"像我们这种年纪的,只要还能动都不会闲着去玩。村里很多人去了玩具厂工作,我开缝纫铺纯粹是为了打发时间。"

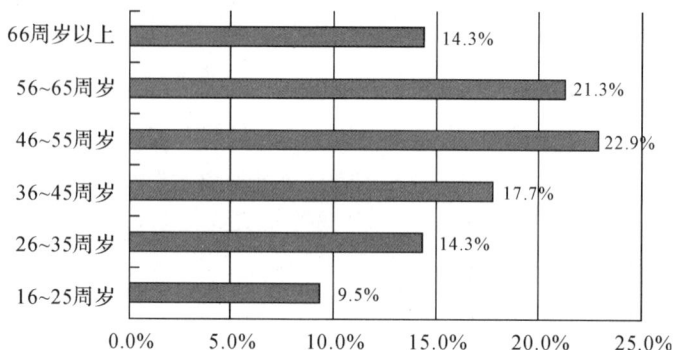

图 7-6　关于农村人口年龄分布的调查

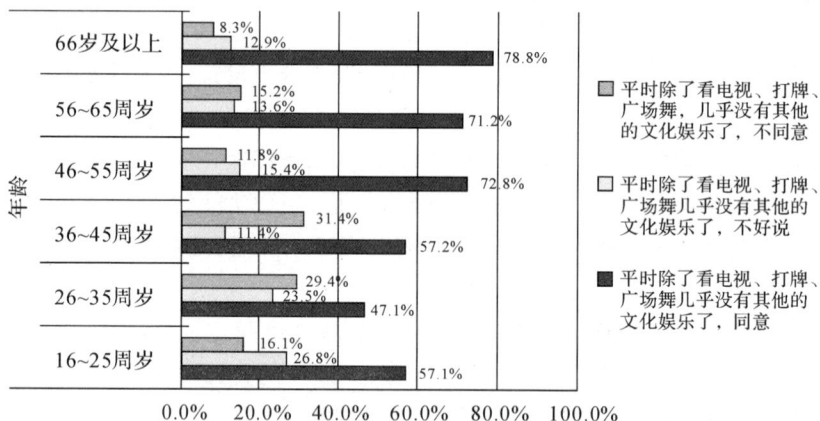

图 7-7　关于娱乐活动单一程度与年龄关系的调查

　　这两种情况是农村中最为典型的状态,即只有老年人在家或老年人与孙儿在家。只有老年人在家的家庭中,一般老年人都已经超过了 70 岁,他们的孙儿也都在上大学或者已经在外地工作;由老年人和孙儿组合的家庭中,一般老年人不超过 65 岁,他们的孙儿在家中附近的幼儿园或小学上学,家中的青壮年则在县城或者外地工作。这也使得"身体不好,不想参加休闲活动""没时间参加娱乐活动"成为不参加娱乐休闲活动的两种最为典型的原因。在村里平日里最为常见的场景,即村口三个一群、五个一伙的老年人,他们有些腿脚不便,平日里也无法参加跳舞活动,一个七十多岁的奶奶认为"广场舞虽然天天有,那些都是稍微年轻一些的妇女才会去跳的,我们都是跳不动的"。尽管她们是长期的"聊伴"和"牌友",但如果凑不到四个人,她们便没办法打牌,只能各自坐在家门口板凳上洗衣服、吹风,跟往来的行人打招呼聊聊天。

总体来看,常州和扬州两座城市的 12 个村与大多数中国乡村一样,呈现出文体休闲活动单一的现象,而他们对已有的活动也表现出"不参与、不批判"的态度,而在农村这样的熟人社会中,文艺能人的带动也许是提高他们活动参与积极性的重要因素。此外,农村的老龄化问题在这 12 个村中也不例外,村中呈现出青壮年缺位的状况,老年人与小孩的组合是日常生活的常规模式。每个村从属的镇都会依照上级指示自上而下地完成相应的文化娱乐服务指标,而村中自发组织的活动却相对稀缺。村中文体休闲设施的逐步完善为村民提供了一定的便利,但几乎是一种自娱自乐的模式,尽管也有村民表示闲着无事做,很无聊,但由于兴趣的空白,他们也无法表达自己想要的文体休闲服务是什么样的。

二、农村社区问题休闲服务体系建设的经验比较

从组织传播的角度来看,文体休闲服务分为两种层次,第一种是政府组织的,政府组织的文体活动多是自上而下的、具有上级指示的、统一的活动,这样的活动一般具有强制性,而缺乏独特性。第二种是非政府组织的,非政府组织的活动多与当地文化具有相关性,根据当地特有的戏曲、节日活动等进行操办,具有地方性。本章提出,合作主义视角下即政府与民间组织的相互合作可能可以生产比较多元化的娱乐服务形式,但在此基础上也要关注村民作为活动主体的角色。

1. 自上而下:文体服务统一化

近年来,国家政策尤其关注"三农"问题。改革开放以来中共中央办公厅、国务院办公厅对农村文化建设非常重视,特别是党的十六大以来先后下发了《关于进一步加强农村文化建设的意见》《中共中央办公厅、国务院办公厅关于加强公共文化服务体系建设的若干意见》等重要文件,我国农村文化建设进入了一个新阶段,取得了较大的进展。党的十七届三中全会明确指出文化建设是社会主义新农村建设的重要组成部分,搞好农村文化建设的重要任务就是要坚持用社会主义先进文化占领农村阵地,满足农民日益增长的精神文化需求,繁荣农村文化。因此,在此背景下,大多数地区都领会其中的精神,纷纷举办起农村文娱活动。

C 镇也不例外,文化站冀站长表示"每年上面都会要求我举办一场大型的纳凉晚会,晚会是全镇举办,面向全镇所有村的村民排练节目,每次纳凉晚会的时候人都很多。天气比较暖和的时候还会有好几次的户外放电影活动,是有专人负责放映,不过现在家家都有电视、电脑,村民们出来看的人并不是很多"。除此之外,冀站长还列举了其他活动,比如与县委宣传部共同举办的群众文艺会演、儿童诗朗诵

比赛等。而对于村民而言,他们认为这些都是文艺能人的活动,与自己毫无关系。

W村的陈书记也提到:"C市有'情满金沙'的送文化下乡的巡演,国家文化局也有电影放映的工程,每隔一段时间会在不同自然村放映电影,虽然看电影的人不是很多,但还是有人去的。这个放电影是上级要求的,不得不执行。"D村的主任也介绍道:"X镇每年都会举办农民运动会,参与运动的人都是从每个村挑选的,代表一个村去参加活动。"只是这一活动并不是村办,而是镇里统一举办。

由此可见,自上而下的文体休闲活动并不是以"社区服务"为视角的,而是以"文化下乡"为视角。而当文化下乡指标化、绩效化的时候,村民所接受到的并不是真正意义上的社区服务。

国家统一的大型文化活动具有一套指标,可能不是深入底层农民文化生活的最佳方式。除此之外,还有一些研究者提出不断接受送来文化可能是农村居民日常生活中的常态,早有研究提出过扬州的送电影下乡、送扬剧下乡和送文艺演出下乡,每个乡镇都会有这种类似的文化下乡活动,但是从村民的反馈来看,这一类的活动数量比较少,频次比较低,形式比较单一。此外,不同地区经济发展水平参差不齐也导致在响应上级号召的时候各地区开展活动的情况也各不相同。①

有学者就韩国农村社区服务的状况进行过研究,提出韩国农村与我国农村构成极为相似,即由家族裙带关系结成的社会,相互之间很容易达成一致的意见。在韩国的农村中,一方面有完备的文化基础设施,另一方面有发达的文化产业,此外还有农村合作组织在农村居民的文教娱乐方面起到推动作用。韩国的农村合作组织简称为农协,农协在韩国农村居民文教娱乐消费方面功不可没,一般会组织开展儿童画展,选拔和表彰新型农民,定期召开农民大会,过农民节日和农村民俗节等,还可对青少年进行农事及有关热爱、继承农业的教育。尤其是每年举办的端午节聚会,对韩国农村文化的发扬乃至韩国农村居民文化水平的提高都起了比较重要的作用。② 因此,从这个角度来看,韩国农村在文体娱乐方面的经验具有借鉴作用。从实地调研来看,尽管在常州、扬州两地也有文化下乡和送科技下乡的工作,但是真正符合农村居民实际需要的文化、科技知识少之又少,而且并没有持续性。此外,尽管不少村庄拥有比较完备的基础设施建设,但是这些设施有些离村庄较远,不能有效发挥作用,有些用于上级检查,实际上平日里无人问津。因此从韩国农村的文化娱乐活动来看,自上而下的活动组织应适当参照农村自有的特点,尽可能地与村庄的实际发展状况相符。

当然,除了软投入之外,自上而下的服务还包括一些硬件设施的投入,C镇的

---

① 蒋旭峰,曹甜甜:《从"送来文化"到"自办文化"——传播学视野下的新农村文化建设研究》,《中国地质大学学报(社会科学版)》,2012年第4期,第121—125页。

② 刘晓红:《借鉴韩国农村经验,促进江苏农村居民文教娱乐用品及消费服务》,《南京晓庄学院学报》,2014年第5期,第115—118页。

每个村都加大了对于健身器材的投入，与城市社区相似，每个村庄都有一个健身场地，虽然不大，但是器材齐全，能够基本满足村民的需求。之所以拥有如此统一的健身设备，是因为 C 镇有其独特的工业产业，利用这一优势，C 镇实现了健身器材的全面覆盖。每到春秋季节，都会有村民前去健身锻炼，每当天气转暖都会有村民在广场跳舞，这在村中已经形成了良好的风气。今年四十多岁的 C 镇罗主任讲道："因为我们这个村里有做健身器材的厂，所以每个村都有一个小型（健身）广场，这是其他地方都没有的。"由此可见，公共设施的建设与当地的产业密切相关，这为其他村镇的建设提供一个启示，即因地制宜，充分利用当地的优势来完善农村的文体休闲设施。

总体来看，自上而下的文体休闲服务表现出政策化的倾向，村支部书记和村主任作为与村民直接接触的村干部，他们也如实提到一些活动确实是为了响应政策文件而举办，至于村民是否参与，全有赖于他们的宣传与号召。不得不承认，政策化的文体服务丰富了村民的日常闲暇生活，但是这些活动几乎是一年一度，抑或是一季一次，在某个时间点丰富了村民无聊的生活，但是并未能在根本上丰富农村的文体休闲生活。

2. 自发组织：民间艺人的效应

每个村都有村能人，比如村干部、创业能人、艺术能人等，他们都能在乡村的发展中做出贡献。乡村能人作为个体或者是由其创办的一些非政府的组织相对于普通村民而言比较有发言权，更是会成为村民的榜样。在文体娱乐方面，也有特定的文艺能人，农村的民间艺人堪称是其中的意见领袖，同时民间艺人还有一个身份即村民，因此当他们组织集体文化娱乐活动的时候，往往有更强的凝聚力。民间组织对于村民的义体休闲服务业同样是无偿的服务，某种程度上可能能够达到社区整合的效果。

C 村的张主任作为组织者也对文体休闲活动表现出一定的无奈："村中有一个棋牌室，曾经也举办过棋牌比赛，但是大家参与度很低，他们不愿意跟不常打牌的人在一起，有一些老年人都有固定的牌友，他们会自己聚集在一起玩乐，对以村名义办的活动没有什么兴趣。"对于这一困惑，H 村的翟书记也深有体会，她认为文艺骨干至关重要。H 村和 D 村一直有舞龙的传统，因此每到重大节日前夕，团队就会为了能在节日当天在村中演出开始彩排。除此之外，他们还会争取机会参加市里的文艺演出，在市办的大型活动中获得舞龙的机会。翟书记认为如果要组织集体的活动，这种唾手可得的棋牌活动并没有任何吸引力，村民宁愿自发组织，跟熟人一起玩。但是每当到了重大节日，如庙会、舞龙表演的时候，村民的参与热情高涨，翟书记认为民间艺人在这方面更有组织优势。

此外比较典型的还有健身舞，调查走访的每个村都无一例外地有一个广场舞组织，而这样的组织几乎都由村中的文艺能人所带领着。B 社区的罗姐是个文艺骨干，"每天早上、晚上都会有广场舞，都是 50 岁左右的人来参加的，一般是一个小时到一个半小时就结束了，大家都是锻炼锻炼身体，每次跳健身舞的时候都会有将近一百人，至少也是有几十个人的"。跳广场舞尽管是一个成本低、门槛低的艺术活动，但是执行起来也会遇到一些问题，比如音响设备、场地选取、时间协调的问题，这些问题村中组织者基本都能够自行解决。这样一来，对村民的影响能够达到最小。村中的老板为了赞助健身舞，也会提供音响设备等。

D 村离镇里比较近，与其他村都不同的是该村有一个健身馆，健身馆是当地一位热爱健身的年轻人自办的。村主任提到："没有去过村里的健身房。健身房是 2014 年底前刚刚开始经营的，老板是一个二十八岁的大学生，他热爱健身，因此利用自家的房子办了健身房，任何健身器材都很齐全，老板还会带着大家一起做拉伸运动，不过目前还没有被太多的人知道，但是现在大家都喜欢散步运动，也估计未来健身会渐渐发展起来。"由此可见，农村正在一步步走向现代化。此外，D 村在政府的支持下建有一个大戏台，H 村的庙宇附近也有一个小型戏台，这两个村庄都有比较积极的文艺能人带领村民开展活动，每年在自发举行文艺晚会的时候都会轰动全村，D 村经济发达，每次的文艺活动都由村中的村企老板和比较富裕的家庭出资举办，免费供全村村民欣赏文艺节目。H 村向来自娱自乐、自给自足，村中的老板为文艺组织提供服装、道具、戏台等方面的资金支持，也偶尔会主动出资邀请文艺团队下乡表演，供村民观看。

常州、扬州的几村的活动状况与响水县的乡镇文体活动十分类似，有学者就响水县的文娱状况做过实地调研，认为其活动比较丰富，例如每到春节和其他节日期间都会有很多杂技表演，如踩高跷、舞狮子、扇子舞等。每到节日之时，鞭炮声不绝于耳，每个村都有代表队参加。这些活动属于村民自发组织。此外，村民还会自发组织体育活动，或是由村中企业赞助体育活动，这些活动是村民的新型社交手段，某种程度上增强了村民的凝聚力。① 这种组织方式与扬州市 C 村不谋而合，不过可惜的是，民间组织由于资金匮乏，企业赞助也是一次性的行为，并没有达成长久协助的契约，因而缺乏持久性。

民间自发组织的活动是丰富农村文体休闲活动的一个重要方面，此外传统意义上的"民间艺人"也能够带动活动的展开。不少有关农村文化艺术方面的研究都从非物质文化遗产的角度出发阐述了当地的民间艺术发展与传承，其实中国的每个地方都有其特色，如木雕工艺、剪纸艺术、鼓吹乐器等。就拿河南张泥玩具来说，得到了很好的传承。这一泥塑工艺以及所制作的泥玩具，并不是每天每时都在进行，而是季节性地生产，村民也不是以此为职业，而是以此为兴趣。一方面，做泥塑

---

① 梅茂荣：《苏北乡镇节日体育活动组织形式及其变迁的社会学分析——以响水县乡镇体育组织开展方式为例》，《南京体育学院学报（社会科学版）》，2007 年第 5 期，第 25—28 页。

是一种获得利益的手段，另一方面却也跟村民的日常生活相连接，充满了文化创作的趣味，可谓一举两得①。

对比来看，自发组织的文体休闲活动比自上而下的文娱活动要更为丰富，一般包括大型文娱表演、日常健身舞、棋牌娱乐等。不过值得思考的是 C 村的村支部书记的无奈表达："以村里的名义举办过棋牌娱乐，但是大家并不积极。"这背后可能恰恰是村民"不积极参与社区活动"的一种体现。如何使自上而下的集体活动成为村民喜爱的活动，如何让自发组织的娱乐活动也同样能够站在农村社区化服务的视角，也许两者的结合是一种较为有效的方式。

3. 合作主义：多元化的文体休闲形式

合作主义提倡和谐、一致的社会秩序，并认为一个利益代表系统，是一个特指的观念、模式或制度安排类型。它的作用，是将公民社会中的组织化利益联合到国家的决策结构中，主要用于国家与社会层面。德国的社区服务堪称合作主义视野下的典型，柏林的绿色城市空间就是由此而来。当时城市居民不满政府在城市建设过程中侵占绿色空间，因此形成了激烈的反抗。最终在群众的参与下建立了柏林城郊的人民公园，这应该是居民参与社区建设的最早雏形，也是公民意识觉醒的代表。在这一过程中政府真正地从决策管理者转变为合作协商者，真正实现了政府角色的转换②。

在中国的城市社区的建设中，政府早已意识到这一点，上海的不少社区都秉承着合作主义的思想，实现了政府与非政府组织之间的合作关系。合作主义模式下的国家和民间组织之间是一种互惠、协商、合作的关系，民间组织不但是国家整合社会利益的管道，而且国家也透过民间组织汲取社会资源，在双方的互动与合作下相互适应、共同成长③。浙江省作为民间组织大省为相关服务提供了一些启示，一些城市社区率先建立起"政府购买服务"的模式，这种模式遍布居家养老、闲暇活动等各个领域。如宁波市海曙区政府就通过政府财政，每年花费 150 万元向"敬老协会"购买养老服务，通过敬老协会组织养老服务，填补老年人闲暇时光的空白，形成了政府与民间组织相互依赖、共同生存的局面。这种合作模式充分利用了两种组织的功能优势，达到了效果和效率最大化的结果④。

除此之外，国内其他地区的经验也十分值得借鉴。以上海打浦桥社区文化服

① 张士闪，邓霞：《当代民间工艺的语境认知与生态保护：以山东惠民河南张泥玩具为个案》，《山东社会科学》，2010 年第 1 期，第 34—37 页。

② 王晨：《新合作主义视域下的公民参与城市社区治理——基于德国城市绿色空间治理的思考》，《理论探讨》，2015 年第 3 期，第 163—166 页。

③ 邓伟志，陆春萍：《合作主义模式下民间组织的培育与发展》，《南京社会科学》，2006 年第 11 期，第 126—130 页。

④ 汪锦军：《浙江政府与民间组织的互动机制：资源依赖自来理论的分析》，《浙江社会科学》，2008 年第 9 期，第 31—37 页。

务中心为例的一系列社区服务中心是城市社区服务模式的先驱,该社区引入了公共服务的购买策略,因而文化中心成为民间组织和政府组织共同传播作用的产物。政府购买的内容则是街道的文化建设事业,包括对一幢社区中心大楼的管理以及相关活动的开展等①。这种多组织合作的传播模式可以称为城市社区中的创新之处,能够提高社区活动的丰富性,也许可以为农村社区传播中的创新服务提供思路。此外,上海浦东新区的一些社区如潍坊社区更是实现了多元合作,包括党政共治、条块共治、多元共治、居民自治。这样一来就形成了社区合作体系,即在社区公共空间内,基于社区的公共利益和社区成员之间的共同利益,在协商基础上形成了资源共享的理想化结果②。

尽管常州和扬州的一些文体娱乐活动不够成熟,但是也有了一定的合作主义的雏形。常州市的 Y 村就曾以村为单位举办过体育活动,徐书记提到:"在文体活动方面,春节前后村里都会组织篮球比赛。篮球比赛四个片区分成四个组,一个片区一支队伍,村里给买衣服、鞋子,花钱请裁判,趁年轻人春节回家的时候热闹热闹。"这在某种程度上也是一种政府与企业出资出力,村民参与的合作形式。此外,文娱节目也备受村民喜爱。扬州市的 H 村的庙会堪称典型,提到庙会的时候,村民都能清晰地记得两个庙会的具体日期。H 村的庙会之所以能够举办得如火如荼,也是因为能够得到不少资助,文艺能人利用资金去筹办活动。在庙会前夕,无论是村中具有经济实力的老板还是村支部,都会给予一定的资金支持,同时村民也会以家庭为单位积极筹款。这些资金除了用于文艺演出,多余的部分还会用于公益事业。

由调查(多选题形式)可以得知,村民对文体休闲活动有很多期待,值得一提的是,不少村民希望能够提前告知活动的具体信息。由此能够反映出,在社区服务的同时,社区传播还存在断裂,信息与意见不能得到较好的沟通。60.0％的村民提出希望定期组织文娱表演,可见村民对文艺表演比较热衷;此外还有1/3左右的村民也提出希望为村民提供一些表演的机会。44.6％的村民希望村里能够帮助村民组织文化娱乐活动,这正是对政府与民间组织合作的一种期待。合作主义的模式正是国家和社会的相互赋权,从以往的发展来看,中国的民间组织具有国家主导性,不少组织是一种自上而下的政府选择行为,而今后随着人们利益主体多元化的需求,民间的组织也相应从国家合作主义走向社会合作主义。民间组织与政府相比有自己独特的组织优势,这种优势恰恰构成了民间组织与政府功能互补的基础。两种组织的不同优势为两者的合作提供了前提,民间组织可以通过与政府组织的

---

① 乐园:《公共服务购买:政府与民间组织的契约合作模式——以上海打浦桥社区文化服务中心为例》,《中国非营利评论》,2008 年第 7 期,第 143—160 页。

② 翟桂萍:《社区共治:合作主义视野下的社区治理——以上海浦东新区潍坊社区为例》,《上海行政学院学报》,2008 年第 2 期,第 81—88 页。

合作,来弥补自身的不足,实现组织目标。政府与民间组织之间的关系并不是单纯的顺从与服从的关系,而是彼此相互依赖的一种关系,这就是由于它们都掌握着一些重要资源,比如政府可以进行财政拨款,拥有更多的信息,政府的支持一般都具有合法性,并且能够丰富参与的渠道,这些都是民间组织不具备的。而民间组织可以为政府丰富社区化服务的内容、形式等,政府部门需要管理多样化的事务,无法在每一个服务板块都亲力亲为,民间组织恰好具有这样的优势。

基于以上对常州和扬州两地的分析与国内外相关案例的提出,可以看到,城市甚至是国外的社区治理视角应得到借鉴,尤其是政府角色从管理到服务的转换是一个长期的过程。此外,农村的传播也存在问题,当前农村的社区传播存在上与下的脱节。对于文体休闲的相关服务有两种组织传播形式,第一种为自上而下的政府制度化管理,第二种如健身舞、棋牌娱乐等均完全由村民组织。而有少量的大型村办活动则是结合了村干部、村企业、村能人与村民的力量,很显然,在这种类型的活动中,村民的参与机会并不多,这种模式是合作主义的萌芽,也是农村城市化的初步发展,在不断城市化的过程时,城市社区服务的某些合作与购买模式也值得借鉴,因此还需要进一步创新与发展。

三、缔造精神家园:文体休闲服务的社区化

在中国,农村文体休闲的服务若能做好,便是为村民创造了一片精神领土,这样的运动不是村民个人的,而是依托于集体的。结合实地调研和资料收集,本研究认为丰富村民的闲暇生活,提高文体休闲服务的质量需要从物质层面到精神层面进行全面发展。此外,老龄化成为中国农村不可避免的事实,村民表现为兴趣爱好缺乏及社区意识薄弱,农村社区大多是名义上的社区,还缺乏一个独特的社区精神等都是当前存在的问题。尤其以文体休闲为例,不少活动都依托于各类组织而举办,组织活动的策划水平高低很大程度上决定了文体休闲活动的丰富与否,因此传播的机制显得尤为重要,传播的空间与环境、传播的理念、传播的主体精神都是贯穿活动始终的重要方面。本节从以下三个层面来考虑。首先,需要考虑到文体休闲中的传播空间和传播形式,从社区到整合传播层面,需要得到重点考虑;其次,就传播理念而言,培育村民的个人需求也尤为重要,对村民群体进行细分并培养村民更为丰富的需求;再者,当农村成为一个有机整体,农村便会达到社区化的效果,而社区精神的建立是必不可少的,社区精神品牌化能够增强社区凝聚力。

1.创新传播空间:公共环境现代化

随着单位制改革和社会的发展,社区逐渐成为城市居民的主要生活空间,人们对社区文化生活的需求也越来越强烈。中国的乡村也正在不断地被城镇化,而基础设施建设还远远跟不上村民的需求,针对设施投入这一点可以参照中国城市的社区建设。

城市社区居民的文化需求往往十分强烈且多元化,但是目前社区在满足居民文化娱乐需求方面的能力十分有限,其中的原因主要是在资金、场地、设施方面的限制。我国的社区建设是由政府提出和推动的,政府有其明确的工作目标,即保障社会经济体制改革。要想单位体制改革和政府管理体制改革能顺利进行,则希望社区能够承载从企事业单位中剥离出来的社会职能和从政府中转移出来的治理和服务职能。这一点很明显地体现在了社区文化娱乐活动的开展上面。有一些社区主动建设,有一些社区被迫投入,当然在城市里的商业楼盘项目中,开发运营商也都充分考虑市场需求而完善设施,不过价格也会相应更高,这种方式在农村市场中还不适用。就农村社区来看,这种投入主要依靠政府,因此政府应当逐渐加大对社区公共文化娱乐设施建设的投入,但同时也要赋予农村社区自主规划和发展的权力。

从本质上来讲,社区内公共设施服务属于社会福利体系中的一部分,所以政府应承担其中主要的责任,但是目前来看,政府的投入远远不能够满足居民的需求。尤其是一刀切的现象很普遍,也就是各个社区往往由上级政府进行统一规划、统一购置设备,甚至要求组织同样的活动,结果导致本来就十分有限的投入分散化。所以在对社区投入硬件设备的时候,政府应当充分赋予社区对本辖区内的文化娱乐设施规划和资金利用的自主权。当投入的设施能正常使用时,政府可以慢慢转变思路,从文化建设的主体转变为文化建设的参与者。

通过实地的调查,我们不难发现,农村与城市的文体休闲娱乐活动存在很大的差别。农村的娱乐活动具有较强的仪式性,尤其是在一些节庆娱乐上,村民表现出很高的积极性。此外在一些红白喜事、春节等节日里,农民也十分热情。他们对重大的节日有着强烈的期盼,然而日常的闲暇生活却无从消磨。他们以自己组织打麻将、打牌、下棋为主要娱乐活动,此外,看电视、聊天、逛街也比较常见,很多老年人以"闲呆"的方式度过闲暇时间。总结来看,娱乐形式十分单一。归根结底,要改变这种局面需要有丰富的娱乐设备,除户外健身场地以外,一些健身室、舞蹈房、羽毛球场、乒乓球桌等文娱体育设备也需要完善。当然,在完善硬件设施的基础上,还要从根本上改变村民规划闲暇时间的理念。总之,完善一个村落的环境不仅仅需要投入经济成本来修筑丰富的设施,更重要的是服务者还要赋予每个设施意义和价值,硬件和意义的结合才是农村社区化服务创新的重点所在。因此,需要保障农村公共文化服务的有效传播、费用流转、使用监督以及创新使用。

此外,公共环境的现代化也是提升传播环境、完善传播空间的重要方面。从传播的视角来看,农村社区化服务中存在传播的断层,这样的传播断层导致了公共环境的不和谐。因此,对应本研究提出的核心词"社区传播"来看,将传播进行完善才是建设公共环境的重中之重。从农村调研中看到,农村对于讯息的传播特别看重"一传十,十传百"的经验说法。尽管这在农村的熟人社会中是一种常态,但并不能够覆盖所有，也不能够完全保证信息的客观性，这也是为什么会有村民提出"希望能够提前通知即将举办的活动"。这表明，村民对意见领袖深信不疑，意见领袖是传授者，要做好一个传授者，首先他们要从多方面接受有关文体休闲的信息。同时，意见领袖还是传播者，尽管他们可能不是活动的组织者，但是他们能够做好二次传播的工作，使自己获取的信息扩散出去。此外，意见领袖还是把关人，当他们接收到信息后，可能不能按照原样扩散出去，而是要进行筛选和加工。意见领袖一般都是在农村具有较高个人素质的，他们有良好的口碑和较广的生活圈子，多为村干部、社区"长老"、农村知识分子，如教师、医生、农业科技人员、曾外出打工的村民、大学生等。由此看来，意见领袖在农村社区占据重要的位置。

农村的社区正在逐步现代化并在基础设施上无限接近城市社区，城市社区在传播工具的使用上就能够做到多样化，包括社区平面媒介、社区视频媒介、社区网络媒介。不管使用哪种媒介，文体休闲活动的信息传播都是通过社区组织进行的，社区组织使用短信、电话、网络等各种平台进行信息的扩散。因此，健全一个社区组织的内部传播机制也尤其重要。

除了传播渠道之外，传播的内容也值得注意，对于一些体育活动和庙会活动，村民之所以会表现出"这是他们的事情，与我无关"的态度，是因为他们无法对消息做出客观的解读。因此，在传播的过程中需要对信息进行解读，并加强村民的自主性，使他们觉得社区参与是每个人的事情。因此，传播机制承载了文娱体育活动的通知、宣传与总结工作，还承载着扩散社区精神的重任，这样看来，创建一个属于村庄自身的传播系统能够更好地完善其公共环境。

总体来看，无论是传播空间还是传播环境都是属于公共环境的，公共环境是一个系统，在内容上还包含了自然环境、人工环境和社会环境等各种方面，因此对于村民的精神文化建设具有重要作用。社区传播本身就是一种传播活动，具有自己的文化属性，有着很强的文化功能。一方面能够继承和发扬社区的文化，另一方面还能在继承文化的基础上创造文化。需要强调的是，传播作为公共环境丰富和秩序化的有效载体，不仅仅是一种工具，还要从传播者、被传播者、传播渠道、传播内容等方面进行社区化的规整，最终还要对所传播的效果进行评估，用最严谨的方式使社区传播在文体活动方面达到效用最大化。

2.构建传播理念：村民需求的细分与培养

文体休闲是在保障基本温饱生活之后村民的精神财富，今日在农村尤其是江苏地区常州和扬州两地的农村早已走出贫穷的时候，村民更需要的是丰富的精神慰藉。从传播市场的细分角度来看，也有必要对村民需求进行针对化的细分服务，由此改变村民的生活理念。细分活动的方案类似于市场营销里面所提到的市场细分，市场细分是指企业根据消费者需求的不同，把整个市场划分成不同的消费者群的过程，其客观基础是消费者需求的异质性。同理，当社区服务考虑到居民异质性的时候,也需要将居民进行细分,包括留守老年人、留守儿童、留守妇女、残疾人等。

目前中国存在严重老龄化的趋势,而随着社会转型和城市化进程的加快,以及人口迁移与流动的日益频繁,农村的留守老年人越来越多。农村人进城打工已经是一个极其普遍的现象,农村大量年轻的剩余劳动力开始走向城镇和沿海经济较发达的地区,但是由于城乡二元经济社会结构和家庭经济状况等多种因素的限制,这些外来务工人员很难全家迁移,因此催生了庞大的因子女外出务工而滞留在农村的留守老年人。有人总结出,中国的留守老年人一般是耕种的一代人,他们的子女外出打工时他们就要承担大量的耕种任务。从常州、扬州两地的状况来看,农村的留守老年人物质生活充裕而精神是孤独的。不只是农村劳动力大量外流,亲子之间的交流减少了,以往几代同堂的生活方式也发生改变,严重影响了留守老年人在精神慰藉方面的需求。因此从这一角度出发,农村应当尤其重视留守老年人的精神生活,针对他们准备特定的文体活动。

留守儿童也是农村中人数较多的一个群体,常州和扬州也不例外。同样由于农村剩余劳动力开始大规模地向城市转移,村民在自己进城落脚的同时,却无力解决孩子进城就读的问题,因此他们只能将孩子留在农村,并托付给其他人尤其是家中的老年人代为照看,最终形成了农民工父母与子女分隔两地的局面,这也导致了留守儿童的产生。留守儿童不得不与父母分开而和亲戚或祖辈共同居住,离开父母生活在某些方面对儿童的成长有消极影响。基于此,农村社区更应该针对留守儿童举办一些活动充实他们的闲暇生活。正如扬州某村定期举办的希望村塾活动一样,让身处偏僻农村的儿童也能够接收到现代化的教育。此外,针对留守儿童体育、艺术等方面的活动也应得到重视。

留守老年人和留守儿童往往都能够得到比较好的关照,而留守妇女却常被忽视,实际上,她们在村中也属于弱势群体。在中国农村社会里外出打工的村民中男性居多,这也导致农村留守妇女数量的增加,扬州的 C 村最为典型,因此也有妇女提出该村的离婚率较高。实际上,留守妇女的需求主要来源于家庭、亲属、邻居等,而社区内各种组织在这方面的服务有明显的不足。留守妇女也在社会支持网络中处于比较被动且弱势的地位,她们精神负担重,缺乏安全感,精神是空虚的,婚姻有危机,在子女教育上感到乏力等。这一群体在当前中国农村社会中人数较多,因此发展有助于改善留守妇女社会福利状况的社会工作,能够维持稳定的家庭和社区。农村社区应关照留守妇女的社会网络,以便为其提供更多的资源与服务,在留守妇女的社会支持网络方面,创建留守妇女互助、交流、合作的平台。① 从文体休闲的

---

① 李敏、刘梦:《留守妇女需求满足及社区服务模式构建——基于7省1市的调查》,《中华女子学院学报》,2014年第5期,第35—40页。

角度来看,留守妇女之间可以自发组织文化或文艺活动,社区可为其提供活动场所。不过农村妇女偏向于参加娱乐性强、文艺性强的活动,对室外活动场所的需求也比较大,农村社区也应给予更多关照。在此基础上,留守妇女之间的联系可以得到加强,也有助于更好地进行互助合作,填补她们精神上的空白。[①]

此外,还有不少特殊群体需要得到重点关照,如针对体弱或者残疾的群体,社区为其举办针对性的活动来充实他们的闲暇时光。"市场细分"是保证高覆盖率的重要举措,同样"服务细分"也是确保农村社区服务能够全面覆盖的重要途径。通过对留守农村的群体的细分,了解他们的生活方式,挖掘他们的需求,举办适合他们的文体休闲活动,这能够创建更加充满活力的农村社区。

从调查数据可以分析得出,村民的兴趣爱好十分单一,尽管他们也希望得到丰富的精神生活,但因为缺乏客观的认知,并不清楚自己可以得到什么以及如何丰富自身的文体休闲生活。作为一种普遍现象,在非农忙与非工作时间,跳健身舞和打牌是最为普遍的娱乐形式。当然,这种现象的产生要追溯到农村的生活形态中去。非节假日期间农村老年人居多,如果不聚集打牌,那么老年人就会聚在一起聊天,一年四季,他们在村口、门前、桥头等任何地方聊天,持续时间能够达到三个小时,从吃完早饭一直聊到回家烧饭,从睡完午觉一直聊到回家吃晚饭,除非有特殊的事由才会打破他们有规律的聊天生活。而聊天的内容都可以用"家长里短"这四个字来进行概括。尤其是一些老年人因为年老体弱,腿脚不便利,加之子女在外打工,就只能和邻居一起聊天。总体来看中国农村人的闲暇生活比较枯燥乏味,"有闲无趣"似乎是农村老年人长期的状态,他们干了一辈子的农活,到了养老的年龄却不知道如何打发时间。他们身体状况不佳,不宜长久地看电视、电脑和做运动,另一方面他们精神空虚,缺乏兴趣爱好。而合适的文体休闲活动是填补他们精神生活的重要方式。

与物质生活有很大的不同,农村老年人的精神生活具有较强的依他性,一些老年人完全能够依靠自己的力量来满足经济性的养老需求,但是在精神方面的需求却十分强烈,因为这些涉及亲情和友情等,而社区活动的丰富化有可能可以成为一种亲情的替代品来满足老年人的精神需求。尤其是在农村社会,老年人的社会交往、人际互动、精神生活、情感交流的空间都依托于社区,社区可以说是家庭之外老年人能够找到的、最重要的也是唯一的支持力量。因此,在家庭精神赡养较为匮乏的情况下,农村社区还应该从传播理念上进行改善,完善群体细分下的具体的传播对策,多样化的文体休闲活动往往是传播的载体。

文体休闲的生活可以称得上是一种精神生活,众所周知,物质生活与精神生活

[①]　吴惠芳,叶敬忠:《丈夫外出务工对农村留守妇女的心理影响分析》,《浙江大学学报(人文社会科学版)》,2010年第3期,第138—147页。

是人类生活的两大有机部分,精神生活是人类文化的核心部分。精神生活的质量能够衡量一个地区的精神文明程度。从国家层面上来看,改革开放以来,党和政府日益重视人民的精神生活,尤其是农民的精神生活。2011年,国家在农村精神文明工作意见中明确提出"新形势下农村精神文明建设工作"将是我党当今乃至今后一段时间工作的重中之重。既然无论是从哲学意义上来看,还是从国家政策层面来进行衡量,精神生活都对农村居民具有重要的意义,那么文体休闲作为精神文化的重要组成部分必然担任着重要的角色,由此看来,培育农民的兴趣爱好也是在社区服务中需要重点进行的传播工作。

由此可以看到,兴趣爱好对于农民而言具有举足轻重的作用,从操作层面来看,如何培育村民的兴趣以让他们更好地打发时间也是在社区传播中需要重点考虑的问题,不少村庄有大学生村干部为村民送书的活动,希望能够丰富他们的文化生活,也有一些村庄安排了各种文娱表演,以增加村民的参演机会。而对于培养村民的哪些兴趣、如何培养村民的兴趣,不妨参考城市社区的文体休闲活动主题,如运动、合唱、乐器、扇子舞、下棋、读书会等内容。不过可以肯定的是,村民的文化素养决定了这些服务内容操作的难度,因此,在培育村民兴趣之前,社区理念的教育是一个必经之路。对于许多电子技术、文化娱乐形式,大多数村民听说过,但是他们并不懂得如何操作,而教育他们如何使用新的产品,则可以通过完善农村的教育体系和知识培训开始,从而帮助他们了解新的世界。①

培养兴趣对农村的老年人尤其重要,一旦村民的兴趣丰富到不仅仅是健身舞和棋牌时,他们不再会因为闲着无聊而抱怨,也不会因此而感到孤独。在创造和培养村民兴趣的过程中,政府和非政府组织都发挥着重要的作用,政府承载着让民间活动合法化的职责,而民间组织则需要深入群众从而针对村民的实际情况举办活动。更进一步讲,培养农村居民的兴趣,让他们从"有闲无趣"到"有闲有趣",这其实是一个终极关怀,创造村民的精神家园也是农村文体休闲社区化服务中需要重点传播的理念。总体来看,文体休闲的社区传播更应该注重传播理念,即如何细分需求市场,如何丰富村民的需求,从而开阔村民的视野。

3. 突出传播主题:农村社区文化的品牌化建设

农村社区不像城市社区那样整齐划一,从空间的布局来看,比城市的社区少了明晰的边界,但每个村落都有无形的边界,因此建构社区精神显得更为困难。不同的是,农村社会天生具有熟人社会的特性,人与人之间的关系也是依托于地缘和血缘的关系,因此,基于这样的纽带关系来建设社区精神又有一定的优势。尽管农村社会正在不断地进行城镇化发展,但是金钱的背后依然是传统的小农经济思想,村

---

① 张浩:《农村居民娱乐方式的调查与研究——以豫东L县J镇为例》,《周口师范学院学报》,2014年第3期,第42—45页。

民往往把一个家族看成是一个根深蒂固的集体,却很难把整个村落看成是一个社区。

从文体休闲的角度来看,社区文化是社区精神的一个重要方面,社区精神与社区参与具有关联性。社区是聚居在一定地域中人群的生活共同体,相比于城市社区,农村的社区从外在来看是相对无序的,因此对社区精神的培育尤其重要。社区精神是指在一定的历史条件下,一定的社区成员在长期的社会实践过程中,在正确的价值观念体系的支配和滋养下,逐步形成和优化出来的一种社区仪式,它是社区成员自觉认同的价值观念、理想、信仰、意志、作风、行为规范的综合体现和集中反映。① 社区精神的形成与强化有多重功能,社区人员的参与能够凝聚社区、整合社区。由于这种精神建立在全体社区成员共同追求的目标和利益的基础上,所以它能使社区各种力量相互作用、相互吸引,从而形成一种向心集中、聚合、凝结的合力,即凝聚力。社区精神的整合功能集中地体现在价值观的整合上。我们知道,在一个社区里,人们的价值观念会有差异,不同的价值观念就会产生不同的价值取向,这就需要通过社区精神进行整合。

当然,社区精神是社区参与的前提,社区参与是社区居民作为社区管理的客体,更作为社区管理的主体,自觉自愿地参加社区各种活动或事务的决策、管理和运作的过程和行为。在本章节,认为这里的社区参与就是村民在闲暇生活中对文体休闲活动的社区参与,属于一种精神生活的补充。

如何提升村民的社区参与度也是本章在对策部分考虑的问题。本书认为,提升村民社区参与度首先要强化他们的社区参与理念。从调查结果来看,尽管常州市和扬州市都是经济发展较为迅速的地区,但这并不能改变其村民的小农思想,他们对集体活动漠不关心,缺乏集体意识。不过从社会交换论的角度来看,这并不奇怪,因此,强化村民的社区参与理念还要追溯到激发他们的社区参与动力中来。

当然,尽管农村社区看似一盘散沙,但是村民具有一种天然的凝聚力,这也是中国农村的特色所在。首先,农村社区的成员信任主要是基于人缘、地缘和血缘,非常注重"熟人"与"外人"的区别。在社区内,并不是任何人都能从特定的区域获得信息支持。其次,非正式制度在我国农村社区运转过程中也起着积极的作用,这些非正式制度包括道德、面子、关系契约、人情等,社会成员在沟通和往来的过程中本身就是附加着一定程度的情感成分。农村社区相对于城市社区的另一个优势还包括农村社区生存中十分依赖的社会关系网络,这种网络具有区域性,存在着一定的边界②,这些特征都使农村社区精神的建立成为可能。

社区的文体休闲文化建设能够丰富村民的精神文化生活,但是在现阶段这一

---

① 奚从清:《论社区精神》,《浙江大学学报(人文社会科学版)》,2002 年第 3 期,第 125—129 页。
② 胡礼文:《品牌认知与选择——基于农村社区的研究视角》,《江西社会科学》,2010 年第 3 期,第 228—231 页。

建设目标绝不仅是村民自娱自乐的手段,而是整合社区、建构社区精神的一个重要方面。社区文化精神的建构其实是试图建立一种社区内部的生活秩序,增强村民相互之间的交流与传播,通过文化精神的建立增强村民的集体感与归属感,增强凝聚力,达到和谐统一的局面。可以说,社区参与是一种超越自身和家庭的社区公共事务,属于社会行为,因此村民其实希望能够通过参与社区活动获取一定的利益,满足一定的精神需求,如果村民没有在社区参与过程中实现预期的价值,村民就会停止这种社区参与的行为。调查小组在访谈中听到的"一些文体休闲活动是要求村民参加的""放电影是被要求的,看的村民并不是很多",这些都充分体现一点,即这些活动尽管以人为本,但可能都不是村民需要的。所以尽管村民并不能明确地表达自己想要什么,但是从服务与传播的角度来看,去了解和总结村民所需与所想才能够真正地强化他们的社区参与度,从而建设农村的社区精神。社区精神的建立能够凝聚村民、塑造集体、整合社区及推动发展,是农村社区传播最为理想的状态。美国的城市社会学家帕克曾经说过,城市绝不仅仅是单个人的集合体,也不单单是社会设施如街道、建筑物、电灯、电车、电话等的聚合体,而是人类属性的产物。当然农村集体具有相似之处,也不仅仅是一种具有空间属性的集体,而是具有其内在精神的集合。文体休闲的丰富可能是建构社区精神的一种载体,在这样的传播载体中达到社区整合的作用。

总体来看,由于农村流动人口较多,人口老龄化严重,留守小孩和妇女也较多,因此他们的文体休闲活动形式也比较单一、枯燥。在充分了解村民需求的基础上完善文体休闲设施,并丰富文体休闲服务的形式,把握好政府组织与非政府组织的合作关系,并借鉴外地经验以完善农村的社区服务工作是十分重要的。此外,大多数村民由于个人的素养不高而缺乏个人的兴趣爱好,因此本书提出作为服务者,农村社区需要通过社区传播培育农村居民的兴趣爱好,丰富他们的闲暇生活。农村的家族观念严重,缺少一定的社区集体精神,对社区举办的活动常表现出漠不关心的态度,因此也需要通过农村社区服务的角度创造社区品牌,改变村民的认知,从事不关己的看客心态转变为积极参与社区活动的态度。另外,社区服务还包括建立起属于村庄的独特的传播机制,拥有一种核心的传播理念,并基于这种传播的理念积极做好公共环境的建设,共同创造属于村民的精神领土。

结　语　从管理到服务：
农村社区传播体系的转向与创新

综上所述,我们可以看到,已有的农村社区服务在内容方面涵盖了消费服务、健康服务、环境卫生服务、法律服务、养老服务、教育服务、文体休闲服务的方方面面。在建立农村社区服务中心的号召下,全国各地都在陆续完善其便民服务中心。坐落于每个村庄的社区服务中心为村民们提供了系统的一站式服务,并且有着高度统一的服务内容和服务模式,方便了村民的日常生活。依托社区,农村还有社区活动,社区活动是政府组织和非政府组织合作下的产物。由于农村人口的不断流动以及乡村的城镇化发展,农村留守人群增加的同时也提高了农村社区服务与传播的难度。目前农村的社区化服务还不够完善,农村居民的社区活动参与度不高,社会服务保障等方面还存在很多缺陷。

随着新农村建设的提出与发展,传统的农村社会管理方式已经不能适应当今的农村社区需求。因此,研究农村社区化服务机制,探索以村民需求为导向的社区化服务模式也许能够解决目前农村社区服务的困难。从社区服务机构到社区服务内容再到村民本身,都离不开传播系统,社区传播是一个体系的血脉,是连接农村社区与村民的纽带。

一、农村社区化服务的现实困境

从前面的八章关于村民的调查可以得出以下几个普遍存在的问题。首先,农村人口不断外流,留守村民的比例不断增加,家庭里角色缺位,留守问题日渐凸显。其次,尽管农村经济水平已有所提升,但村民的生活理念似乎跟不上经济的发展,在消费、养老、环境、金融方面都存在脱节。再次,从物理空间上来看,村民被整合在一个集体中,但他们对社区活动表现出不参与、不批判的态度,这一问题尤其体现在教育学习、文体休闲等精神生活层面。最后,在农村社区传播体系中,信息不对称的现象十分严重,这也带来了传播断裂的问题,传播断裂的问题不仅仅源自于传播渠道的单一,还来源于村民对信息的误读。

1.留守村民缺乏精神慰藉

理想化的农村社区服务应当全面涵盖消费服务、法治服务、健康服务、环境卫生服务、金融服务、教育服务、文体休闲服务等各个方面。同时,针对留守村民和外出求学人员、务工人员也应有针对性的社区传播举措。然而,实际情况与理想化的服务状况并不完全相同,一方面农村资金有限,另一方面城市化过程中留守村民日渐增多,这使社区服务难度更大。

近几年来,我国老龄化问题越来越严重。有学者提出,我国人口老龄化存在未富先老、未备而老和孤独终老的问题。2006 年,全国老龄办发布了中国人口老龄化发展趋势预测研究报告。报告还提出,人口老龄化将伴随 21 世纪始终,其中2030 年到 2050 年是中国人口老龄化最为严峻的时期,因此,这也会带来十分沉重的压力。① 从调查地的情况来看,空巢老年人在经济方面并无特别的烦恼,他们严重缺乏精神上的照顾,空巢老年人几乎处于自我养老的状态②。此外,值得注意的还有留守儿童,他们也长期缺乏精神支撑。留守儿童多与老年人共同生活,而他们的父母不在场。童年的经历对儿童的成长至关重要,因此,每个村都十分关注这一群体。在一些较偏僻的农村地区,还会有志愿者自愿支教,这无疑是关照农村留守儿童的重要行动,但问题是,这类公益活动的可持续性有待商榷。因此,在留守儿童的教育服务中还存在一定的空白。

相较于留守老年人和留守儿童,留守妇女常被忽视,农村留守妇女是指丈夫长期进城务工、经商或从事其他生产经营活动,自己则留居农村的已婚妇女。实际上,农村里的男性青壮年大多数都外出打工了,因此留守妇女的人口比例一直居高不下。留守妇女承担着家庭的重责,被迫扮演着"顶梁柱"的角色。在留守妇女问题的研究中,"男出女守"的角色分工对农村婚姻与家庭的冲击不容忽视。夫妻共享的时间减少、夫妻城市化水平的差异逐步扩大、夫妻异质性的增强等都可能导致留守家庭离婚率的上升。③ 基于这些问题,农村社区已意识到普法的重要性,并定期举办普法讲座。

总体来看,老年人、妇女和儿童都是农村社区中的弱势群体。在针对这几大群体的社区传播中存在以下问题:首先,管理者与传播者要进一步了解老年人、留守妇女和儿童的真实所需。其次,想要填补他们的精神空白还需要创造他们的需求。最后,还要建设针对不同群体的传播体系。

2. 生活方式落后

价值观是人们对价值的根本看法,是人们对客观事物的意义或价值的一种相对稳定的深层认知,是指人们关于各种价值标准和以基本评价标准为核心的基本

---

① 穆光宗,张团:《我国人口老龄化的发展趋势及其战略应对》,《华中师范大学学报(人文社会科学版)》,2011 年第 5 期,第 29—36 页。

② 吴佩芬:《人口老龄化趋势下我国农村"空巢老年人"养老困境及化解》,《社会工作》,2012 年第 8 期,第 40—43 页。

③ 朱海忠:《农村留守妇女问题研究述评》,《妇女研究论丛》,2008 年第 1 期,第 81—85 页。

价值信念、理想的观念系统。① 价值观是指导人们行动的指南，生活理念是其中一个重要的部分。农村社区服务之所以困境重重，生活方式滞后是其中一个重要原因，消费观念、健康养老观念、金融观念、卫生环境观念都与管理计划有一定的距离，可见未来的社区传播还承载着培育观念的重任。

从调查地的农村经济状况来看，村民的生活水平已经较高。尽管如此，村民们还是常把价格作为唯一考量的因素，对于产品的真实质量缺乏判断力。比如，年轻的村民热衷于网购，但是多数村民曾接触到有关网购以及网络诈骗的负面新闻，加之他们的网络使用能力极其有限，因此对网购也十分不信任。另外，多数村民不能接受花钱买服务或其他非物质产品的行为，他们眼中的产品是"看得见、摸得着"的。需要提出的是，经济基础的提高带来的却是村民更大的人情消费压力，隔三岔五的红白喜事耗费了他们的积蓄。在村民心中，人情、面子第一，第二才是自己的生活。由此可见，经济水平提升的同时，村民真实的生活水平还有待提高，这就需要从消费理念上入手。

乡村管理者也十分重视农村人口老龄化的问题，因此，特别重视农村老年人的健康与养老问题。但老年人尤其信任从报纸、电视、网络上看到的养生信息，他们还对邻里之间的建议深信不疑。而这些信息往往不够权威，甚至会对老年人的身体造成伤害。其实，村民们需要有一个更为权威的健康引导机制，帮助他们树立正确的健康养生观念。除此之外，"养儿防老"的理念在农村已经根深蒂固，不少村民缺乏获得社会保障的意识和养老市场化的意识。换言之，他们不清楚农村养老的福利政策，他们期待农村提高医疗团队水平，期待农村提供养老服务中心，但无法接受通过消费购买养老服务的机制。村民的经济理念也比较保守，相较于其他关键词，"金融"一词一直比较敏感，村民也不愿坦言之。尤其是在老年人眼里，银行与他们相去甚远。不过关于农业银行贷款的信息倒是随处可见，多数村民认为这与他们没有任何关系，他们对提前消费都表现出排斥的态度。在环境卫生方面，理想与现实也严重脱节。以往农村的垃圾处理都需要亲力亲为，因为缺少统一的回收点，所以"脏乱差"成常态。现如今，每个村都有好几处垃圾回收点，有些地区还对其分类。然而，村民对垃圾分类的理解仅仅停留在能够回收卖钱和不能回收卖钱上。在秸秆禁燃方面，村民也仅因为害怕被罚款才配合工作，可见环境卫生理念并没有深入人心。

由此可见，经济水平不断提升的同时，先进的价值观还没有植入到村民的生活中去。村民不信任互联网的消费，金融负面新闻有可能会放大他们的风险认知。他们有着十分传统的家庭观念，因此在医疗、健康、养老方面也存在很多顾虑。简

---

① 张文树，练庆伟：《冲突与重塑：新时期农村青年价值观建设的实证分析》，《青年探索》，2007年第1期，第11—13页。

言之,村民的生活方式与价值观念较为落后,但价值观的进步并不能一蹴而就,它需要在村民的日常生活中潜移默化地养成,许多农村工作难以执行是因为村民不能够一下接受先进的价值观念。所以,目前农村社区建设的根本问题在于价值观的传播,这需要社区传播体系长期的引导。

3. 社区活动参与度低

社区参与就是社区居民和组织以各种方式或手段直接或间接介入社区治理或社区发展的行为和过程。社区参与其实是社区内成员的一种人际交往行为,社区居民的参与意识是社区规范与文化传统长期积累的结果。① 社区参与的形式主要为社区集体活动和事务,包括学习教育、文化休闲、纠纷调解等各个方面。

近年来,随着学习型社会的发展,学习成为当今社会化过程中一个十分普遍的理念。以教育为主题的社区活动层出不穷。组织者认为由上级所组织的社区教育能够提高社区全体成员的素质和生活质量,同时也能够加快社区的发展。他们策划了一套比较完善的教育活动计划,这些活动包括思想道德、农业科技、生活常识、科学文化、专业技能等方面。

在管理者眼中,理想化的社区活动应该是一呼百应,村民积极踊跃地参与其中,不过这在农村中并不可行。对于一些官方的社区活动,村民缺乏兴趣,即使在场,也是抱着迫不得已的心态,这一心态尤其体现在社区教育、法律知识普及等方面。在村民眼中,法律跟"打官司"直接挂钩,他们认为这离自己的生活很遥远,一点小事不可能动用法律。殊不知,法律对他们合法权益的保护至关重要。在社区教育方面,农村的培训活动已基本做到了因地制宜,如调查地根据当地特点邀请专家做水产养殖、蔬菜培育的培训。管理者一般会根据当地实际情况邀请专业人士开展讲座,但大多数村民都无心参与。

除此之外,村里都有已经落地的农家书屋,书屋内配备图书、报刊、音像制品和电子出版物,目的就是希望不常外出的村民也能够到农家书屋免费读书看报、学习交流。不过从实际来看,农家书屋人烟稀少,在看书学习方面,村民的积极性明显比较低。学习与娱乐同是属于精神生活,管理者也尝试组织一些娱乐活动,为文体爱好者创造表现的机会。出乎意料的是,村民同样不以为然。村民认为如果要打牌,热爱棋牌的人自然会自己组织,并且他们有长期的玩伴,彼此熟悉,何必参加村里的比赛。农民喜爱热闹,但他们只热爱围观式的热闹,参与意味着责任和限制,因此,他们多表现出不关心、不介入的态度。这一问题的缘由可能来自三个方面。首先,管理者不了解村民的实际需求,这还需要从活动细分的角度去深入了解每一个村民的需要,把握村民真正的学习和娱乐兴趣。其次,村民缺乏集体意识和社区精神,他们的目光尚停留在自给自足的小农思想上。因此,他们对大多事情都表现

---

① 张克中、贺雪峰:《社区参与、集体行动与新农村建设》,《经济学家》,2008年第1期,第32—39页。

出事不关己的态度。再次,社区活动的组织、策划和传播还缺乏吸引力,传播的方式、内容缺乏创新。

4.信息传播不对称

农村信息传播不对称导致村民不能有效地获取信息,进而影响整个社区的活跃程度。其实,这一问题的发生主要源自于两个方面。从外部原因来看,大众传播渠道不够丰富,已有的传播方式不能全面覆盖整个农村。从内部原因来看,传播者以及村民本身的媒介素养有待提高。除此之外,基于差序格局的人际传播网络也不能保证内部信息传播的均衡①。

在乡村精英看来,他们有着承担传播责任的自觉意识。作为村民的当家人,他们却更多地扮演着政治人的角色。作为基层干部,他们代表着国家,肩负着从上级下达信息的责任。譬如,要完成经济增长达到某个数值的硬指标,以及文化下乡、健康保障等方面的软指标,对他们而言完成这些指标是工作的首要任务②。作为传播者,他们将上级的文件进行复制和扩散,当信息在海报栏、宣传单上散播开来的时候,不同的村民可能会有不同的解读,误读也由此产生。

村民的媒介素养参差不齐,已有的传播方式并不能保证信息的全部传达。在他们眼中,乡村精英代表着国家,他们传播的消息具有政治色彩。有一些官方的话语不被村民接收,他们就会先入为主地保持自己已有的立场。农村隐含的矛盾就是群众与村干部的对立关系,当村民不能准确理解乡村精英传达的信息时,乡村精英常会抱怨村民媒介素养低下,这加大了工作的难度。当村干部不了解村民的真实想法,村民也会抱怨他们的工作不切实际。这一矛盾本质上是因传播者和被传播者之间有沟通障碍而产生的。

近年来,随着农村自然村的合并,以及集中居住政策的普遍实行,行政村的面积越来越大,人口也越来越多,村民与农村精英的交集也少之又少。传播的断裂更多地出现在组织传播的最后一个环节:一方面,传播的主体没有动力;另一方面,不少青壮年村民不在场,这样的角色缺失,也成为传播无法通达的因素。③

信息失衡的总体缘由在于组织链内部的传播断裂。宏观上来讲,传播的要素不完整,不仅传播者过少,而且被传播者也时常缺位。微观上来看,真实的信息不被村民所了解,传播者无暇针对每项信息都做二次解读,更是不可能有创新地传播。因此,村民容易误解或者扭曲其真实的含义,加之在这一传播体系中尚缺少回馈机制,因而传播问题越来越严重。传播的困境还会带来更为严峻的问题,即村民与乡村精英之间的矛盾,他们可能会相互抱怨,甚至彼此对立,从而引发更多的社

---

① 刘玉花,张丽,王德海:《农村市场信息失衡分析与对策分析——吉林省Z社区养殖市场信息传播状况调查及启示》,《农村经济》,2008年第5期,第104—108页。
② 孙秀林:《村庄民主、村干部角色及其行为模式》,《社会》,2009年第1期,第66—88页。
③ 郑欣,王英:《农村普法的传播渠道研究》,《当代传播(汉文版)》,2013年第5期,第84—87页。

会问题。由此可见,传播链的通畅是达到信息平衡的必要条件,也是构建和谐农村社区的重要路径。

二、精英话语、家庭传播与传播媒介:农村社区传播的主要类型

前文已经总结提出了农村社区管理与服务的困境,其实不少问题都与传播有着不可分割的联系。不少社区服务问题都与传播有关,从传播学的角度来看,当前农村社区系统中存在三种重要的传播类型:精英层面的话语、家庭内的传播、传播媒介的使用。在乡村社会,精英话语具有一定的权威性,作为国家代理人,他们属于农村的意见领袖,在社区传播中举足轻重。在社区管理过程中家庭是一个单元,家庭内的代际传播易被忽视,代际的有效传播其实可以提高社区传播的效率。此外,多样化的媒介是伴随着农村的现代化发展而产生的,经济较发达的地区已经有了建设社会化媒介系统的萌芽,丰富的媒介工具有助于全方位地达成社区传播的效果,因此社区传播中的媒介系统建设值得引起学者的关注。

1. 精英话语:意见领袖的信息传达

农村的意见领袖一般被称为村能人,拉扎斯菲尔德把意见领袖定义为某一群体或组织中接触媒介最多的人。基于这一概念,意见领袖首先是消息灵通的人,他比别人更及时、更高效地接收来自传媒的信息,并具有较大的信息拥有量[①]。农村的意见领袖文化程度相对较高,同时具有较高的社会地位、较丰富的经济资本、较宽的人脉关系以及较大的活动范围。

意见领袖担负着重要的责任,他们是受传者、传播者,还是把关人。作为受传者,意见领袖参与上级的会议,接收上级下达的文件。此外,在一件事情完成之后他们还需要接受上级对他们的工作检验。可见,意见领袖承担着压力,肩负着重责。与一般的受众不同,意见领袖在接收信息的时候比较主动,并且还会积极寻找相关的信息。作为传播者,意见领袖还充当着二传手的角色,他们要把得到的信息再次传播出去。作为信息的把关人,他们接收到信息之后并不是直接传播和扩散,他们首先会有选择地进行扩散。其次,他们还会对一些信息进行加工后再扩散。

意见领袖属于乡村精英,除村干部和具有较强经济实力的村民之外,还有从外流入的大学生村干部、志愿者等。其实,在村民眼中,乡村精英就是指村干部,村干部就是为政府做事,这种想法根深蒂固。[②] 在新农村的建设中,政府的职能角色已经逐步从管理者走向服务者。"党政型"农村精英是新中国成立之后中国共产党整合农村社会的产物,这在很大程度上整合了当年一盘散沙的农村。改革开放以后,经济发展引导下的农村开始出现了转变,经济型的乡村精英和党政型的乡村精英

---

① 彭光芒:《农村社区意见领袖在科技传播中的作用》,《科技进步与对策》,2002 年第 7 期,第 104—105 页。
② 蒋旭峰:《抗争与合作:乡村治理中的传播模式》,浙江大学出版社 2011 年版,第 164 页。

趋于一体。当前村委会在服务理念的引导下,已经开始意识到合作主义的重要性。在国家、农村精英、农村社会的三方关系模式中,农村精英其实是第三方群体,只不过他们被赋予了支配农村社会的合法性①。

当乡村精英注入了经济能人、文化能人、年轻人的力量,乡村的管理者已经不仅仅是村委会成员这么单一,同时管理理念也从管理逐渐向治理转变。虽然现阶段农村社区已经逐步形成了国家、市场及社会多元力量的共治局面,但发展并不均衡。从调查两地来看,当前社区管理体制的建设是基于当前农村社区发展的现状、现代社会发展及国家治理目标的现实选择,它意味着国家和公民社会关系的重新调整,也意味着政府从管理型模式开始转向管理与服务型相结合的模式。新型的社区管理体制模式是对传统农村社区管理体制的超越,是推动传统社区管理向现代社区治理的转化过程。精英话语有一定的权威性,它在传统农村社会管理中就已经举足轻重,村民对农村精英的话深信不疑,它是社区传播中的重要源头。在农村社区,传播转向服务视角的同时,精英话语可能会成为社区传播发展过程中的最主要的传播者,能够连接新旧传播体系,使村民逐渐接受和适应新的服务型社区传播体系。

2.代际传播:基于亲子互动的信息传递

社区传播的管理者更倾向于把家庭作为一个传播单位,在传统的农村社会中传播一般传达至一个家庭而非个体。因为,在一个家庭中,只要有一名成员知晓某件事情,传播就已经完成。但当前农村家庭普遍存在角色缺位现象,家庭成员不可能常年共处一室,因此,这样传统的社区传播方式可能不适合当前新的农村人口结构。因此,家庭内部的传播也需纳入到新的社区传播体系中来。文化反哺作为一种反向传播的形式,恰恰给予我们在社区传播体系建构中的启示。

传统时代的亲子互动依然停留在家长制的层面,现如今,这样的亲子传承早已被打破,可以说“反向社会化”的现象越来越引起社会各界的关注。其实,米德从文化传递的角度提出的三种方式在当今家庭传播中都存在,即作为晚辈向长辈学习的前喻文化、同辈向同辈学习的并喻文化以及年长者向年轻人学习的后喻文化②。当农村人口流进城市,老年人成为农村家庭的主体成员,后喻文化显得更为重要。

事实上,这是一种文化反哺的行为,这一行为在农村已经十分常见。文化反哺多出现在亲子之间,尤其在有流动人口的家庭中,这一现象更为显著。同时,从内容上来看,文化反哺涉猎广泛,包括从价值观的选择,到生活态度的认定甚至到社会行为模式的养成。之所以文化反哺现象如此普遍,是因为年幼者具备对新事物

---

① 付建军:《精英下乡:现代国家整合农村社会的路径回归:以大学生村干部为例》,《青年研究》,2010年第3期,第13—23页。

② 戚务念:《文化反哺的辩证解读:大学生家庭中的亲子互动》,《甘肃行政学院学报》,2010年第5期,第82—90页。

的接受能力。① 文化反哺的出现有两种情况,一方面是由于地理迁徙而产生的旧文化的断裂和新文化的出现,另一方面还包括社会文化急剧变迁的原因,这使得年长一代的知识略显陈旧,而年轻一代能够向长辈们提供新的信息和新的生活样式。

农村家庭传播中的亲子互动与文化反哺跟家庭结构密切相关,当前有两种最为典型的家庭成员构成。第一种为家中有青壮年外出打工的家庭,即农民工家庭,农民工每年返乡会带来新鲜事物,因此农村不仅是流出地,也是流入地,每一次的流入和流出对于农村社区而言都是一次"迭代"的过程。第二种为家中有在外地上学的大学生的家庭,随着教育化程度的加深,这种家庭组合也是农村的常态。大学生是文化的代表者,他们对新鲜事物的反哺更能被家庭吸纳,甚至在农村具有一定的权威。当老年人对信息理解困难的时候,他们更愿意向子女提问,子女再对其进行反馈。此外,农村中老年人的媒介素养提升在很大程度上依赖于他们的子女。如一些村民之所以会使用微信等交流软件,是因为受到子女的影响,同时他们也希望通过这一类新媒体平台与子女取得更多的联系,缩小代沟。

乡村社会具有较强的家族观念,社区传播的传播单位也是家庭或家族。代际传播是社区传播的子系统,其家庭内部的互动是维持农村社区活力的重要因素,年轻人主动传播信息与新知识更能提高社区传播的传播广度,因此,亲子之间信息流动的通达关乎整个社区传播的效率。

3.传播媒介:作为农村社区传播的载体

媒介是勾连传播者与被传播者的工具,也是社区讯息的载体。乡村社区传播中的媒介使用依然相对传统,通过前面八章的内容可以看出,村民最常使用的是电视、手机,管理者最常用的传播渠道是宣传单、海报、横幅、电话、广播。当现在谈论大众传播媒介的时候,媒介已经深深地嵌入到了乡村的社会生活中。尽管看到了社会化媒介的萌芽,但是农村依然存在电视独大的局面。看电视仍然是村民日常的娱乐行为,也是他们获取新闻和生活常识的重要途径。除电视、广播以外,横幅、宣传单和海报也是目前农村普遍使用的一种媒介。宣传单这类媒介所承载的内容多为直接传达的政府文件,并且多会受到村民的重视。尽管这类媒介较为传统,但是在农村随处可见,也营造了一种氛围,简洁的口号家喻户晓,为后期的工作进展打下了基础。

农村新媒体的普及率高,但是针对新媒体的社区传播却相对较少。据2010年4月中国互联网络信息中心发布的《2009年中国农村互联网发展状况调查报告》数据显示,截至2009年年底,中国农村网民达到10681万人,年增长2220万人;其中农村手机上网用户约为7891万人,农村手机上网用户规模年增长3000多万人。

---

① 周晓虹:《文化反哺:变迁社会中对亲子传承》,《社会学研究》,2000年第2期,第51—66页。

由此可见,手机成为农民上网的主要媒介之一。① 从调查两地来看,手机普及率更高,手机几乎维系着村民的人际关系。他们通过手机与远方的家人通话,也通过手机与邻里联系。可以说,手机一定程度上强化了村民之间已有的关系。作为农村社区的管理者,村委会已经意识到手机的重要性,一些乡村早已建立起其短信系统,通过发短信的方式告知信息。实际上,到目前为止,村民的微信使用率也已经较高,若以家庭为单位,每个家庭中至少会有一人使用微信。而这一社会化媒介作为社区传播的新型渠道,并没有得到利用。其实,手机不仅仅是一个通话的工具,它还是一个移动网络,因此如此高的手机普及率恰好为未来的农村社区传播建设提供了契机。

当然,单方面去创造先进的媒介体系不切实际,重要的问题还在于进一步提升村民的媒介素养,只有这样,传播媒介的渠道才有拓展的空间。媒介是连接人与人之间的纽带。首先,依托媒介可以实现管理功能,媒介在社区服务中是管理机制的一个重要组成部分。其次,传播具有教育和娱乐功能,通过信息的传递和彼此的沟通能够加强社区成员之间的联系,达到整合农村社区的理想效果。不过,信息的传递就像新闻一样,具有时效性。因此,在以内容为王的时代下,传播内容的更新换代能够维持农村社区传播的有效持续性。

总之,精英话语的传承可能会继续作为传统农村社区的主要传播方式,这一传播模式适合当前农村社会的实际状况。其次,家庭内部的代际传播可以填补往常社区传播的空白,弥补农村人口流动较多、家庭成员缺位引起的问题,扩大农村社区传播的范围。最后,媒介作为不断更新换代的传播工具自然是社区传播的重要载体,未来的农村社区传播体系也离不开传统媒体以及社会化媒体的支持。

三、传播支持系统的提出:一个农村社区化服务的创新路径

社会支持系统一般由主体、客体和内容三个要素构成。主体是社会支持的施者,即国家、企业、社团和个人。客体即社会支持的受者,就国内已有的研究来看,大多数学者将社会支持的客体界定为社会的弱势群体。社会支持的内容,就是连接社会支持主体与客体的纽带。具体而言,社会支持的内容可以分为物质性的支持、情绪性的支持、尊重性的支持、信息性的支持和同伴性支持这几种②。从支持者到受支持者,他们之间离不开传播系统的支撑,因而传播如何支持显得十分重要。本章将提出传播支持系统这一概念,以此出发尝试建设一种农村社区化服务的创新体系。

1.传播支持系统:农村社区传播的重要环节

每一个农村社区就像是一个小型的社会,社区与社区的相互连接组成了大社

① 中国互联网络信息中心 2009 年中国农村互联网发展状况调查报告。
② 赵立新:《社区服务型居家养老的社会支持系统研究》,《人口学刊》,2009 年第 6 期,第 41—46 页。

会。社会是作为系统而存在,包括主体,主体的实践活动,物质、技术、科学、文化条件,社会客体。要使这些要素之间能够紧密连接,主客体之间的关系就要建立起来。系统之所以成为系统,不仅因为系统具有许多要素,还因为各要素之间具有一定的关系。没有关系存在,各要素只能机械地集合,不能形成整体性的行为和功能。通过人和传播,各种关系才能组合成纵横交织的社会关系网络。①

社会支持是一种外在的形式,它可以使人们在社会联系中放松精神、获得情感以及提高适应能力。社区支持系统是更小的社会单元,它以社区为基本单位,理想化的社区支持系统应该具有比较完善的分工。其一为社区支持系统的服务者,在本书中,服务者也包括了村委会成员、农村经济能人、文艺能人等。其二为社区支持系统的接收者,也就是村民。村民并不是一个整体,他们之间存在阶层差异。但从关照弱势群体的角度来讲,留守老年人、留守儿童、留守妇女需重点得到关照。农村社区其实是一种社会空间,在布迪厄看来,贯穿于社会场域和行动者的动力学原则,就是行动者个人和群体之间的权力关系,而这种权力关系始终是通过不同的场域中客观存在的资本力量的相互关系和这些场域中各个群体间的象征性权力关系而表现出来的②。从这一角度来看,政府组织正在经历管理型政府到服务型政府的转变。这表明,权力的中心正在下移,社区服务的意义就在于群众开始具有参与社区管理的资格。

传统理念中,服务通常被看作是一种物品,而现在农村社区服务作为一种公共产品得到关照。这些服务包括教育、医疗卫生、保障、文化、安全、设施等各个方面。在多元投入主体论的引导下,农村社区服务的供给主体应该是多元的。国家政府、社区居民、市场、非营利性组织和非政府组织应该都是社区服务供给的参与者。当然公共服务包括了提供和生产,村政部门是公共服务的提供者,随着合作主义的兴起,农村也开始逐渐出现非政府组织生产服务的现象。可以说这一重大转型是农村社区服务体系的创新。

传播支持系统是支撑每一个社区体系的血脉,它包含了社会系统的各种要素,如传播者、接受者、传播内容、传播渠道以及最终形成的关系。有学者提出乡村传播学这一概念,认为乡村传播是对发生在乡村社会内部、乡村社会与外部社会之间的传播现象的总称。这包括对传播关系的建构和传播过程的描述。乡村传播的范畴包括乡村社会的传播类型、传播模式、传播效果、传播文化、传播者、受众以及与乡村社会发生信息交流的传播活动类型等③。

从组织传播的角度来看,农村的传播模式有两大类,一种是政府主导的基层信息传播模式,这种传播模式一般是一种线性的模式,政府部门首先获得信息之后,

---

① 吴元:《社会系统论》,上海人民出版社 1993 年版,第 24—40 页。
② 高宣扬:《布迪厄的社会理论》,同济大学出版社 2004 年版,第 136—141 页。
③ 李红艳:《乡村传播学》,北京大学出版社 2010 年版,第 5—6 页。

通过其服务点、信息员传达给农户。这尽管保证了一定的信息到达率,但是缺乏信息的反馈渠道。这是一种干预式的信息传播模式,并没有考虑到村民的需求和接受信息的能力。此外,还有一种是社区参与的基层信息传播模式,这一模式中村民的需求与反馈会被接受,传播者根据村民的意见对传播内容、方式进行调整,以达到更好的传播效果。尽管第二种传播结构增加了村民的参与度,但目前渠道单一,多依赖于人际传播。

从媒介系统依赖的视角看,在目前的传播环境里面,媒介之间都是相互关联的。个人、媒介与社会之间具有系统的关系。首先,大众传媒是社会中不可或缺的信息系统。其次,个人是健全社会的必要组成部分。最后,依赖性是一种关系。在这一关系中,一个社会成员需求的满足和目标的达到取决于其他社会成员拥有的资源①。可见,村民媒介素养和信息资本的提升能够更好地满足他们的需求。新媒体不断向农村扩张,这使现实社区向虚拟社区的延伸成为可能。一般意义上的现实社区,主要指现实生活中的生活社区。这不仅是一种地域性的概念,还是群体性的概念。农村社区首先是依托于空间的划分而形成的,在特定空间内人群便由此产生,但他们彼此之间还缺乏一种社区精神,这是导致不少活动难以发起的重要原因。理想的社区建设应该有一套完整的社区支持系统,包括虚拟社区的建设。传播支持系统作为社会整体系统的重要组成部分无疑是社区服务中的重要组成部分。

社区传播系统能够建构村民的乡村精神共同体,随着人口的不断流动,乡村社区普遍出现了精神的不安和文化的焦虑。从国家与乡村社会的关系变迁中可以发现,管理者过度强调对农村社区的建设,缺乏自下而上的沟通。传播支持系统的重新建设能创造反馈互动的机会,并形成多元的关系组合,减少边缘人群的出现,从而增强社区的活力和凝聚力。总之,建立社区传播系统是农村社区不断现代化的一种方式,它能够实现传播主客体之间的多元交流,以达到增强社区村民的归属感,形成社区文化认同,增强社区凝聚力的效果。

2.从转向到创新:传播支持系统的建构理念

建立传播支持系统是完善农村社区化服务的一个途径。建立这一体系首先需要在理念上形成转变,即政府职能不再仅仅是管理,而是包含了治理和服务。换句话说,在传播支持系统中,村民的主体性会得到更大的体现。其次,服务主体需实现多元化和专业化,并充分利用农村地区熟人社会的特性,将这一优势最大化,完善村民之间的互动和沟通。当然,媒介现代化不容忽视,互联网如此普及,建立社会化的媒介平台能更好地提高组织化程度。

①　鲍尔·洛基奇,郑朱泳,王斌:《从"媒介系统依赖"到"传播机体"——"媒介系统依赖论"发展回顾及新概念》,《国际新闻界》,2004 年第 2 期,第 9—12 页。

其一,从管理到服务:社区传播者的理念转变。

理想化的农村社区应该具有几个特征。首先,农村社区应该是区别于城市社区的,不同的农村社区彼此之间存在差别。其次,理想化的农村社区应该是一个具有比较健全的公共服务设施和服务机构,以及比较完善的整合人际关系的社会服务体系。同时,应该也有比较好的公共社区道路、公共图书馆、邮局、文化活动中心、学校、体育活动中心、卫生保健机构、社会工作机构①。

社区服务区别于社区管理和社区治理,特别强调村民是被服务的对象这一身份。社区服务是在政府的指导和扶持下,开发和利用社区内资源,发动和组织社区内成员,开展各种福利服务和便民服务,以不断满足人们的物质生活和精神生活的需求,提高人的素质,促进社会的进步与发展。社区管理强调自上而下的规则和制度,社区治理强调村民自身参与管理的特征,而社区服务则强调多主体为民服务。社区服务首先是社区的福利服务,具体来说一般指在社会活动中,由社会公共组织和志愿者组织为弱势群体,包括儿童、老年人、残疾人、贫困家庭等,提供的非营利性产品和服务,其次是社会公益性的服务。此外,还包括社区的商业化服务,这一模式在城市社区服务中已经成熟,而农村社区服务市场还有待挖掘②。

社区服务体制的建设是基于当前农村社区发展的现状、现代社会发展及国家治理目标的现实选择。它意味着国家和公民社会关系的重新调整,政府从管理型机构开始转向管理与服务型相结合的模式。新型的社区管理模式是对传统农村社区管理体制的超越,是推动传统社区管理向现代社区治理转变的力量。

其二,国家与民间:利用多元化的传播组织。

每个乡村都有其社区服务中心,国家的信息一般都通过这一中心机构下达。上文提到,当前农村传播者的几种类型,即村委会、经济能人、文化能人、大学生。实际上,传播组织还有待丰富。

在已有的调查中,我们发现,几乎每个乡村都有经济能人。作为经济能人,他们肩负着重任,在公益项目中,每当涉及经济问题,他们需要第一个出手援助。文艺能人也是一个公益性的角色,他们志愿组织活动,排练节目,集体娱乐。相比之下,大学生返乡群体常被忽视。其实,返乡人群对农村社区的创新建设十分重要。这一类人群包括大学生村干部、大学生创业、返乡打工者。返乡人群中的精英作为农村发展的带头人,能够直接推动新农村建设。乡村外出精英阅历丰富,视野开阔,具有经济实力和文化资本,能够为乡村发展发挥建设性的作用。跟普通的村民相比,农村返乡精英具有更强的社区建设和参与意识。他们从城市返乡,在回归乡土之后投资、创业、参与乡村治理,具有更大的优势。

---

① 张兴杰:《农村社区建设与管理研究》,华南理工大学出版社 2007 年版,第 1—2 页。
② 王健:《社区服务社会化体系建设研究》,巴蜀书社 2008 年版,第 60、110、111 页。

除此之外,城市社区的服务模式值得借鉴。我们知道城市社区的服务已经走向市场化,如养老、健康、学习、娱乐等方面都有其兴趣组织,社区居民参与其中,乐在其中。而这些服务都不是政府部门亲力亲为,而是在与非政府公益组织和商业组织合作主义下的产物。因此,在社区传播支持系统的建设中,应引进非政府组织,加强财政支持力度,放宽法律方面的认可,从而吸引非政府组织的合作。

其三,交流与协商:基于熟人社会的互动机制。

社区参与突显了社区中国家与社会关系的变化。社区参与是社区成员自觉参加社区活动的过程,这是一种公众参与行为。社区居民及其组织参与社区事务和活动已变得越来越重要,它是社区组织和社区发展工作的基本原则和方法,是社区规划赖以形成和实现的重要前提和基础。那些体现社区居民共同利益的项目,能够更大程度地调动村民参与社区建设、调动社区各类组织参与社区建设。

社区参与的积极意味着社区内部互动的丰富,而互动决定着一个社区的活力。相较于城市社区,农村的熟人社会特质其实降低了这种互动的难度,同时熟人社会更是为建设社区精神共同体创造了一个捷径。熟人社会是对农村社区性质的整体概括,作为熟人社会的农村社区,具有丰富的结构性社会资本与认知性社会资本,包括共同信念、规范、惯例、习俗等。① 费孝通在解释中国人的社会关系时,将中国人的社会关系比喻为以己为中心,投入水中的石子所形成的波纹,愈推愈远,也愈推愈薄。② 其实作为农村特有的一种社区秩序,差序格局这一属性恰好能够成为管理者在社区传播建设中的一个优势。将农村秩序的特点利用在社区的传播建设中也许能够完善当前农村社区化服务的体系。

其四,新媒体重塑:未来的农村社区传播。

从农村常见的宣传方式来看,他们常使用的传播方式包括手机短信、广播、宣传单、宣传栏、电话,其中对于宣传单和宣传栏的使用最为广泛。可见其传播渠道尚有完善的空间。随着互联网的普及,一些社会化媒介平台可以建立起来,如微信群等。尽管目前有一些村庄已经建立起微信群,但其使用者都是管理者,并没有普及到村民中去。新媒体在农村发展迅速,由此引发社会变革的力量也逐渐在农村呈现。新媒体不仅为农民日常生活增添了新的内容,而且还打破了农民社会交往空间的阻隔,极大地延伸了人们的社会关系与交往空间。同时,新媒体还会引起农民个人地位与权威的微变化,为村民的社区参与提供了机会,新媒体让农村不再落后,甚至能从意识的层面改变村民的思维。互联网思维在农村社区传播中的应用具有前瞻性,在互联网的整合理念下农村社区能够产生新的秩序,迭代思维下农村社区成员能够与时俱进,不断更新信息。在新媒介的带动下未来的农村社区将会

---

① 胡拥军,周戎桢:《乡村精英与农村社区公共产品自主供给——基于"熟人社会"的场域》,《西南农业大学学报(社会科学版)》,2008 年第 4 期,第 37—40 页。

② 费孝通:《乡土中国》,上海人民出版社 2006 年版,第 22—23 页。

不断现代化,形成新的社区格局。

总之,社区传播是贯穿社区流动的血脉。从传播学的角度来关注农村社区化服务体系的建设与创新,能够使我们清楚地发现农村社区化建设中存在的根本问题,即传播的断裂问题。无论是社区意识的缺乏,还是社区参与的被动问题,抑或是整体老龄化带来的一系列困难,这些问题归根结底都需要通过弥合传播断裂这一途径来解决。

综上,社区传播体系的建构需要从以下几个层面来落实:首先,增强社区管理者的服务意识,从管理型政府走向服务型政府,真正地从以人为本的角度出发,了解村民真正的需求,并满足他们的需求。其次,任何组织活动都有一个共同的目标,即培育村民的观念,无论是健康观念、消费观念、环境观念还是休闲观念,不少村民都因为认知缺失而不知所措,实际上培育他们的观念从而引导他们不断走向城镇化和现代化也是一个重要的方面。再次,一个新的传播系统应该是可持续发展的。因此,保障其可持续性也十分重要,这种可持续性就是保障村民自下而上的信息传递,完善反馈机制。新媒体在农村的普及率逐年升高,未来的农村社区传播绝不仅仅是大众媒介的世界,而是一个基于新媒介的互联网社区。最后,社区传播系统只是社区支持系统中的一个组成部分,但它关乎组织内部的沟通、连接与流通,这对农村社区的现代化建设具有重要的意义。

参考文献

著作

[1] 邓正来.国家与社会:中国市民社会研究.北京:北京大学出版社,2008.

[2] 方堃.当代中国新型农村公共服务体系研究:基于"服务三角"模型的分析框架.北京:中国社会科学出版社,2010.

[3] 管义伟,李燕南.中国农村社区服务体制的变迁及其后果.北京:中国社会科学出版社,2016.

[4] 郭根.中国健康城市建设报告.北京:中国时代经济出版社,2009.

[5] 韩俊,罗丹.中国农村卫生调查.上海:上海远东出版社,2007.

[6] 李增元.村民自治到社区自治:农村基层民主治理的现代转型.山东:山东人民出版社,2014.

[7] 刘晓君.微小的暴行:生活消费的环境影响.北京:北京理工大学出版社,2015.

[8] 罗中枢,王卓.公民社会与农村社区治理.北京:社会科学文献出版社,2010.

[9] 潘屹.家园建设:中国农村社区建设模式分析.北京:中国社会出版社,2009.

[10] 邵念荣.珠三角农村饮水安全保障机制研究.广州:暨南大学出版社,2011.

[11] 唐明德.社区预防医学.北京:北京大学医学出版社,2009.

[12] 陶传进.环境治理:以社区为基础.北京:社会科学文献出版社,2005.

[13] 王铭铭.走在乡土上:历史人类学札记.北京:中国人民大学出版社,2003.

[14] 杨沛英.创新农村社会管理.北京:社会科学文献出版社,2012.

[15] 詹成付.中国农村社区服务体系建设研究.北京:中国社会科学出版社,2009.

[16] 张宏艳,刘平养.农村环境保护和发展的激励机制研究.北京:经济管理出版社,2011.

[17] 张自力.健康传播学:身与心的交融.北京:北京大学出版社,2009.

[18] [美]帕特丽夏·盖斯特-马丁,艾琳·伯林·雷,芭芭拉·F.沙夫.健康传播:个人、文化与政治的综合视角.龚文庠,李利群,译.北京:北京大学出版社,2006.

期刊论文

[1] 韩从容.新农村环境社区治理模式研究.重庆大学学报(社会科学版),2009

(6):108-112.

[2] 黄俊辉,李放,赵光.农村社会养老服务需求评估——基于江苏1051名农村老年人的问卷调查.中国农村观察,2014:16-19.

[3] 乐小芳.我国农村生活方式对农村环境的影响分析.农业环境与发展,2004(4):42-45.

[4] 雷玉琼,朱寅茸.中国农村环境的自主治理路径研究——以湖南省浏阳市金塘村为例.学术论坛,2010(8):130-133.

[5] 李秋娟.江西省2011年农村环境卫生现状分析.环境卫生学杂志,2013(4):316-323.

[6] 李晓荣.农村老年人娱乐方式.继续教育研究,2012(11):23-25.

[7] 刘莹,王凤.农户生活垃圾处置方式的实证分析.中国农村经济,2012(3):88-96.

[8] 柳敏,房桂芝.电视在新农村文化建设中的作用.江苏广播电视大学学报,2009(2):56-59.

[9] 卢翠英,林在生,詹小海,等.福建省农村厕所卫生现状及相关因素调查研究.中国预防医学杂志,2015(4):267-270.

[10] 倪亚杰,何英华,李兆辉.2011年吉林省农村环境卫生状况调查.中国卫生工程学,2012(2):137-141.

[11] 潘培,杨顺顺,栾胜基.我国农村居民消费结构变化及其环境影响分析.安徽农业科学,2009(26):12732-12735.

[12] 四川省赴德农业经济考察团.德国农村发展状况的考察及其启示.经济体制改革,1999(5):122-126.

[13] 宋言奇.发达地区农民环境意识调查分析——以苏州市741个样本为例.中国农村经济,2010(1):53-62.

[14] 陶勇.中国农村饮用水与环境卫生现状调查.环境与健康杂志,2009(1):1-2.

[15] 王妍,霍维周,王斯亮.北京市农村地区环境卫生现状调查及管理.环境卫生工程,2008(1):51-53.

[16] 王煜宇.新型农村金融服务主体与发展定位:解析村镇银行.改革,2012:24-28.

[17] 魏国清.目前农村环境卫生状况及其对策.中国农村卫生事业管理,2001(5):35-36.

[18] 吴同俊,赵玉琳,黄家林.安徽省农村环境卫生现状研究.安徽预防医学杂志,2009(4):241-243.

[19] 吴业苗.农村社会公共性流失与变异——兼论农村社区服务在建构公共性上的作用.中国农村观察,2014:34-40.

[20] 闫骏,王则武,周雨珺,等.我国农村生活垃圾的产生现状及处理模式.中国环

保产业,2014(12):49-53.

[21] 杨贤智,骆浩文,张辉玲.韩国"新村运动"经验及其对中国新农村建设的启示.中国农学通报,2010:30.

[22] 于洋,郑浩,费娟.2013年江苏省农村环境卫生调查.现代预防医学,2015(17):3103-3111.

[23] 张川川,陈斌开."社会养老"能否替代"家庭养老"?——来自中国新型农村社区养老保险的证据.经济研究,2014:47-51.

[24] 张继涛,郑玉芳.新农村休闲文化建设探析.湖北大学学报(哲学社会科学版),2010(1):87-91.

[25] 张兆强,黄涛,吴传业,等.湖南省农村饮用水与环境卫生现状调查研究.实用预防医学,2010(7):1283-1285.

[26] 章晓懿,刘帮成.社区居家养老服务质量模型研究——以上海市为例.中国人口科学,2011:29-32.

[27] 赵津晶,朱华乔.当前农村居民生活消费变迁研究.武汉工程大学学报,2008(11):113-114.

[28] 钟格梅.广西农村饮用水与环境卫生现状调查.环境与健康杂志,2009(1):28-30.

[29] 周维宏.新农村建设的内涵和日本的经验.日本学刊,2007:57-59.

[30] 朱启臻.一个尚未引起足够重视的问题——关于农民环境意识的调查与思考.调研世界,2001(1):28-31.

学位论文

[1] 陈国良.淮河流域部分地区农村环境卫生状况调查.石家庄:河北医科大学,2012.
[2] 缴爱超.以社区为基础的农村环境治理模式研究.秦皇岛:燕山大学,2013.
[3] 刘洋.中国农村社区教育研究.杨凌:西北农林科技大学,2003.
[4] 王辉.甘肃省农村改厕现状调查研究.兰州:兰州大学,2014.
[5] 吴桂英.生存方式与乡村环境问题——对山东L村环境问题成因及治理的个案研究.北京:中央民族大学,2013.
[6] 薛世妹.多中心治理:环境治理的模式选择.福州:福建师范大学,2010.
[7] 张丽沙.河北省农村环境卫生现状及其影响因素研究.石家庄:河北医科大学,2012.

索　引

后　记

本书是在 2013 年立项的江苏省社会科学基金课题"农村社区化服务体系创新研究"实证调查研究的基础上完成的。

该课题立项后即组建课题组,成员为郑欣教授以及南京大学新闻传播学院博士研究生赵呈晨、吴斯,硕士研究生陈明、袁霁虹、翟佳卉、仇然等同学。从 2014 年 10 月始至 2015 年 12 月期间,课题组成员历经一年多时间,对江苏南部的 C 市和江苏中部的 Y 市,共抽取了 4 个镇 12 个村进行了主题为"江苏农村社区服务状况"的问卷调查。同时对选定的 4 个镇 12 个村的相关人士进行了访谈,并在此期间做了大量的资料收集与文献研究工作。

在以上工作的基础上,基于传播学视角对农村社区化服务体系创新问题进行研究,以此作为本书选题。全书的思路框架、章节梳理、修改工作由蒋旭峰、郑欣完成。具体章节写作人员分工如下:

导言:吴斯;第一章:陈明;第二章:吴斯;第三章:袁霁虹;第四章:仇然;第五章:翟佳卉;第六章:仇然;第七章:赵呈晨;结语:赵呈晨。

感谢扬州市、常州市相关领导在课题研究过程中给予的大力支持;感谢扬州市江都区(小纪镇)、宝应县(曹甸镇)、常州武进区(礼嘉镇)、金坛区(儒林镇)相关领导为课题研究所提供的帮助;更要感谢扬州市曹南村、崔堡村、滨河花园社区、花彭村、双富村、东舍村,常州市秦巷村、陆庄村、新辰村、柚山村、五叶村、后庄村接受入户调查的若干默默无闻的村干部与村民,没有你们的支持配合,就很难完成本课题以及本书的资料收集与实地调查工作。

感谢课题组全体成员在会议研讨及资料收集与实地调查过程中所做出的努力。

最后要感谢浙江大学出版社,以及为本书的写作与出版做出贡献的每一位人士。

蒋旭峰

2017 年 5 月

于南京